# 甘苦同食

中国客家乡村的
食物、意义与现代性

[美] 欧爱玲 Ellen Oxfeld ／著

沈荟　周珏　王珺彤 ／译

# Bitter and Sweet
*Food, Meaning, and Modernity in Rural China*

上海社会科学院出版社
SHANGHAI ACADEMY OF SOCIAL SCIENCES PRESS

**图书在版编目（CIP）数据**

甘苦同食：中国客家乡村的食物、意义与现代性／（美）欧爱玲（Ellen Oxfeld）著；沈荟，周珏，王珺彤译. -- 上海：上海社会科学院出版社，2024. -- ISBN 978 - 7 - 5520 - 4400 - 3

Ⅰ. C912.82

中国国家版本馆 CIP 数据核字第 20241SW137 号

Bitter and Sweet：Food，Meaning，and Modernity in Rural China by Ellen Oxfeld

Copyright © 2017 by Ellen Oxfeld

Published by arrangement with University of California Press.

Translated by permission. All rights reserved.

Simplified Chinese Edition Copyright 2024 by Shanghai Academy of Social Science Press.

上海市版权局著作权登记号：09 - 2020 - 1016

### 甘苦同食：中国客家乡村的食物、意义与现代性

著　者：﹝美﹞欧爱玲（Ellen Oxfeld）
译　者：沈　荟　周　珏　王珺彤
责任编辑：章斯睿
封面设计：杨晨安
出版发行：上海社会科学院出版社
　　　　　上海顺昌路 622 号　邮编 200025
　　　　　电话总机 021 - 63315947　销售热线 021 - 53063735
　　　　　https://cbs.sass.org.cn　E-mail：sassp@sassp.cn
排　　版：南京展望文化发展有限公司
印　　刷：上海新文印刷厂有限公司
开　　本：890 毫米×1240 毫米　1/32
印　　张：7.625
字　　数：204 千
版　　次：2024 年 9 月第 1 版　2024 年 9 月第 1 次印刷

ISBN 978 - 7 - 5520 - 4400 - 3/C · 235　　　　定价：68.00 元

# 丛书弁言

人生在世,饮食为大,一日三餐,朝夕是此。

《论语·乡党》篇里,孔子告诫门徒"食不语"。此处"食"作状语,框定礼仪规范。不过,假若"望文生义",视"食不语"的"食"为名词,倏然间一条哲学设问横空出世:饮食可以言说吗?或曰食物会否讲述故事?

毋庸置疑,"食可语"。

是饮食引导我们读懂世界进步:厨房里主妇活动的变迁摹画着全新政治经济系统;是饮食教育我们平视"他者":国家发展固有差异,但全球地域化饮食的开放与坚守充分证明文明无尊卑;也是饮食鼓舞我们朝着美好社会前行:食品安全运动让"人"再次发明,可持续食物关怀催生着绿色明天。

一箪一瓢一世界!

万余年间,饮食跨越山海、联通南北,全人类因此"口口相连,胃胃和鸣"。是饮食缔造并将持续缔造陪伴我们最多、稳定性最强、内涵最丰富的一种人类命运共同体。对今日充满危险孤立因子的世界而言,"人类饮食共同体"绝非"大而空"的理想,它是无处不在、勤勤恳恳的国际互知、互信播种者——北美街角中餐馆,上海巷口星巴克,莫不如此。

饮食文化作者是尤为"耳聪"的人类,他们敏锐捕捉到食物执拗的低音，将之扩放并转译成普通人理解的纸面话语。可惜"巴别塔"未竟而殊方异言，饮食文化作者仅能完成转译却无力"传译"——饮食的文明谈说，尚需翻译"再译"才能吸纳更多对话。只有翻译，"他者"饮食故事方可得到相对"他者"的聆听。唯其如此，语言隔阂造成的文明钝感能被拂去，人与人之间亦会心心相印——饮食文化翻译是文本到文本的"传阅"，更是文明到文明的"传信"。从翻译出发我们览观世间百味，身体力行"人类饮食共同体"。

职是之故，我们开辟了"食可语"丛书。本丛书将翻译些许饮食文化作者"代笔"的饮食述说，让汉语母语读者更多听闻"不一样的饮食"与那个"一样的世界"。"食可语"丛书选书不论话题巨细，力求在哲思与轻快间寻找话语平衡，希望呈现"小故事"、演绎"大世界"。愿本丛书得读者欣赏，愿读者能因本丛书更懂饮食，更爱世界。

编　者
2021 年 3 月

# 中文版序

上海社会科学院出版社组织翻译出版本人著作,我很乐意为中文版作序。

在任何社会中,特别是在快速城市化的社会中,从文化、社会和经济的角度理解食物都至关重要。纵观中国历史,对绝大多数农村人而言,防止饥饿始终是头等大事。食物的生产和交换及其社会用途和文化意义,是农村农民生活的焦点。过去,在应对自然灾害和经济、政治精英的需求之外,他们努力为自己提供基本的生活保障。

随着现代化的快速发展,包括粮食生产的日益工业化和许多农村人口向城市的迁移,出现了不同的问题。首先,在经济快速转型的背景下,中国农村丰富的饮食文化能否延续? 其次,食品的生产和交换是否仍然是中国农村经济生活以及文化、社会和道德价值观的核心? 最后,在中国如此快速的城市化进程中,为什么对农村饮食文化的研究如此重要? 由此,我们可以学到什么? 从种植和加工的劳动,到烹饪和宴会的仪式,农村的饮食能教给我们什么呢? 反过来,农村的饮食如何适应或影响社会和经济快速转型?

通过对这些问题的思考,我考察了中国东南部一个村庄居民过去和现在的实践及其信仰,希望这本书能够为其中的一些问题提供答案,并加深我们对现实问题的理解。作为人类学家,我们不仅通过观察来学习，还通过参与人们的日常生活来学习。在这种情况下，我很幸运。在多次访问的过程中，我被"月影塘"的村民慷慨接受，因为我参加了庄稼收获、乡村宴会、日常用餐、生命仪式以及朋友和亲戚的日常来往活动。在这些方方面面的活动中，食物通常是社会关系的焦点和关键媒介。

最后，我要感谢广东省社会科学院与梅州市嘉应学院客家研究院的支持与协助。对参与本书中文版翻译的几位译者，我更要深表感谢，尤其要感谢周云水博士对此书翻译所做的各项协调工作。

# 序

在当今社会中,无论年龄还是身份,对食物的需求这一生物学事实几乎是所有人的共同特点。我们消耗食物的必要性则是人类依赖自然的一部分,我们获得优质食物的能力、我们赋予食物的意义以及食物消费的社会结构和文化框架的方式在社会中都存在着很大的差异。食物的生产和消耗具有不同的意义,他们不但反映了不同的社会角色,还形成了不同的历史形态。

本书致力于研究一个位于中国东南部名叫月影塘(*Moonshadow Pond*)村庄的饮食文化及其社会中心地位。关注中国乡村食物为我们了解当代中国文化提供了一个独特的视角。其中囊括了文化延续、断裂与转型的博弈,包含了土地与农民和城市吸引力的对抗,蕴含着家庭责任和个人主义发展的权衡,以及以金钱和利润为基础的经济与赋予社会义务特权的旧交换形式的抗衡。当然,除了这些重要问题外,食物在任何社会中的作用从本质上来说都至关重要。

在努力了解月影塘饮食文化的过程中,我得到了许多人的帮助。首先是月影塘的居民们。这些年来我到村里为这本书的写作展开研究,受到了村民的热烈欢迎。他们总是耐心地为我讲解当地饮食文化的复杂性和细微差别,当我参加庆典、丰收和日常生活时也不例外。我在月影塘的寄宿家庭,在本书中我称他们为宋玲和包力（*Songling and Baoli*）一家，他们真正为我创造了一个远离家乡的家，也一直与我分享这个村庄过去和现在生活的一些知识。

xii　　　我整理实地调查的笔记时，曾试图分析和描述从学术论文、讲座、课堂，以及与同事讨论中所学到的东西，特别是保拉·施瓦茨（*Paula Schwartz*），我经常和她一起开展食品和文化的研讨。我们在整个过程中，得到了非同一般的反响。本书的部分内容得益于以下人士的评论和意见：梅丽莎·考德威尔（*Melissa Caldwell*）、雅各布·克莱因（*Jakob Klein*）、尤森·钟（*Yuson Jong*）、大卫·斯托尔（*David Stoll*）、埃里伯托·洛扎达（*Eriberto Lozada*）、石瑞（*Charles Stafford*）、约翰·拉格威（John Lagerway）、大卫·斯托尔（*David Stoll*）、安娜·劳拉·温赖特（*Anna Lora-Wainwright*）和亚当·周（*Adam Chau*）。对于以上这些人提供给我的帮助，我感激不尽。

我还要感谢明德学院（*Middlebury College*）一直以来的支持。无论是在休假时间方面还是在具体研究旅程期间的财政支持方面，明德学院都竭尽所能。如果没有梅州嘉应学院客家研究院在当地的热情款待，尤其是房学嘉教授的帮助，我就无法着手从事这项研究，为此，我将永远心存感激。再次感谢李俊芳（*Lee Jyu-Fong*）介绍我去月影塘，并在我研究期间不时拜访。也要感谢我的家人以不同的方式和我一起踏上这段旅程。我的丈夫弗兰克·尼科西亚（*Frank Nicosia*）与我同行数次，我们沉浸于月影塘和梅县朋友们的热情好客，我的母亲伊迪丝·奥克斯菲尔德（*Edith Oxfeld*）一直很乐意阅读我的书稿，与此同时也为我提供了一些编辑意见，安·多纳休（*Ann Donahue*）编辑了我的手稿，正是因为她的努力，我的作品得到了极大的改进和简化。

最后，我要感谢我在明德学院的学生研究助理张雅舒（*Yashu Zhang*）。雅舒帮我完成了许多工作——从查找中国食品植物的拉丁名称，到根据当地农业统计数据构建可读表格，再到编写文本中使用的中文词汇表。所有这些东西都是在雅舒的帮助下实现的,我对她的感激之情溢于言表。

　　中国有句古老的谚语恰当地运用了食物隐喻:"饱汉不知饿汉饥。"这句话简明扼要地概括了那些生活经历与我们不同的人理解或感同身受的困难。但是如果我们不能克服这个障碍,那么所有
的理解和同情都将不复存在。毕竟,人类学知识不仅基于以个人经验探寻不同的文化世界,还在于将这些知识传达给身处异乡之人。

　　如果没有以上提及或未提及之人的帮助,我就不能体验与认识月影塘的饮食文化,更不可能写出这篇序言。当然,我对书中的分析和表达方面的错误负全责。

# 译者说明

　　本书中涉及以下三个客家饮食,为方便读者理解,译者简要说明如下:

　　1. "粄"字由"左'饣'右'半'"演化而成,南朝韵书《玉篇》:"粄,米饼。"《广韵》:"粄,屑米饼也。"粄是一个古语词,但在现代汉语普通话中已不用,其他方言也基本不用,而独在客家话中完整地保留了下来。粄从中原传到赣、闽、粤客家地区后,不限于将大米磨浆成粉后做成的糕饼类,还有糯米粉、木薯粉、番薯粉、高粱粉、麦粉、豆粉等。粄既属于主食,同时又成为诱人垂涎的小食,它甚至还会充当菜肴的角色,在各种场合、各样时段里满足着人们的口腹之欲。客家粄食各有独特风味、形状多样,可谓集色、味、形于一身,品种繁多:发粄、红粄、黄粄、白头翁粄、鸡颈粄、鸡血粄、猪笼粄、簸箕粄、味窖粄、算盘子粄……粄的出现,最能表现具有山区特色的家、野、粗、杂的传统吃法。客家民系从中原走来,从农业文明里走来,粄是活跃的见证者和积极的参与者。一年四季,祈福、祭祖、敬神及各种传统节日与岁时活动中,最不可缺少的是粄食类小吃。

　　2. 娘酒:据《嘉应州志》记载,宋代以前就有"老酒仍为频开瓮"的诗句,说明客家娘酒在宋朝的时候已经很有名了。客家妇女用糯米蒸成饭加入酒饼和红曲发酵来酿酒,并称发酵产生酒液的过程为"来娘"，将酿酒比喻成兼具喜悦与艰辛的生育过程，寓意孕育出新的生命。南方民间流传俗语"蒸酒磨豆腐，冇人敢称师傅"，一是说明酿酒和做豆腐是客家妇女的基本功，二是表明这两种食物的产生过程不容易把控，稍不留神就做不好。客家人将糯米酒称为"娘酒"，意味着对妇女劳动的尊重，更因为年轻女子成为母亲时需要大量娘酒做成"鸡酒"。

3. 鸡酒：客家娘酒是客家妇女生完孩子"坐月子"时的滋补品，客家人把娘酒炖鸡叫做"鸡子酒"，简称鸡酒，也叫火炙娘酒鸡，是指由炙酒、公鸡、炸姜末制成的佳肴，是广东客家的经典名菜。制作娘酒鸡时，需要将鸡宰杀后切成细块，加入花生油和姜丝炒熟，然后倒入娘酒煮沸即可。娘酒鸡性温热而祛寒湿，鲜润浓香醇厚，并有开胃活血，补中益气的功效，不仅是产妇的进补必选，还是客家人结婚或寿宴等喜庆活动以及佳节的一道重要宴客菜。

# 目　录

# 第一章

# 中国农村食物的价值

时隔三年，我又回到月影塘——中国东南部的一个客家村庄，我在那里进行了近二十年的定期回访的实地研究。

我一走进房东宋玲和包力的家，他们就切开了一个梅州的沙田柚，这是一种柑橘类水果，类似于葡萄柚。当时已经是五月下旬，柚子已经过了最佳储存期，如果我再晚一点到，柚子就要变质了。不一会儿，几个邻居便带着美食过来看我。苗丽带了一盘炒味酵粄，宋玲的嫂子尹蕾带了几个清明粄。清明粄属于甜粄，由艾草剁碎后混合糯米粉和糖制作而成。[1]第二天，宋玲杀了一只鸡，并用自制的娘酒和生姜一起炖了鸡肉，烹制了另一道当地特色美食（鸡酒）。

食物交换在月影塘很常见。比如这次回来，他们送给我一些食物庆祝我对田野点的回访，并希望以此维系社会关系。有些菜肴不仅含有季节、族群等象征意义，同时也具有特定的药用价值。例如宋玲用鸡肉和娘酒为我做的"娘酒鸡"便大有考究。这道菜一般出现在两个场合——要么给产妇在分娩后吃，要么供大家在农历新年的庆祝活动期间品尝。之所以用作月子餐，是因为其配料（娘酒、姜）以及炖煮方法具有很好的温补效果，能够帮助产妇催乳（详见下文）。此外，这道菜所用的鸡必须是家养的土鸡，而且鸡的个头必须要大，这样做出来的鸡酒营养价值高，利于产妇吸收。

2　　　此外，尹蕾带来的清明粄也并非一道简单的甜食。村民一般在清明节前后制作清明粄。清明节临近春分，那时，村民们会在那里给祖先扫墓。清明粄的绿色基于一个同音异义字——清明一词中的"清"是"清洁"或"纯净"的意思，与"绿色"之"青"同音。[2]

这些菜肴还与客家这一特殊的族群认同息息相关，客家人生活在广东省东北部梅州市及周边地区，月影塘就位于此地。可以说，这些菜肴是区分客家人和其他族群（比如广府人）的标志性媒介。正如一位朋友向我解释当地妇女的月子餐时所说的那样："我们客家人喜欢做鸡酒，但广府人更喜欢做猪脚姜（用猪脚代替土鸡）！"[3]

当然，村民也经常使用自家种植的食材、野生食材或者别人送的新鲜食材。在月影塘，食物是流动的，这不仅重现了往昔的社会关系，同时也孕育出新型的社会联结。实际上，从农业劳动到烹饪、日常供应、礼物交换、拜神祭祖、宴会年节，食物对于当地村民们来说都是不可或缺的社交媒介。这是因为食物不仅本身具有巨大的价值，还能在诸多活动领域内创造价值。

本书试图理解中国农村食物的价值，或至少能理解食物之于月影塘这样一个中国农村的价值。首先需要明确的是，食物在任何社会中都具有价值，毕竟其对人类的生存与延续至关重要。但稍加观察就会发现，不论是在哪种文化体系中，食物不仅关乎生存，还与社会生活的诸多方面都有联接——家庭关系乃至陌生人之间的关系，经济和生态系统，道德观念和种族表达，宗教、阶级和族群认同。

既然食物在所有文化框架中都颇为重要，为何还要专门写一本书讨论中国农村一隅的食物呢？答案很简单：虽然食物在任何地域中都至关重要，但中国是一个尤为特殊的例子，相信多数在中

3　国生活甚至旅行过的人都有所体会。考古学家张光直曾这样评论

中国的饮食文化:"很难说中式烹饪是世界上最伟大的文化之一。但不得不说,像中国文化如此关注食物的少之又少。这种关注似乎在中华文化萌芽之际便存在了。"[4]

从丰富精致的美食到人们对缺衣短食的记忆,食物在中国人的生活中占据着中心位置。在中国,聚焦于食物的作品数不胜数:比如食谱、小说。有关食物的学术研究的范围则包罗万象:对中国食品和农业历史[5],以及社会和文化仪式的分析[6];对快餐食品迅速发展的探究,以及人们对食品安全问题[7]的态度调研。尽管如此,我仍希望本书能为读者展现些许不同的东西。鉴于食物是人们日常生活的缩影,本书便将关注点投射于食物在社区中扮演的角色,而非宴会、快餐、健康或食品丑闻等周边话题。

事实上,在半个多世纪以前,也就是 20 世纪 50 年代末至 60 年代初,中国历经了一段困难时期,农村的老人们基本都体会过食不果腹的痛楚,也见证了后期相对饱食暖衣的剧变。另外,由于中国工业化发展迅猛,农村许多年轻人选择进城务工。因而对这一代人而言,粮食与农业之间的联系已被冲淡,很难体会农民的艰辛劳作。这种代际差异的发展使得食物在中国农村的作用变得格外有趣。

正如我们看到的那样,尽管发生了一系列迅速的转变,食物在月影塘仍是社会关系的重要组成部分,且远不止如此,食物还是市场经济成分中的价值源泉。1978 年,中共中央召开十一届三中全会,提出改革开放的政治经济战略,意义非凡。自此以后,中国向全球资本主义经济开放其劳动力市场,并改变农村经济体制,对社会产生了重大影响。当然,食物也受到了这种巨大变化的影响。中国现已成为国际粮食援助的捐助国,而不是受援国,人民的饮食得到很大的改善。学者们不仅注意到人们生活水平有所提高、性行为和家庭习惯有所改变、数千万农村居民向城市迁移,同时还捕捉到道德和意识形态方面的转变,比如中国新个人主义的兴起。[8]

4　　　　由此可见，食物可以为我们思考这些转变提供一个不同的框架。当然，除此之外，食物在社会中的作用同样也反映出中国社会和文化变革的瞬息万变。通过研究饮食方式的改变，我们可以窥见商品经济的扩张、功利主义的抬头等趋势（例如，城市快餐店数量的增长）。但在其他方面，在中国，尤其是在中国农村，食物作为一种价值尺度和来源，却没有被过分简单化。事实上，农村文化中的食品生产和消费也为交流、连接以及超越价值以外的意义创造着空间。

近年来，北美人的饮食习惯再次受到关注。学术界及大众诸多讨论都集中于高度工业化食品系统带来的生态代价。例如，由于石化资源的过度使用，农场和餐桌之间的距离不断拉长，从而造成污染和温室气体的排放，加工食品和快餐供应膨胀，对人类的健康产生不利影响，如引发肥胖等，农作物中的杀虫剂等化学物质也激起外界对癌症等疾病的担忧。快餐的发展昭示着中国工业化食品生产的崛起。[9]然而同西方一样，工业化的弊端也给中国带来严峻挑战。由此可见，中国人亟须克服的并非对饥荒的恐惧，而是对食物本身的恐惧。目前，食物危害主要有：为牟利而故意掺假，杀虫剂、除草剂、氮基肥料对人体健康和环境的长期影响，工业和采矿对土壤和水质的污染等。[10]

为了更好地了解 20 世纪的中国，特别是中国农村的粮食状况发生的一些变化，我们不妨比较一下 1949 年中华人民共和国成立前、人民公社化运动时期和 20 世纪 80 年代改革开放之后的农民生活。这几个阶段可以让我们感受到中国粮食和农业体系的变化。

例如，1929 年至 1933 年，经济学家卜凯（John Lossing Buck）联合其南京大学的同事们对中国的村庄和家庭进行了一项大规模调查。（研究对象来自中国 2 个省的 168 个地区，共计 3.8 万多个家庭）。他们描绘了当时中国农民的饮食和农业制度，既引人入胜，又令人生畏。卜凯指出，中国农村人口稠密，饮食以蔬菜为主，因而农民不得不利用更少的土地养活更多的人。人体中来自动物产品的能量非常少，不超过总热量的 2%—3%。[11] 多数动物的用途不是饱腹，而是用作牵引力[12]，而多数作物的归宿是餐桌，并非饲料。[13] 由于生命的不确定性（如婴儿死亡率升高）以及天气灾害造成的作物歉收，多半以上的农村人寿命不超过 28 岁。[14] 事实上，在卜凯的研究中，受访者记得他们一生中平均经历过三次饥荒。[15] 饥荒期间，有的人甚至只能靠树皮和草根果腹，有的流离失所，活活饿死。[16] 那时候，土地往往被分割成许多小块，南方的土地租种率较高，有高达 32% 的家庭租赁土地。[17]

这些数据刻画的是 20 世纪 20 年代的农村现状。1949 年后，中国农业进入了旋风式的变革时期。"大跃进"运动期间（1958—1961 年），城市化发展迅速，也产生了严重的饥荒。据估计，直接死于饥荒的人数约为 3000 万到 4500 万。[18] 此后，消费逐渐增加，但人均粮食供应直到 1974 年才超过 1958 年的水平。[19]

1980 年后的中国更是发生了天翻地覆的变化。史密斯（Vaclav Smith）的调查显示，截至 1984 年，中国人均食品供应量上升到了日本平均水平的 5% 以内。[20] 1980 年至 2000 年，中国经历了一次饮食结构的大转变——鸡蛋和水果的摄入量增加了 6 倍，猪肉的购买量增加了两倍，而曾经作为主食的豆类的消费量却减少了 2/3。[21] 这一变化令人震惊，因为它发生在人口快速增长（从 1961 年的 6.6 亿到 1972 年的 8.7 亿，再到现在的 12 亿多）和农业用地急剧减少（不断改作工业用地和城市用地）的时期。

不过，尽管中国的饮食总体上发生了明显的转变，但仍呈现出区域性差别。例如，与农村居民相比，城市居民的粮食消费量较小，而肉、禽、鱼、水果、蛋、奶，甚至蔬菜的消耗更多。[22] 再如，月影塘所在的东南地区农村居民的饮食比北方和西部地区更加丰富，因为西、北部地区作物生长季节短，经济发展和扩张相较缓慢。

6　　　　此外，更重要的是我们要记住当今的中国饮食制度并非北美或欧洲的翻版。例如，21 世纪，美国人平均每天的肉类摄入量为 100 多克，而中国人还不到 25 克。[23] 动物产品、甜食在中国饮食中的占比不断增加，徘徊在 1/5 到 1/3 之间，仍远远落后于美国。在美国，脂肪、糖和甜食占美国饮食的 40％ 以上。[24] 中国农业人口中，平均 1000 人拥有 99 台拖拉机，而美国平均 1000 人拥有 1000余台，可见前者在农业机械化方面仍然比较落后。[25] 美国从事农业的人口不到 10％，而中国则高达 50％。[26]

在开展调查时，我力求廓清这些发展对于特定社区的影响和意义。除了食品安全和健康这两项重要议题，我还注意到一个基础性的问题。西敏司（Sidney Mintz）等学者早就指出，食品体系的"现代性"——粮食生产和消费的合理化，以及它在广阔的时间和空间范围内日益增长的一致性——导致了食物作为意义的符号在特定的时间和空间中消亡。换句话说，食物不再是当地符号系统[27]中的一种语言，因为它变得越来越商品化，并在越来越大的地理范围内进行交换。我之前提到，食物是一种象征性语言，但这种语言会不会逐渐消弭？毕竟在中国农村，食品也难逃沦为商品的宿命。

中国北方有一个与世隔绝的农村社区，食物在当地就像一种符号系统，刘欣称它为"社会组织和价值体系"[28]。"日复一日，因时制宜，人必须学习怎么制备食物、赠予食物，以便与他人交流，正式融入这一组织。社区是一个社会机构，而食物如同语言，是一种集体契约，如果一个人想要在它所支配的社区中生存，就必须全盘接受这种契约。"[29]

的确，食物象征着一种交流方式，在中国已有几千年的历史。谈到古代中国，历史学家胡思德（Roel Sterckx）说："烹饪不仅支配

7　　着人与人之间的关系，也酝酿着人与精神世界之间的交流。烹饪、食物的提供和交换以及共餐是传统中国最普遍的社会和宗教交流

方式。"[30]

从古到今，食物一直是祭祀活动的中心，比如祭祀祖先和神灵，举办宴会。但是，随着中国农村正在经历一个前所未有的自由、不受监管的市场经济阶段，紧接着几十年的集中式农业，弄清楚这些历史发展是否影响了粮食在地方层面的作用和意义是一件有意义的事情。

但要注意，在考察当代中国的饮食方式时，不能仅仅局限于全球化和现代性问题。如果片面关注现代性，便会在无形之中催生一种新的东方主义，误以为中国正在朝着"现代化"直线前进，而忽略其中的曲折性。（具有讽刺意味的是，这样的关注往往会让我们忽视"非现代"实践在北美或欧洲的重要性。）[31]因此，在假设中国正直线走向工业化，与地域意义体系渐行渐远之前，我们必须意识到现代性本身总会激起强烈的逆流。不仅如此，现代化是全球性的，但程度和方式因地而异。

## 月影塘的美食世界

倘若要了解食物以及饮食习惯在人们日常生活中的作用，我们必须从审视全局转向对局部的关注。

自1993年以来，我便定期访问中国东南部的月影塘村。这个地方很适合开展实地研究，探索食物的区域性意义。"月影塘"实际上是我为这个村庄取的化名。这个村和邻村构成一个行政单位，在集体时代是一个生产大队，连同其他21个行政单位，共同构成了一个大约4万人的乡镇，位于广东省东北部的梅县境内。

梅县（现在的梅州市）的范围更广，由六个县组成。[32]广东省梅州地区的居民是客家人。他们是中国东南部的一个独特的民系和语言群体，属于汉人或汉族的一支。他们认为，数百年前他们的祖先起源于中国中北部。除了客家人，广东省还居住着另外两个有

8

着不同语言和文化的汉族民系——居住在珠江三角洲的广府人，以及生活在广东省东北部沿海地区的潮汕人。据月影塘的居民说，他们的村庄源起可以追溯到开基祖公，他在 17 世纪末移居到那里。事实上，该地的族谱可以追溯到更古老的祖先——他们生活在 11 世纪的江西省（毗邻广东西北部）。[33]

1993 年夏天，我第一次来到月影塘，此后又进行了几次回访。1995 年到 1996 年、1997 年和 2006 年的夏天，我都住在那里。2007 年春天，我在那里住了 5 个月，之后又在那里度过了 2010 年的春季和 2012 年的秋冬，[34] 展开入户访问。多年来，我与当地居民建立了良好的关系，所以这是一个研究中国农村食物的好地方。从 2007 年开始，我明确地聚焦于当地的饮食文化，并通过梳理早期的实地考察记录搜集相关信息。

我的一位朋友祖上是地地道道的月影塘人，正是她介绍我到这里做调查，并且我每次回访都借住在她的近亲家。20 世纪 90 年代中期，我开始田野调查，对 50 多个家庭展开了非正式访问并做了记录。房东宋玲和她的丈夫包力是一对中年夫妇，我吃住都在这夫妻俩的家里。在此期间，我不仅切身体会到家人之间、家庭之间的纽带关系，还参加了许多庆祝活动、宴会和重要的年节。除此以外，我对重要的农历时事也有了大概的了解，比如水稻的种植和收获，以及农产品的季节性变化。

宋玲和包力是土生土长的月影塘人，从未离开过月影塘。他们在集体时代的环境中长大，随后在毛泽东时代又经历了集体农业生活。1949 年中华人民共和国成立后，中国迅速过渡到农业合作化。1958 年，"大跃进"运动开始，公社是当时生产生活的基本单位，一个公社通常有两万人余人，分布在全国各地。那时候家庭厨房统统都被拆除了，所以吃饭也是去公共食堂。由于农民们大部分时间被迫在后院的炉子里从锅碗瓢盆中提炼钢铁，所以谷物常常颗粒无收就烂在地里了。这些举措都是为了推动中国的工业革命,以使中国在 15 年内赶上西方的发展步伐。然而,所有的努力付诸东流,农民不仅没有炼出钢铁,食物也开始耗尽。此外,地方官员经常夸大产量,以便在上级面前邀功,导致上交国家采购的粮食后农民可食用的粮食少之又少。当时政府根据总产量的百分比来确定采购量,所以如果产量被夸大,那么实际采购额就会大大缩减。因此,实际生产的粮食能留在农村的很少,长此以往就引发了大规模的饥荒。

在月影塘,许多村民都像宋玲和包力一样经历了那段特殊的日子,为了生存不得不吃救荒作物。他们把难消化的稻壳磨成粉,加水搅拌后蒸成馒头,宋玲认为自己消化不良的病根就是这样落下的。有的村民还试着用香蕉树根制作类似的馒头,用木薯和美人蕉等根茎植物中的淀粉与沸水混合来填饱肚子。结果制作出来的食物就像玉米淀粉和水的混合物一样黏稠,几乎没有任何热量或营养价值可言。

"大跃进"运动造成的后果不可估量,迫使政府在 1962 年将公社改组为规模更小、更易管理的单位。随着"大跃进"运动的停止,人们又重新开始恢复小家庭烹饪。虽然还是集体组织劳动,但基本都是二十户至三十户的生产队,而且大多是根据个人工作量或工作类型来记工分,分配劳动所得。例如,月影塘被分成了六个生产队,与邻村一起组成了一个生产大队。值得注意的是,在此期间,每家每户都有私人菜地,方便自己种植蔬菜,这些菜地一直保留到现在。

从"大跃进"结束到 20 世纪 70 年代末,人们的饮食条件逐渐改善,饥荒已经成为过去式。据《梅县志》的统计数字记载,"大跃进"运动到改革开放初期,基本谷物消费和肉类生产稳步增长。[35]但实际上,直到改革开放时期,人们的日常膳食仍然很简单,很少食用肉类。包力告诉我:"从 20 世纪 50 年代、60 年代,甚至到 70 年代,我们每天除了食番薯,就是喝粥,从来没吃过干饭。"

但自从 1978 年实行改革开放政策后，农民的生活发生了巨大的变化。改革开放政策使中国走向世界市场、生产关系进行调整，人民公社化运动就此终结。和其他农村一样，月影塘的村民享有集体土地的使用权，包括稻田和旱地，可用于种植其他作物。与此同时，菜地仍属于私人所有。与集体时代相比，农民在作物选择和种植途径方面有了更多的自由，生产力和作物多样性也有所提高。

改革开放初期，农民使用土地仍需缴纳粮税，这意味着月影塘的农民必须生产相当产量的稻谷。后来，农民可以选择用粮食或现金来抵付农业税，但具体换算方式并非村民说了算。改革开放以来，农村人口向城市迁移的限制有所放宽，许多年轻的村民开始到城市务工挣钱，补贴家用。随着工资水平上涨，年青一代纷纷离开农村进城打工，所以即使他们的土地没有粮食产出，也能拿出现金来交税。然而，在内陆地区，许多人很难靠其他工作挣钱，所以不论是实物，还是现金，他们的税收负担更重。究其根本，这些因素可能是中国政府在 2005 年取消家庭农业税的原因之一。[36] 现如今，村民可以根据自己的需要决定种植什么作物。

2012 年时，年近六旬的宋玲还种着一大片菜园，菜园里还养着鸡，稻田也没落下。宋玲和包力有三个孩子（两个女儿和一个儿子），各自都已成家，四个孙子和孙女大部分时间都住在离月影塘不远的县城里——一个有着 38 万人口的繁华中心。儿子燕红和女儿梅英在北京开了一家卖床上用品的小店，小女儿凤英与丈夫也经营一样的生意。凤英是一位相当成功的女商人，她不仅经营床上用品生意，还收取租金。

在中国东南部的农村地区，按习俗，女儿应该"嫁出"娘家，嫁到婆家。而儿子应把妻子"娶进门"。但由于工作原因，一家人并不总是同吃同住。燕红在县城经营一家商店，他和妻儿不同父母一起住，而是在商店楼上的房子过夜。因为这样妻子去工厂上班更方便，儿子也可以骑自行车去上中学，减少通勤时间。

尽管宋玲和包力的子女都搬到了县城,但村子和城市并没有隔断他们之间的联系。在周末或节假日,孙子孙女会在月影塘过夜。宋玲和包力现在也可以乘公共汽车去县城看望子女,十分方便。2012 年,他们的两个孩子买了车,[37] 所以总是带着食物来回走动。如果宋玲要去城里看望孩子,她也会带上村里的新鲜猪肉或自家菜园里的蔬菜。如果凤英要回月影塘,她就会给父母带些梅州其他地方的特色小吃。从来没有人空手而来或空手而去。

像宋玲和包力这样的家庭情况在月影塘并不罕见。大多数年轻人在村外工作、生活,或至少是在村外工作。就业地点不仅仅局限于县城,深圳和广州等大城市也是大量劳动力迁入的地方。乘汽车去那些城市要花几个小时,每天来回也不太方便。因此,截至 2007 年,月影塘 24% 的家庭至少有一名家庭成员到梅县以外的地方就业。[38]

不仅是月影塘,其他地区也存在劳动力迁移的情况。越来越多的年轻人甚至中年人出门挣钱,因而参与农业劳动的机会并不多。自 20 世纪 90 年代中期我开始实地调查以来,[39] 月影塘的人口一直在 800 人左右浮动。乍一看,从事农业的人数及其对农业的投入似乎有所减少。[40] 1997 年,多数月影塘家庭依靠农业和雇佣劳动生活,只有 10% 的家庭完全靠务农为生,14% 的家庭已经弃农。十年后,大多数家庭仍然采取农业与雇佣劳动相结合的谋生之道。然而,完全弃农的家庭占比扩大到了 33%,而仅以农业为生的人口占比缩小到 6%。

关于农业产量下降,需要做一点说明。月影塘人认为“务农”就是“耕田”,字面意思是犁地。在当地居民看来,耕田者是指那些仍然自己种植水稻的人(种植水稻对月影塘居民的特殊意义将在后面的章节中深入探讨。)与此相比,种植蔬菜的人群更为广泛——包括不再被认为是农民的人,甚至是在外就业的人。(见图 1)实际上,我们可以把这个活动看作是园艺,而在月影塘,人们即使已经放弃了水稻种植,很多家庭仍会保留一个小菜园。

**图1 月影塘的菜地**

　　的确，月影塘村民栽培的植物种类繁多：各种各样的绿叶菜、卷心菜，芋头、红薯、胡萝卜、白萝卜等块茎类作物，生姜等根茎类蔬菜，各种各样的葫芦，大蒜、大葱，谷类，蚕豆等豆科植物，茄子、花生等。有的村民还拥有自己的香蕉树(有好几个品种)和木瓜树(见图2)。许多食材的烹饪方法也是五花八门。比如萝卜可以煮汤，炒肉，或是晒干放在粥里，甚至入药用于治疗消化不良。再比如木瓜可以生吃，也可以炒着吃。

14　　因此，多数月影塘家庭处于完全弃农和自给自足两个极端之间。大部分人仍然使用分配所得的土地种植水稻和蔬菜，同时还靠雇佣劳动或小买卖维持生活，他们用现金购买自己无法生产的食物。此外，在1007个家庭中，约17％的家庭从事以市场为基础的农业生产，如养鸡、猪、鱼，还有养羊用于产奶销售，种植梨果、柑橘和橙子。有的个体户屠宰和销售新鲜猪肉，或是生产增值农产品，如新鲜豆腐。

**图 2 刚砍下的香蕉**

食物供给对月影塘的生存至关重要，但并非供给这么简单。 15
村民们经常谈论当地蔬菜的"甜味"，对于城市菜市场里买的喷过
农药和杀虫剂的蔬菜的"苦味"不屑一顾。一位村民轻蔑地对我
说："市场上的蔬菜都是想赚钱的人卖的，学校有孩子吃了这些蔬
菜就食物中毒了，但我们种植蔬菜是为了自己吃，不喷洒化肥农
药，所以我们一般都吃自家种的菜。"另一位村民告诉我，她曾去印
尼拜访了一位亲戚，并在那里吃到了一种非常苦的蔬菜，那些蔬菜
显然掺杂了农业化学品。从深圳和广州等大城市回到村里度假的

年轻人经常说，他们离开的时候就想念这一口微微发甜的农家菜。有一次，广州的亲戚来拜访宋玲和包力，他们对夫妻俩种的蔬菜和大米连连称赞。其中一位亲戚说："米饭很香，不需要添加任何东西进去！"

尽管将市场上售卖的食物与不健康或者不好吃画上等号难免有些以偏概全，但村民普遍认为自家农产品在各个方面都更胜一筹——更美味、更健康、更实在，即使是由当地小贩出售的食材也是如此！月影塘当地的小规模生产商再三强调自己与村外大型工业化农场主大不相同。例如，一位村民在介绍自己的养鸡生意时强调，他喂鸡时非常小心，还会确保鸡有足够的空间活动。他还把鸡粪卖给当地人种植果树，一点都没有浪费。"良性循环"是他对这一体系的描述。他还自夸说，他养的鸡虽然不如家养的好，但也比"工厂鸡"要好得多。同样，在当地市场上卖猪的村民也常常把这种"良性循环"挂在嘴边。邻居家的长子阿辉靠养猪谋生，同时还打理着一个小柚子园和两个鱼塘。他告诉我，他用猪粪给柚子树施肥，有时也会用猪粪生火。和许多村民一样，他也提及了农药对健康的危害。[41]

尽管村民们对农药持负面态度，但他们并非在各个领域都实践有机农业。虽然不在菜园里使用农药，但许多人在水稻上使用氮肥。该怎么解释村民对纯天然蔬菜的喜爱以及在水稻上使用化肥这一矛盾呢？中年妇女们（现在水稻生产主要是中年妇女的工作）认为化肥是提高生产力的手段，不仅可以节省劳动力，还可以提高每亩土地的产量。[42]尽管如此，村民们也认识到过度使用此类化学品的危害。我在2007年开展过一项调查，过半的受访者表示他们的稻田没有使用化肥或试图将用量保持在最低限度。[43]

在月影塘，耕田主要指的是水稻种植，所以为何水稻仍然是人类主食的原因也就不言而喻了。饭和菜是中国饮食的基本要素，这在中国东南部尤为突出。如今,月影塘人通常把干米饭作为每天两顿饭的主食,还有一餐(通常是早餐)的主食是米汤或粥。当然,一碗粒粒分明的米饭在过去可谓是一种真正的奢侈。再不济,一碗咸菜粥可以充当一顿饭,毕竟有饭又有菜。更为重要的是,稻米不仅仅是主食,它也被视为"客家人"身份的一部分。例如,宋玲经常说,土生土长的客家人都爱吃米饭。[44](随着生活水平的提高,村民早餐一般不吃米饭,改吃面条,如小麦面条、米粉,或者炒面配汤。)

然而要注意,饭、菜的搭配只适用于普通的餐桌,不适用于宴会。与普通餐食不同,宴席的主食并不是米饭。在客家话中,饭和宴前面用的是同一个动词——"食"。但"食饭"一般是指吃饭(食饭哩),而"食宴"的字面意思是"食烈酒"或"食白酒"(食酒)。因此,平常的一顿饭指米饭和配菜的组合,宴会则是配菜或主菜与红酒或白酒的搭配。即使米饭出现在宴会上,通常也是做成炒饭放在一系列菜肴的最后。当然,在宴会上偶尔也会有人主动要求吃白米饭,但一般都是宴会临近结束的时候。

月影塘人将宴会称为酒席,但并非所有与会者都会饮酒。在中国,工作应酬上可能需要大量饮酒。[45]但在月影塘,并非所有宴会都要举杯豪饮,特别是与家庭聚会或者家族有关的宴会。例如,在婚礼上或当地的其他宴会上,男人们一边喝酒、敬酒,一边侃侃而谈,而妇女和儿童一般只喝不含酒精的饮料,如苏打水或花生牛奶。妇女也会端起自制的米酒敬酒,煮沸的米酒酒精大多都挥发了,所以酒精度数很低。随后章节将对宴会展开更加深入的探讨,目前我们只需明确普通餐食以米饭为主,而宴席则以食酒为主。

除了米饭,还有几样东西在月影塘的日常饮食中是必不可少的,比如汤。清汤通常在午餐和晚餐时提供。这种汤一般用猪骨制成,可能还会放些药草、腌蔬、豆类或根茎类蔬菜佐味。如果你是上门做客的客人，已经吃了一碗饭，主人可能会问你："想要点汤还是再来碗饭？"由此可见，米饭和配菜是一起吃的，汤则通常是一顿饭的收尾，一般可以代替第二碗米饭。

蔬菜，无论是新鲜的还是干的，也是每顿饭的必需品。如上所述，尽管经济水平发生了变化，菜园仍然是获取蔬菜的主要来源。[46]村里仍然通过烘干或腌制的方法来保存蔬菜，只不过干菜和腌菜不再像过去那样占据饮食的中心。如今，干菜更像是一种调味品，放在早餐的粥中，或者用作客家名菜——梅菜扣肉（由五花肉和咸干菜制成）的配料。同时，随着生活水平的提高，人们越发追求菜肴的口感，而不仅仅是满足果腹之需，各式各样的菜品应运而生，油或提味蔬菜（如香菜）的消耗也随之增加了。

蚕豆在过去是一种常见的主食，但如今几乎已经消失在村民的餐桌上。自 20 世纪 90 年代或 21 世纪初，人们就很少食用它了。蚕豆很有饱腹感，为了提味，人们经常把它和盐干菜放在一起烹调。蚕豆的减少很可能与肉类消费的大幅增长有关（随着肉类消耗的增加，全中国的豆类产量急剧下降）。三四十岁的月影塘村民还记得童年时期吃蚕豆的情景，直到改革开放前，蚕豆才逐渐淡出人们的日常饮食。据县志记载，整个梅县曾有数十万亩土地用于蚕豆种植，到 20 世纪 80 年代末已减少到不足 6000 英亩*。[47]

随着村里生活水平的提高，现在肉（在本书中通常指猪肉）、家禽或鱼已经成为多数人的家常便饭。与大米和蔬菜相比，村民们更依赖于它们。[48]他们经常从当地（如上所述，村民认为当地产的更可靠）的肉铺采购猪肉。村民们经常强调，不管是口味还是品质方面，本地屠宰的猪肉都比在城里市场上出售得更好。（见图 3）

当然，村民们偶尔也吃其他肉类。比如狗肉，有些人养狗就是为了吃肉。宴会菜单上也会出现狗肉，但并不常见。村民还通过

---

　　*　编者注：1 英亩约等于 6.07 亩、4046.8648 平方米。

**图3　当地清早售卖猪肉的摊贩**

食用狗肉来缓解健康问题,如背痛。村里没有人养牛,所以只能去县城买回当地宰杀(梅县人不愿意购买从外地运来的肉)。村里人养山羊是为了产奶,所以一般只在冬至期间吃山羊肉或者羊羔肉。

　　人们以吃猪肉为主,烹饪方法多种多样。比如炒着吃或者熬制骨头高汤,也可以用来做一种早餐汤——三及第汤,再配上一碗简单的腌面,葱蒜飘香,是客家人的"心头好"。这道汤是用小块的鲜肉、猪肝和粉肠做成的,清香鲜美,入口回甘。汤中还要放上红曲米,红曲米是用糯米酿酒时需要的东西。"三及第"指的是过去一个想要成为朝廷高级官员的候选人必须通过的三项最高级别考试,这是科举时代最成功的标志。* 言下之意,喝了这道汤,就能

19

----

　　* 编者注:此处作者可能混淆了三及第与三元及第。三及第一般指科举时代殿试前三名——状元、榜眼、探花的合称;三元及第指科举考试中,在乡试、会试、殿试三轮考试都取得第一名。

让你学业有成、仕途顺遂。

"这就是我们的客家菜!"宋玲以前跟我说。每当我和丈夫说起回家后多么想念村里的新鲜食物时,包力就特别开心,他兴奋地说:"你们那里连三及第汤都吃不到!"

当我在黎明时分散步时,几乎每次都能看到一群村民围着当地的猪肉摊贩。摊贩们通常把他们的新鲜猪肉放在摩托车后面的木板上。2012年,当地制定法规严控欺诈行为,要求猪肉零售商从城市屠宰场进购猪肉。但多数商贩更愿意与当地猪农自行商量,这样他们就可以出售新鲜的猪肉。村民们认为,从村里的养猪户到城市的屠宰场,再回到村里出售耗时过长,一去一回猪肉都不新鲜了。(如果政府检查员突然到访村庄,村民就会给供应商打电话"通风报信",卖主就会躲起来,等检查员离开后再摆摊。)

至于家禽,大多数家庭自己饲养鸡鸭。但一般只会在特定的节日或者特殊情况下才会宰杀,如农历新年,再比如为产妇做糯米鸡。村民平常吃的家禽可能是从小贩那里购买的。[49]

除了肉和蔬菜,水果和鸡蛋现在也很常见,牛奶也开始成为部分家庭饮食的必备品。[50]柑橘类水果,尤其是柚子,不仅用于销售,而且成为日常饮食和社交中非常重要的一部分。如果你在柚子上市的那几个月拜访一个家庭,主人可能会切开一个柚子给你吃。就像本章开头谈到的,我回到村里时宋玲所做的那样。事实上,柚子已经成为社交的组成部分,当贵宾来到梅县时,他们都会品尝到梅州金柚!

饮食中的牛奶不一定指奶粉(最近的丑闻使奶粉变得家喻户晓)*,而是指液态奶。事实上,当地的羊奶最近很受欢迎。月影塘有两户家庭饲养山羊,每天定时送两次牛奶。订奶的一般

---

\* 编者注：指2008年爆发的国产奶粉污染事件。

是有老人或者婴幼儿的家庭,他们觉得喝牛奶有益健康(详见第二章)。

　　清晨在月影塘散步时,我经常会碰到四五个上了年纪的妇女(都已经 80 多岁),她们也在早上散步。有时,其中一个妇女会挑出一些类似杂草或者小树枝的东西(实为野菜)带回家用作医疗用途。野外的确是人们的食物来源,而且毫无疑问,村里的长者对野菜是最了解的。他们采集野草和嫩枝,然后煮熟,用作不同用途。例如用它们来治疗喉咙发痒,或治疗割伤和擦伤。[51]村民还会用野生植物做汤[52]和时令点心,如本章开头提到的清明板。

　　水是一个值得特别注意的话题。年长的村民们依然记得,流经村子的河水曾经被用作饮用水的来源,但随着氮肥等污染物的增加,现在的河水已经无法用作水源。如今每个村庄都有水井,只需把井水烧开就可以安全饮用(只要它不是太接近稻田)。然而,很多人非常看重水的味道。一般用于烹饪的水,特别用于泡茶的水比较讲究。随着村民的日子越过越好,高档茶的市场也越来越大,人们也比以往更加关注泡茶用水的质量。[53]

　　的确,茶在月影塘的生活中无处不在。端茶倒水是最起码的待客之道,就连邻居串门也要如此。但这并不是一种由来已久的常态。就像邻居爱华告诉我的那样,过去很多人都很穷,他们只能用开水待客。而现在,家家户户都有茶和茶具。村民家里一般都有一个公共房间,里面摆着一张茶桌,周围是座位、茶壶、茶盅、储存热水的保温瓶和烧水的电热水壶样样齐全。

　　在梅县和中国的许多地方,泡茶更多是一种社交行为。这一点中美两国大有不同,美国人只是把茶叶倒进一个大杯子或马克杯里,而中国人则分多次把开水倒在茶壶里的茶叶上,然后再斟满每位客人的小茶盅。这种喝茶仪式可以是非正式的,就像某人走进一家商店,店主用一个很小的一次性塑料杯给她泡了一杯茶;也可以是很正式的,就像春节期间走亲访友时一样,茶水不断。[54]

21

因此，为了保证煮食和饮茶的口感，很多村民都会从天然泉眼取水（见图4）。例如，村庄附近悬崖底部有一处泉眼。村民们每周都会骑摩托车，甚至开车（现在家用车已经开始普及了）去这个泉眼，将收集到的泉水放在一个大罐子中带回家。这里的水很受村民欢迎，泉眼附近经常被围得水泄不通，如果白天去取水，可能要排几个小时的队。因此，村民开始在深夜出行，以避开高峰时段。与其说我们看到的是一种关于觅食的古老习俗的延续，不如说是对水的味道和纯净度的新追求。

**图4　村民在接山泉水**

如今，村民十分注重食物对于健康的影响，因为某些食物会对身体的某个部位造成影响，水质便是其中之一。这不仅仅是专业人士的担忧，也是普通百姓的关注点。月影塘人十分推崇食补，认为好的膳食能够补"气"。"气"是在人体内循环的一种生命能量，也可以理解为一种在身体内循环的气息。在人们看来，所有的食物都有其特性。它们可以是冷的、凉的、热的、暖的、干的或中性的。例如,菠萝和芒果性热,柚子性凉。一些绿色蔬菜,如番薯叶、芥菜、芹菜、黄瓜、卷心菜和大白菜都是中性的,韭菜、大葱和大蒜茎等性热,苦瓜和绿色卷心菜性凉。用草和树枝制成的药材也具有不同的特性。药汤有益于滋补人体的特定器官(肺、肾、肝),也可以用于治疗各种疾病(如发炎、咳嗽、口干)。[55]

　　正如罗维恩(Vivienne Lo)所说:"广义上来说,五味一词可以指吃的乐趣,医学史家倾向于将'味'译为 sapors,目的在于强调这个词的医学价值,而不是烹饪价值。"她还指出,到了 18 世纪,"就像药物一样,每种食物都有其相应的味、气、药理,与身体不同部位息息相关。这种气在医学上指的是特性,即热、温、平、凉、寒。五味各关联一个器官,分别为肺、脾、肾、肝和心。"[56]

　　随着时间的推移,食补成为一个家喻户晓的话题,而在月影塘,它们已经与日常饮食融为一体。2007 年,我丈夫去了一趟茶园之后胃部不适。邻居说是因为他白天在山上吹了冷风,晚上又在县城的一家餐馆吃了过多的热菜,从而破坏了他身体系统的平衡。月影塘人之所以对肯德基等快餐(在县城均可找到)嗤之以鼻,是因为他们认为这些食物过热,不利于消化。

　　正如我们可以从这个简短的概述中看到,月影塘人的饮食体系十分复杂:他们既种植作物,又饲养家禽,同时用自供和采购(见图 5)。可以说,村民们的饮食文化是相同的。西敏司(Sidney Mintz)把"家常便饭"理解为一个群体所共享的食物,他们"经常吃也就吃出了门道。他们很清楚这道菜要用哪些材料、具体怎么做、尝起来应该是什么味道。"[57]

　　在这个饮食体系中,一日三餐基本都是在家里做的。但有几样东西是在家里做不了的,比如豆腐、鱼丸和汤丸。这些都由当地企业每天制作并在村里出售。此外,村里的两家路边餐馆最近也进行了升级,现已变成了三层楼高拥有宴会厅的大酒楼。这些餐馆的顾客主要是附近县城的白领。农村居民也会在特殊场合来此

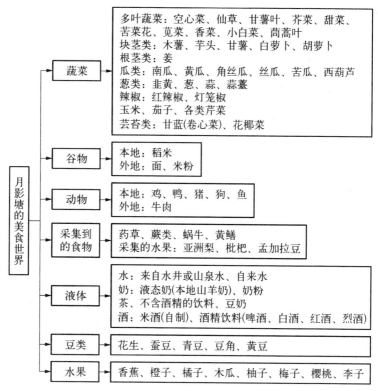

**图5　月影塘的美食世界**

就餐，比如婚宴等。最近，几个村民在穿村而过的公路边上开起了面馆。他们的早餐腌面很受欢迎，客人一般是途经此地前往县城的旅客或通勤者。

对于大多数月影塘居民来说，外出就餐是一种保守的庆祝活动。正如一位居民在谈到大酒楼时说："我们一般不会在那种地方吃饭，除非有婚礼之类的事。我们都在家里吃饭。那种地方是为干部、单位职工准备的，他们不用自己掏钱。"

上文粗略地描述了月影塘的食品生产和消费，以及背后的一些社会和文化因素。接下来的章节将深入研究食物的作用，比如人们是如何利用食物来组织工作的,是如何透过食物传达关于现在和过去的意义的,又是如何通过食物创造和维系人际关系,传播道德价值观的。

## 食物是一种文化体系

食物一直都具有两面性。它不仅是生物存在的必需品,也蕴含一系列文化内涵。在讨论食物与文化的具体关系时,学者常常分成两个阵营:一部分主张跳出特定的环境变化探索食物的深层结构或深远意义,他们采用符号学或构建主义的方法来理解食物在文化中的作用。另一部分强调食物、文化和社会关系中的历史及语境因素。

人类学家玛丽·道格拉斯(Mary Douglas,以下简称"道格拉斯")和西敏司撰写了大量关于食物的著作,阐明了食物作为文化体系的框架。道格拉斯提出了一个著名的观点——食物是一种交流系统。[58]它对社会关系信息进行编码,包括等级、包容度和排异度。[59]道格拉斯在《旧约·利未记》中分析饮食规则时采用了意义构建法。[60]正如她所指出的,在《利未记》中,圣洁的概念等同于完整、完美和完全。因此"完整"或纯净的动物是可以食用的,而那些不完整的动物(如咀嚼树枝的分趾猪),则被视为异常,禁止食用。这些关于食物的规则定义了其所适用的特定社区,划分出区分局内人和局外人之间的界限。因此,在道格拉斯看来,要把食物系统视为一个整体来理解,不能将之脱离于整个文化意义体系。在这种特殊的情况下,完整的动物与完美的寺庙祭坛相得益彰。这种关于完整和完美的例子,实际上是维护乐土完整性的一种需求愿望。[61]

道格拉斯认为,食物不仅仅是一种符号,还是一种语言,具备特定的句法(饮食的条条框框)和词汇(吃的东西),能够表达核心文化意义。[62]如果把食物当作一种语言来研究,研究者需要仔细观

25

26　察一顿饭中各种元素的顺序，三餐之间的关系（一天、一周或一年），因为这些关系本身就具备某种意义。道格拉斯用例子简单说明了这些"组合关系"是如何构成意义的——"现在不可能是午餐时间，我还没吃早饭呢！"[63]

此外，在这个语言系统中，每一餐的个体元素都可以作为彼此的符号或范例。例如，在 20 世纪 70 年代的英国工人阶级食物体系中，一块有糖衣和果酱夹心的饼干在一顿简餐中堪比大餐中的甜奶油梅子蛋糕。[64]正如道格拉斯所言："在组合轴和聚合轴上，或者说链轴和选择轴、序列轴和集合轴，不必纠结于称呼……可以将食物元素进行排列，直至它们全部合乎语法，或者成为最后一个词项。"[65]

有趣的是，道格拉斯认为，食物的"语法"或语言是饮食体系止步不前、难以创新的原因之一。因为概念空间相对狭窄，无法轻而易举地插入新的元素。例如，她在研究英国工人阶级家庭的膳食时发现，新鲜水果并不在其中——水果只能放在蛋糕上做装饰，或者做成布丁、饼干夹心又或是抹在吐司上的果酱。[66]不仅如此，每一种元素都只能出现在特定膳食中的特定菜品中。因此，可以通过考察文化类别和差异解答特定语境下的问题——"是什么让一顿饭能成为一顿饭？"[67]

道格拉斯及其追随者[68]将食物视为一个意义系统加以分析，从而揭示深层的文化范畴。但如果仅仅把食物系统看作一个封闭的意义系统，那么很难解释全球性的饮食结构转变。例如，道格拉斯没有提到经济或生态等外部因素，在讨论食物的文化意义及其对社会关系的影响时，也没有提及具体的历史背景。

西敏司的研究方向与之不同，他强调全球政治经济在饮食模式变化中的作用，旨在探索食物与文化、社会和历史的关系。西敏司在糖的研究领域具有开拓性，他将不断变化的政治和经济关系纳入对食物与文化之间关系的分析。他研究了糖在欧洲和美洲的角色,发现几个世纪以来糖的角色是不断变化的:从中世纪欧洲的一种精英香料和调味品,到贵族们精致甜点中的一种成分,再到英国无产阶级食用的茶和果酱中的廉价能量来源。事实上,根据西敏司对糖的研究可知,糖对英国工业革命的贡献丝毫不亚于煤炭。现如今,它已经成为现代食品系统中无处不在的一种物质。

27

当然,如果脂肪和糖类的消耗没有呈指数级增长,那么现代饮食中将很难看到加工食品的身影。根据西敏司的说法,这些转变最终打破了道格拉斯在论著中谈到的一些非常概念性的规律。引用道格拉斯对糖的研究结论,西敏司得出如下结论:现代生活的发展趋势已经远离了这样的"词汇"或"语法",而这种类比也是乏善可陈的。我们很难用语言学术语解释清楚一顿饭中的食物,"因为饮食的结构限制同语言没有可比性。毕竟不按规矩就餐我们照样能够吃饱,但没有语法我们就说不了话了。"[69]西敏司继而解释说,当今世界充斥着各式各样的快餐产品,"一顿饭的'聚合'(所吃的食物),进食计划的'组合'(进餐次数),以及进餐的时间限制都会阻碍个人的偏好选择。"[70]他写道,"摄食"已经变成了一种"独立的、非交互的行为"。[71]

西敏司的历史研究法和道格拉斯的符号研究法并非完全对立。有的理论家甚至把唯物主义和符号学方法结合在一起。[72]我发现,这两种观点都有助于探讨月影塘的食物与文化之间的关系。例如,我们必须意识到,道格拉斯提出的食物框架是一个有意义的象征系统。后面的章节也会提到,月影塘的食物交换是一种处理社会关系的手段,能够拉近或疏远人与人之间的距离、完善等级制度或促进公正平等。此外,在月影塘,食物的生产和摄入不仅涉及医学意义,如热食、冷食和餐食的营养搭配,食物还是一种表达或践行核心文化价值观的道德工具,如孝道。道格拉斯所说的食物的"组合关系"也说明了这个问题——食物标志着大大小小的时间周期,短到一天的节奏,长到一年一度的仪式周期。因此,尽管现在的村民们拥有更多的财富，饮食也比过去丰富得多，但许多习俗的含义从未改变。

28　　然而，在考察乡村饮食与文化的关系时，有必要从历史变迁的角度着手。在过去五十年里，中国经历了深刻的变革。如前所述，月影塘的老居民经历了 20 世纪 30 年代和 40 年代的抗日战争和解放战争、1949 年中华人民共和国的成立、社会主义改造，接着是三年困难时期、20 世纪 60 年代和 70 年代的农业合作化运动，以及改革开放时期。后续章节将会提到，食物让人们记住很多历史发展过程——粮食相对充足、匮乏直至饥荒时期，以及粮食生产组织的变化。如今，许多年轻人从未通过参与农业生产来了解食物。因此，有必要厘清这些历史转变是否影响了食物对于人们生活的作用和意义，如果是，又是如何影响的。

　　文化类别根深蒂固，因此，在对其及其历史背景展开调查时，了解其中的价值概念对研究大有裨益。下面我将谈谈这个问题。

## 月影塘食物的价值

　　在月影塘，食物的价值可谓是人们日常的美谈，这不仅体现在言语上，还体现于家庭或村庄活动。甚至可以毫不夸张地说，月影塘人的日常生活总是围绕着食物。

　　村民可能会带访客到老村口的路边，向守护村落的土地神供奉食物，或者是到当地的祠堂给祖先献上"三牲"——猪肉、鸡肉和鱼。村民还会用当地美食盛情款待客人，不光是在宴会期间，就连日常的每顿饭都会尽可能准备当地的特色佳肴。客人们可以了解到不同食物对于健康的影响，以及他们应该选择吃哪些食物来滋补身体、"对症下药"。如果访客停留的时间较长，他们可能会注意到家人、亲戚、邻里之间每天都会发生各种各样的交换，如分享自29　己菜园里种的蔬菜，在正式场合互换精心制作的礼物等。他们可能还会注意到,尽管这些交换发生在市场外部,但食物的商品属性并没有消失,不同食品的相对价格仍然是人们茶余饭后的热点话题。例如,客人经常会看到这样一个场景:一位外来的访客和一位当地人就食物展开热烈的讨论,如家乡的猪肠价格和质量。

若在一年中的不同时段展开调查,便会发现如今很多生产粮食的任务都落到了中老年妇女的头上。她们不仅要负责水稻种植,还要打理菜地。在与年长村民的交谈中,访客便能感觉到老一辈对过去的看法深受食物的影响。他们可能还会发现村民们抱怨年轻一代缺乏责任感,不愿帮长辈种菜或者为长辈做饭。他们也可能会观察到,当地人经常通过食物谈论阶级和财富的差别——除了批评地方干部公款吃喝,村民们绘声绘色地指责地方官员利用公款食用山珍海味,不论是各类野味,还是珍稀食材熬成的靓汤,来者不拒。

如果客人停留更长的时间,他们可能会开始通过食物来记录时间的流逝,月影塘人就是这么做的。大多数家庭根据进餐时间划分一天的各个时段。不仅如此,他们还利用特色菜品区分不同的节日。

最后,客人可能会发现,围绕食物的许多活动都需要密集的劳动——从种植到收割再到烹饪。但他们一定也能感受到村民们口中的食之乐——村民们津津有味地谈论着当地的农产品、不同的菜肴,大小宴会上的社交乐趣,以及食物创造的欢乐和美好感受。例如,经常能听到当地居民谈论外地的肉丸汤或旅行时吃到的其他城市的食物。食物能给人带来愉悦感,所以人们总是对食物津津乐道!

简而言之,食物在月影塘中是一种极具价值的媒介。它是一种商品,但又绝非商品如此简单,因为食物交换可以反映社会身份,创造并维系社会关系。食物还能组织时间,从日常活动到年历计划。此外,食物也可以作为一种符号,体现当代乡村生活的矛盾

30

和紧张。作为一种语言，食物可以表达一系列意思。它不仅是维持生计的来源，也是行动的工具。显然，食物是一种必需品，但它也是一种享受，是人们精心制作的成果，是一种艺术体现。

当然，正如上面所提到的，发挥此类作用的并不是食物本身，而是赋予食物丰富内涵的人类。让·鲍德里亚（Jean Baudrillard）在讨论他所谓的"需求的意识形态起源"时提出四重价值逻辑，对我们的研究非常有用。[73]用他的话来说，物具有"实用逻辑（使用价值的功能逻辑）、市场逻辑（交换价值的经济逻辑）、礼物逻辑（象征性交换逻辑）和地位逻辑（符号价值逻辑）。根据这种分类方式，物所对应的身份分别是工具、商品、象征和符号。"[74]

对鲍德里亚来说，任何物体都可以同时发挥其中若干种功能。例如，他以交换婚戒为例，阐明物是双方关系的象征。但戒指也是通过市场交换获得的，从这个意义上说，戒指也是商品。根据鲍德里亚的定义，婚戒可以是一种符号，但他并没有论述时指出这一点。正如他所言，符号的含义"体现于差异性关系中——符号与人、符号与符号，而不仅仅局限于两个人的关系中。"[75]有的婚戒由一颗昂贵的大宝石制成的，是一种炫耀的途径。从这一点来看，与其说婚戒是夫妻关系的象征，不如说它是一种地位的象征。

正如婚戒的例子一样，中国农村食物的价值同时具有多重逻辑意义。你可能会想到宴会，因为它牵扯到人与人之间的关系，是礼物或象征性交换的典型。但物品既可以从市场（商品交易所的一部分）获得，也可以自我供应。抛开宴会不谈，鲍德里亚认为这种自我供应是"实用逻辑"刺激下的产物。当然，宴会上的特殊菜肴也发挥着符号的作用，这一点毫无疑问。如用稀有材料熬制的汤，因为人们会用它们来区别身份、提高地位。[76]

然而，作为价值的体现，食物无疑是不寻常的。与婚戒或现金不同，食物不易保存，容易腐坏。大卫·格雷伯（David Graeber）曾指出，在大多数文化体系中，易腐物品的价值排序一般不高。原因

31

很简单——它们无法长久保存。的确,即使是金钱也不能永久,这就是为什么有钱人经常把一部分财富投资于艺术或其他稀缺品上。[77]

那么,我们如何权衡中国乡村食物的非永久性及它的本质是价值的来源呢? 一种方法是改变我们对价值的定义,要意识到价值不仅存在于离散的对象中,还存在于行动之中,因为物体本身就是行动的产物。格雷伯举了这样一个例子:"如果一个人赠予另一个人食物,并得到一个贝壳作为回报,那么回赠贝壳所体现的并非食物本身的价值,而是赠予行为的价值,食物只是媒介。"[78]就像格雷伯提到的,马克思也提出了一套行动价值论。马克思认为,生产商品所需要的劳动在消费时是不可见的,因为消费者看不见工人在生产过程中所付出的努力。尽管如此,所有物体都能"体现人类的意图。"[79]这些意图以及意图驱使下的劳动是物体价值的源头所在。[80]格雷伯还指出,我们在思考价值的内涵时可以借鉴马克思的观点。

上述观点将如何帮助我们理解食物在中国农村的价值,又将如何帮助我们理解食物的非永久性与价值之间的矛盾呢? 我们将会看到在中国农村,许多食物的价值恰恰在于其体现人类的意图。虽然食物容易腐烂,但围绕其产生的行为能够衍生出联系和分享、债务和义务,甚至怨恨和指责。无论是设宴待客,还是为婆婆做饭,都是一种极具价值意义的行为。从这个意义上说,食物是一种至关重要的媒介,人们可以透过它分享一生中重要的人和事。

此外,食物在领域之间的"价值转换"中发挥着重要作用。在民族志文献中记载着许多相关的例子。例如,乔纳森·帕里(Jonathan Parry)和莫里斯·布洛赫(Maurice Bloch)向读者解释了如何通过商业或雇佣劳动赚钱,即这种属于"短期交易"领域如何转而被归入"长期或宇宙秩序"相关的另一种"交易秩序"。[81]例如,投资仪式、慈善捐款,或者和自己的家人分享以维持长期稳定的关系。

32　　　　烹饪和饮食方面的习语常被用来谈论这种价值的转变。正如帕里和布洛赫指出，人们习惯用饮食用语描述这样的转变并非偶然。对于任何地方来说，这都是最能表达价值转变的一种比喻。[82] 例如，82 岁的珍妮特·卡斯滕斯（Janet Carstens）曾对马来西亚的农村家庭展开调查。她指出，那里的男子从事渔业养殖，妇女负责大部分的水稻种植工作。男子把捕获的鱼和赚取的现金交给女性，都由女性"操持"。除此以外，自家种的大米或者亲人送的大米也由女性管理。[83] 在这一特殊情境下，"操持"一词的确指妇女做饭、烧鱼，但这个词也指妇女们对家庭消费预算的管理，因为她们把男人的现金收入转化为使用价值，由家庭成员共享。同样，如上文所述，通过市场交换或自我供应获得的食物也可以作为象征性礼物交换出现在宴会上，发挥媒介的作用。

　　现在我们知道，食物可以同时具备多重价值逻辑，而且其价值源头在于行为和意图。不仅如此，食物还可以作为一种媒介，促进实现不同交易秩序之间的转换。接下来的章节将更详细地介绍食物在月影塘的价值。第二章将从劳动的角度进行分析。显然，耕田、食品加工和烹饪等行为都具有巨大的"使用价值"，是生存的必要条件。另一方面，尽管农业劳动在农业合作化运动时期就被赋予了一定价值，并且现已成为农民身份的象征，但从未赢得很高的市场回报。值得注意的是，现如今的农业劳动比以往任何时候更加注重性别和代际。除此以外，烹饪劳动体现出家庭形式松紧度的交织。因此，我们需要仔细研究食品生产和制备过程中蕴含的复杂且矛盾的价值观。

　　此外，食物也是评价和记忆过去的载体，而记忆是一个活跃且持续的过程。第三章将转向食物的记忆内涵——通过梳理食物的生产、准备和消费，探讨其中的价值。作为个人和集体记忆的载体，食物是村民了解、评判过去半个世纪历史变革的工具。但实际上，它的意义远不止于此。不论是在日常生活中，还是在历法庆典中，饮食活动将人们与时间联系在一起。正如大卫·萨顿（David Sutton）所言，食物是通过市场内外一系列复杂的交换"将过去、现在和未来联系在一起"的媒介。[84]

食物流动（更确切地说是人类移动食物）是通过一系列复杂的交易进行的，涵盖市场内外两个维度。第四章从流通的视角考察食物的价值，包括象征性礼物交换和市场交换。资本主义对全球经济起着支配作用，但这并不意味着市场交换支配着村庄内的所有交易。礼物交换仍然是食品流通的重要途径，义务经济或"道德经济"与市场共存。与此同时，我们将看到，食物本身有时也具有货币的特性。此外，食物的流通和交换涉及许多不同种类的关系，从等级关系到平等关系，从竞争关系到合作关系，从非正式分享关系到强制性供给关系。

其中义务问题是关键。因为如果价值在行动中显现，那么这些行动也成为评判的对象。这就需要把食物作为一个道德象征符号来考虑，这就是第五章所讨论的主题。这部分聚焦于食物表达、道德义务履行的方式，同时也是道德判断的焦点。最后，第六章试图将食物理解为社会和娱乐的媒介。在月影塘，食物的娱乐价值的本质在于社会性，单独的消费行为是无法实现食物的娱乐价值的。[85]

从概念上来讲，劳动、记忆、交换、道德和社会范畴是我们展开研究的一种方式，但在实际生活经验中，它们总是互相交织的。例如，儿媳在出现家庭纠纷后拒绝为年事已高的婆婆做饭，我们应该把该类问题归于哪一个范畴呢？显然，这个案例不仅涉及烹饪，即制备食物所需的劳动，同时也涉及交换和道德义务问题。同样，宴会在很大程度上具有社交性，属于社会范畴；但同时也涉及交换（市场交换和礼物交换），属于交换范畴；准备宴会还涉及食物的生产和准备，属于劳动范畴；宴会可以成为人们保存记忆的一种方

33

式，属于记忆范畴。近来，宴会过于奢华会受到道德批判，因而也触及道德范畴。

　　若要理清这些范畴，有必要从劳动着手，更确切地说是从食物的生产和准备开始。一直以来，农业不仅是月影塘居民的生存基础，也是界定其农民身份的来源。此外，共灶共食是界定一个家庭的关键因素，因而也是家庭身份的一个来源。下一章将通过分析食物的生产和准备、耕地和生火做饭等方面来阐明这些问题。

### 注释

1. 三种草药是苎麻、艾叶和鸡屎藤。

2. "清"与"青"同音。

3. 客家研究学者房学嘉说："妇女产后开始第一顿饭，至少吃一个月姜酒鸡是一种传统习俗……这种营养丰富的鸡，味道甘香，具有清湿、清脉、清五脏、促进血液循环、保护肾脏的功效。当一个女人生下孩子时，她的家人会和其他家庭分享姜汁酒。这叫送姜酒。"——房学嘉：《客家民俗》，华南理工大学出版社 2005 年版，第 12 页。

4. K. C. Chang, introduction to *Food in Chinese Culture: Anthropological and Historical Perspectives*, ed. K. C. Chang (New Haven, CT: Yale University Press, 1977), 11.

5. 两个很好的例子是 Eugene Anderson, *The Food of China*. (New Haven, CT: Yale University Press, 1988); and Chang, *Food*。

6. James L. Watson, "From the Common Pot: Feasting with Equals in Chinese Society," Anthropos 82 (1987): 389 - 401.

7. Yunxiang Yan, "Food Safety and Social Risk in Contemporary China," *Journal of Asian Studies* 71, no.3 (2012): 705 - 29; James L. Watson, cd., *Golden Arches East: McDonald's in East Asia* (Stanford, CA: Stanford University Press, 1997); Jun Jing, ed., *Feeding China's Little Emperors: Food, Children and Social Change* (Stanford, CA: Stanford University Press, 2000).

8. 例如，一本有关中国改革时代道德的新书的作者们呼吁人们关注一些表明新个人主义兴起的趋势。《深度中国》中，凯博文（Arthur Kleinman）和他的合著者们引用了一些研究结果，这些研究表明，农民工虽然在某种程度上为他们的农村家庭提供资金,但他们也表达了对自由的渴望,以及对自主生活的选择。[Arthur Kleinman et al., introduction to *Deep China: The Moral Life of the Person in a New China*, *What Anthropology and Psychiatry Tell Us about China Today*, ed. Arthur Kleinman et al. (Berkeley: University of California Press 2011), 4]他们还注意到,有“由于官方认可的社会主义道德和儒家传统的个人主义价值观和集体价值观之间的冲突,公众普遍感到道德危机”。阎云翔阐述了这一主题,评论道:“一种有利于个人的新伦理话语的兴起。”他说:“当代个人更感兴趣的是个人幸福和私人家庭的福祉。”[Yunxiang Yan, “The Changing Moral Landscape, in *Deep China: The Moral Life of the Person*”, ed. Arthur Kleinman et al. (Berkeley: University of California Press, 2011), 45]

9. 有关石油化工产品在中国农业中的崛起的讨论,请参见 Vaclav Smil, *China's Past*, *China's Future: Energy*, *Food*, *Environment* (New York: Routledge Curzon, 2005)。关于中国农民与农业综合企业之间的经济关系,可以在 Qian Forrest Zhang and John A. Donaldson, “The Rise of Agrarian Capitalism with Chinese Characteristics: Agricultural Modernization, Agribusiness and Collective Land Rights,” *China Journal* 60 (2008): 25-47中看到。快餐在中国的增长一直是许多研究的焦点,包括 Jun Jing, ed., *Feeding China's Little Emperors: Food*, *Children and Social Change* (Stanford, CA: Stanford University Press, 2000); Watson, *Golden Arches East*。农业机械的总动力从 1980 年至 2002 年增加了三倍多。[Robert Benewick and Stephanie Hemelryk Donald, *The State of China Atlas* (Berkeley: University of California Press, 2005), 41]与美国相比,中国农业的机械化程度仍然较低。[Erik Millstone and Tim Lang, *The Atlas of Food: Who Eats What*, *Where*, *and Why* (Berkeley: University of California Press, 2008), 35.]

10. Lu et al., “Impacts of Soil and Water Polution on Food Safety and Health Risks in China,” *Environment International* 77 (2015): 5-15. See also, Y. Yan, “*Food Safety*.”

11. John Lossing Buck, *Land Utilization in China* (Chicago: University of Chicago Press, 1937), 17.

12. Ibid., 11.

13. Ibid., 204.

14. Ibid., 19.

15. Ibid., 125.

16. Ibid., 127.

17. Ibid., 369.

18. 关于"大跃进"运动时期死亡人数的最新估计以及对这一时期的研究，请参见 Frank Dikdtter, Great Famine: The History of Chinas Most Devastating Catastrophe (New York: Walker and Company, 2010); Xun Zhou, ed., The Great Famine in China, 1958－1962: A Documentary History (New Haven, CT: Yale University Press, 2012)。编者注："大跃进"运动的结束通常以 1960 年 6 月中共中央在上海举行政治局扩大会议为标志。故编者、译者对此段论述持保留意见，对于死亡人数，编者认为应采用国家统计局数据，请读者谨慎对待作者引用的文献和数据。

19. Vaclav Smil, *China's Past*, *China's Future: Energy*, *Food*, *Environment* (New York: Routledge Curzon, 2005), 77.

20. Ibid., 82.

21. Ibid.

22.《中国统计年鉴》，中国统计出版社 2015 年版，表 6.10、6.15。

23. Millstone and Lang, *Atlas of Food*, 36－37.

24. Ibid., 83.

25. Ibid., 34－35.

26. Benewick and Donald, *State of China Atlas*, 51.

27. Sidney Mintz, *Sweetness and Power* (New York: Viking, 1985); 大卫·萨顿(David Sutton)在他对希腊食物和记忆的研究中也提到了这个问题。他在谈到食品的标准化时指出："商品拜物教是这样一种过程，在这种过程中，人们对物品的比较是基于由其市场价值得出的价格，而不是基于生产这些物品之前的劳动关系历史……有目的的忘记过去，然后创造现在。"[*Remembrance of Repasts: An Anthropology of Food and Memory* (New York: Berg, 2001), 64; Sutton, *Remembrance of Repasts*, 60]

28. Xin Liu, *In One's Own Shadow: An Ethnographic Account of the Condition of Post-reform China* (Berkeley: University of California Press, 2000), 82.

29. Liu, *In One's Own Shadow*, 82.

30. Roel Sterckx, introduction to *Of Tripod and Palate: Food*, *Politics*, *and Religion in Traditional China*, ed. Roel Sterckx (New York: Palgrave Macmillan, 2005), 3.

31. 德博拉·里德-达纳海(Deborah Reed-Danahay)对奥韦涅(Auvergne)乡村的一项"奇怪的行为"进行了研究，她提供了一个很好的例子，说明西方的"现代性"假设如何使人类学分析变得模糊起来。在她的研究中,一对新婚夫妇收到了一个装有香槟和巧克力的夜壶(象征着尿液和粪便)。正如德博拉·里德-达纳海指出的那样,尽管这种做法在法国农村普遍存在,但研究人员从未提及过它——也许是因为"反东方主义"把法国构建为一个"非排外"的地方。["Champagne and Chocolate: 'Taste' and Inversion in a French Wedding Ritual," *American Anthropologist* 98, no.4 (1996): 750]另一个例子是,尽管与食物无关,但在美国,房屋维修和建筑的联系非常重要。在开始一个项目时,承包商通常会推荐他们自己的朋友或同事去做他们自己不能做的工作。交易所不会因为人们置身于高度商品化的经济中而蒸发。问题始终是这些不同领域的交集和衔接。

32. 整个地区现在被称为梅州市,它由七个县组成。这些县是梅县、五华县、大埔县、兴宁县、平原县、蕉岭县和丰顺县。编者注:根据梅州市人民政府网站信息,梅州市现下辖2个市辖区——梅江区、梅县区,5个县——平远县、焦岭县、大埔县、丰顺县、五华县,代管一个县级市——兴宁市。

33. Ellen Oxfeld, *Drink Water*, *but Remember the Source: Moral Discourse in a Chinese Village* (Berkeley: University of California Press, 2010), 12 - 13.

34. 在 2006 年、2007 年和 2012 年冬季旅行时,我的丈夫弗兰克·尼科西亚(Frank Nicosia)陪着我。

35. 地方志记载了梅县从 1949 年到"大跃进"运动期间人均粮食消费量(以公斤计)快速下降,以及此后一直到 20 世纪 80 年代末人均粮食消费量的逐渐增加的情况:1949(225),1953(268),1959(209),1961(204),1964(248),1967(276),1968(249.5),1971(278),1975(287),1977(300),1979(350),1983(373),and 1987(344)。见梅县地方志编纂委员会编《梅县志》,广东人民出版社 1994 年版,第 247 页。类似的统计数据也反映了这一时期肉类生产的变化。在此期间,梅县的人口并没有翻倍,但肉类产量却增长了 6 倍以上(《梅县志》,第 203 页)。接下来的数字显示了以饥荒年份饲养的猪的数量来衡量的产量的极端下降,以及之后通过集体时期和改革初期的稳定增长:1949(81 530),1959(71 500),1961(48 197),1964(165 576),1967(250 435),1975(320 273),1983(407 383),1987(522 507)。见《梅县志》,第 278 页。《梅县志》也记载了养鱼面积的类似增长,从 1949 年的 8558 亩增加到 1987 年的 35 000 亩。1英亩约等于6.07 亩。

36. Oxfeld, *Drink Water*, 184.

37. 2012 年,宋玲和包力的儿子燕红和小女儿凤英也买了车。在这个村子里,拥有汽车的人是少数,摩托车仍然是最常见的私人交通工具,但在 2012 年的访问中,我惊讶地发现,在这个乡村地区,拥有汽车的人增加得很快。

38. 这些数据来自我 1997 年夏天和 2007 年春天进行的家庭调查。

39. 我在 1997 年和 2007 年进行了家庭调查。虽然官方人口普查将居住在城市的农民工算作农村家庭的一部分(只要他们没有改变户籍),但我对这两个数字都进行了计算。所以月影塘中的人口,包括移民,2007 年有 918 人。如果不包括外来务工人员,只计算村里家庭的成员,2007 年是 872 人。

40. 这些数据来自我在 1997 年和 2007 年进行的家庭调查。

41. 这种情况与安娜·罗拉-温赖特(Anna Lora-Wainwright)在四川农村的报道有所不同。安娜·罗拉-温赖特发现,运往市场的商品所使用的化学物质也正是农民在生产自家的产品上所使用的化学物质。["Of Farming Chemicals and Cancer Deaths: The Politics of Health in Contemporary Rural China," *Social Anthropology* 17 no.1 (2009): 56 - 73]也许这两种情况的一个关键区别在于,在月影塘生产的许多农产品,如猪肉,都是在县内甚至在村内出售的,因此,人们可以很容易地了解到这些农产品的生产条件。

42. 安娜·罗拉-温赖特在她研究的四川一个村庄也注意到了同样的问题。她指出,氮肥稻田如果离水井太近,喝了就会有患上癌症风险。在她研究的村子里,虽然当地人对农用化学品表达了否定态度,但对这些物质也没有完全加以谴责。("Farming Chemicals and Cancer," 65)她指出,化学物质很受欢迎有两个原因。它们为市场生产一尘不染的食物,而且减轻了老年人的"工作量",因为年轻的村民已经迁移到城市去工作了(65)。

43. 这项调查是在 2007 年 4 月进行的。我选择 4 月是因为它不像人们会吃得多的农历新年。我对 35 个家庭进行了为期 4 天的饮食记录。我还请他们说明是否在自家的水稻上使用了农药,是否在自家的菜园上使用了化肥或农药。没有人说自己在菜园里使用了化肥,但是关于是否在水稻上使用农药的回答却很有趣。据记录,有 12 个家庭在水稻上使用了农药,有 8 个家庭没有使用,另外 7 个家庭说他们使用了少量农药。这很有趣,因为我给了人们的选择只有是与否,然而人们试图更微妙地回答。他们认为尽管使用了化肥,但试图减少其使用。传统上用于施肥的两种有机成分是复合肥和由制作花生或大豆油后剩下的残渣制成的油饼。这种用油饼施肥的方法在中国南方是一种古老的方法,是卜凯在 20 世纪 30 年代的《土地利用》一书中根据研究发现的。此外,人们焚烧稻秆,然后把它们重新耕入土壤中作为肥料。人们将由茶树种子或果实榨油后的残渣制成的饼与青草和植物混合,用作一种天然的除害剂,杀灭稻田里以水稻幼苗为食的蜗牛。

44. 2007 年 4 月,我对 35 户家庭进行了调查,发现几乎所有家庭的三餐都要吃米饭,除了每天至少吃一次米粥或粥(主要用于早餐)的 5 个家庭之外。汤是由自己种的和购买的食材混合做成的,它就像米饭一样,这似乎是一顿饭中不可缺少的,参与调查的所有家庭每天都吃。

45. Katherine A. Mason, "To Your Health! Toasting, Intoxication and Gendered Critique among Banqueting Women," *China Journal* 69 (2013): 108 - 33.

46. 只有 1 个家庭在市场上购买蔬菜,23 个家庭自己种植蔬菜。

47. 《梅县志》,第 268 页。

48. 2007 年 4 月接受调查的 35 个家庭中,有 27 个家庭每天都吃肉(见注释 35 和 36)。另外还有 5 个家庭在 4 天中有 3 天吃肉,只有 2 个家庭完全不吃肉。这很重要,因为如前所述,调查期间没有进行肉类消费预计比平常要高的节日活动。

49. 在接受调查的 35 个家庭中,只有 1 户在肉类、家禽和鱼类等方面完全自给自足。

50. 在接受调查的 35 个家庭中,27 个家庭在 4 天内吃了水果,24 个吃了鸡蛋,10 个喝了牛奶。

51. 其中的几个例子包括常见的木贼草或马尾草(索木草,也称为驳接草或沐泽草),把它在水中煮沸,用于治疗眼睛发红或发痒,也是用水煮过的粪箕笃,可以缓解喉咙痛,以及板栗仁。煮熟的栗子可以做成茶,有助于降低血压。

52. 其中一个例子就是用几种野草制成的汤,包括麦冬和灯心草。制作者都是在野外采集它们,然后再加红枣和猪骨头熬汤。这汤有护骨、清热润肺、凉血的作用。

53. 陈志明和丁玉玲对改革开放时期中国南方"发明传统"的饮茶方式进行了深刻的分析。参考"The Promotion of Tea in South China: Re-inventing Tradition in an Old Industry," *Food and Foodways* 18 (2010): 121 - 44。

54. 对于那些熟悉广东饮食文化的人来说,北美所谓的点心是一种搭配茶再合适不过的食物,这就是饮茶的传统。饮茶不是客家传统,但它的结构与客家的饮茶与普通膳食的分离并不矛盾,因为普通膳食有一种谷物主食,如大米。如果客家人用茶搭配食物,那食物应该是油炸或蒸的。米饭是一种普通的主食,它不与茶一起食用。

55. 这些性质是冷(冷性)、凉(凉性)、热(热性)、温(温性)、干(燥性)和平(中性)。在汤中使用药用草的一些例子有：可以减少炎症的铁甲草,可以治愈骨骼、延年益寿的山茶树根,可以消除堵塞,增强肾脏功能的牛奶树根,可以润肺、止咳、解热的石橄榄,可以加强和保护肝脏的五指毛桃。此外,还有更多的例子。

56. Vivienne Lo, "Pleasure, Prohibition, and Pain: Food and Medicine in Traditional China," in *Of Tripod and Palate: Food*, *Politics and Religion in Traditional China* ed. Roel Sterckx (New York: Palgrave Macmillan, 2005), 64.

57. Sidney Mintz, *Tasting Food*, *Tasting Freedom* (Boston: Beacon Press, 1997), 96.

58. Mary Douglas, "Food as a System of Communication," in *In the Active Voice* (London: Routledge and Kegan Paul, 1982), 82 - 104.

59. Mary Douglas, "Deciphering a Meal," in *Implicit Meanings: Essays in Anthropology* (London: Routledge and Kegan Paul, 1975), 249.

60. Douglas, "Deciphering a Meal."

61. Ibid., 269.

62. Ibid., 251.

63. Ibid., 255.

64. Douglas, "Food as a System," 96 - 97.

65. Douglas, "Deciphering a Meal," 251.译者注：根据道格拉斯的观点,进餐顺序(如早餐、午餐、晚餐)构成横向的轴,而每餐中具体的食物有多种选择,相互之间可以替换,构成聚合关系。

66. Douglas, "Food as a System," 102.

67. Ibid., 98.

68. 在类似的传统中,人类学家杜蒙(Louis Dumont)分析了一种不同的概念区分——纯粹性和非纯粹性之间的对立——如何构成另一种社会的基础等级制度——印度的种姓制度,以种姓等级制度为基础,根据其"纯洁"划分等级。在这种制度下,人们只能接受与自己同等或更高种姓等级的人提供的食物。食物消费本身与一个人的相对纯度有关,因为高种姓的人吃"更纯"的食物。例如,印度大部分地区的婆罗门不会消费肉类。[*Homo Hierarchicus: The Caste System and Its Implications* (Chicago: University of Chicago Press, 1980)]当然,杜蒙和道格拉斯都从克劳德·列维-施特劳斯的作品中汲取了灵感。他认为基本的分类区分是社会秩序和组织的基础。

69. Mintz, *Sweetness and Power*, 200.

70. Ibid.，201.

71. Ibid.，102.

72. 例如,20世纪中叶法国学者皮埃尔·布尔迪厄(Pierre Bourdieu)的味觉研究强调"符号"体现并进而强化阶级立场的方式。对布尔迪厄来说,"品味"是一套具体的设置。此外,"品味"和"阶级"是相辅相成的。因为两者都与物质条件有关。[*Distinction: A Social Critique of the Judgement of Taste*, trans. Richard Nice (London：Routledge and Kegan Paul，1984)，175]布尔迪厄在法国语境中使用的一个例子是工人阶级家庭,他们喜欢吃更"重"的食物(更多是为了你的钱)。许多正在崛起的中上层阶级、白领职业人士更喜欢"清淡"的食物,与其说是为了"填饱肚子",不如说是为了美(177)。这些品味不仅象征和表达了一个人的阶层,也强化了一个人在社会中的地位。因为当权者将自己评价为"好"品味。最后,对布尔迪厄来说,文化范畴和概念不仅意味着阶级区别,它们产生于特定的历史条件,包括人们的经济和阶级背景生命。同时,这些类别本身也有助于强化特定的社会经济和政治秩序。

73. Jean Baudrillard, "The Ideological Genesis of Needs," in *The Consumer Society Reader*, ed. Juliet B. Schor and Douglas B. Holt (New York：New Press，2000)，60.

74. Ibid.，60.

75. Ibid.，59.

76. 鲍德里亚的目标是揭示资本主义社会中商品的逻辑。在他看来,其中所有对象的功能主要是作为符号。因此,在一个成熟的资本主义体系中,几乎没有象征性交换与效用逻辑的空间,因为在他看来,资本主义下的所有商品都变成了差异化的标志。事实上,在他眼中,资本主义下不同商品的交换价值只不过是不同的"迹象"的共同尺度上的相对价值。("Ideological Genesis of Needs," 77)

77. David Graeber, *Toward an Anthropological Theory of Value: The False Coin of Our Own Dreams* (New York：Palgrave，2001)，94.

78. Ibid.，45.

79. Ibid.，65.

80. 格雷伯以巴布亚新几内亚的拜宁为例。拜宁人虽然没有精美的宴会或赠送礼物的仪式,但他们经常在非正式的基础上交换食物。每个人都有足够的食物,他们不用交换。但往往人们会交换相同数量的相同物品(如芋头)。然而,这种交换再现了他们的社会联系,或者说社会。对拜宁人来说，通过劳动生产食物被视为价值的起源。然而，只有当一个人把食物分给另一个人时，这种价值才会"实现"。（*Theory of Value*，70）

81. Jonathan Parry and Maurice Bloch，introduction to *Money and the Morality of Exchange*，ed. Jonathan Parry and Maurice Bloch（Cambridge：Cambridge University Press，1989），24.

82. Ibid.，25.

83. Janet Carstens，"'Cooking Money：Gender and the Symbolic Transformation of Means of Exchange in a Malay Fishing Community,"in *Money and the Morality of Exchangeed.* Jonathan Parry and Maurice Bloch（Cambridge：Cambridge University Press，1989），117 – 41.

84. David Sutton，"Comment on 'Consumption' by David Graeber,"*Current Anthropology* 52，no.4（2011）：507.

85. See Joanna Overing and Alan Passes，eds.，*The Anthropology of Love and Anger：The Aesthetics of Conviviality in Native Amazonia*（New York：Routledge，2000）.我将在第六章进一步讨论"宴饮交际"的范畴。

# 第二章

# 劳　动

## 一粒粮食三滴汗

这句谚语是宋玲告诉我的,说的是水稻种植的艰辛劳苦,同时也表明了多数月影塘村居民对农事的态度。村里的年轻人有的外出务工,有的甚至去读大学深造[1],所以对他们来说,作为农民自给自足地度过一生是很遥远的想法。现如今,耕田的工作落在了父母甚至祖父母一辈的身上,劳作者主要是那些没有外出挣钱的中老年妇女群体。

本章旨在考察月影塘食物的生产和烹调。从中华人民共和国成立前的旧社会到改革开放前,再到如今的工业化时代,农业劳动的性别和代际结构发生了深刻变化,再加上青年纷纷外出就业,从事非农工作,所以很难预测月影塘的农业文化将走向何方。

除了生产粮食(包括种植、收获和加工),食物的制备也是月影塘人围绕食物展开的一项重要活动。当然,要注意分清自给农业和商品农业的区别,前者和烹饪一同构成家庭食品生产和制备的中心,一般是水稻种植和蔬菜园艺;后者都是为了赚取现金收入,多涉及养猪、养鱼或种植柑橘及其他果树。此外要注意,正如耕田是农民身份的象征,煮饭则是家庭身份的核心。"一家人不吃两锅饭"是月影塘人对于家庭的解读。

纵观月影塘的大部分历史，自给自足是当地人生存的必要条件，这一点毋庸置疑。即使深刻的变革改变了村庄的生活，但粮食生产和制备仍是村民维持生计的途径，而且还形成了大大小小的时间周期——水稻的种植和收获是一年中重要的节点将一年划分为若干段，烹饪和园艺工作仍然有助于村民把握一天的生活节奏。

作为价值的创造者，食物的生产涉及许多互相矛盾的要素。其中很重要的一点是吃自家种的大米和蔬菜。另一方面，农事劳作从未受到市场的高度重视。农民虽然是粮食生产的主力军，但其社会地位低下，甚至农民们自己也有这种体会(详见下文)。

同水稻和蔬菜种植一样，为家人做饭大多也发生在市场外部。烹饪不仅是家庭关系的中心，同时也是权力分配的核心。然而，与农业一样，烹饪也深受过去半个世纪的政治和经济转型的影响，包括集体化和随后的市场改革。下文将探讨食物生产和制备对于月影塘人的多重意义。

# 耕　　田

可以说几个世纪以来，水稻种植的基本流程并没有改变。翻土、播种、移植、管理，直到秧苗从绿色变成金黄色。待谷物成熟后要收割、脱粒(与茎秆分开)、晾晒、去壳、抛光，稻谷处理工艺烦琐。

不仅仅是梅县，整个广东省都有种植水稻的传统，而且都是双季稻。因为该地属于亚热带气候，所以村民每年可以种植两季水稻。对于多数月影塘家庭来说，年度计划都是围绕着水稻种植的几个农忙期来安排的，不论是种植，还是收割，他们都亲力亲为，全程参与。在梅县，每年最重要的节日当属春节，而春节的结束预示着农作季节的开始。春节期间，村民们设宴聚餐、走亲访友，放烟花，燃放鞭炮。一系列贺新春活动结束后，天气变得寒冷多雨，一般不会低于零摄氏度,所以没有供暖一说,但水泥房子里总是透着一股刺骨的寒意。天气变得阴冷就意味着很快就要到冰冷泥泞的稻地里种植第一季水稻了。

一般到了2月底或3月初,或者是当地人常说的"莲花盛开,田已犁好,准备播种的时候",开始种植第一季水稻。种植水稻的地叫做水田,因为水稻生长时必须让水流入田地。同一时期,人们也会犁好旱地准备种植花生、蚕豆。7月是收获的季节,届时,农民们又开始种植第二季水稻和应季番薯。这些旱地作物——花生、番薯、蚕豆、玉米和芋头——在现代饮食中所占比例相对较小。但它们在过去是很重要的能量补充来源。正如上文所述,在肉类匮乏的年代,豆类是蛋白质的主要来源,而番薯则是大米的替代品。集体化时代,大队成员把自家的花生榨成油,按月少量地分配给每个家庭。[2]而现在,村民购买的花生油多数是外地生产的。此外,在集体种植期间,人们还会在第一季水稻之前种一季冬小麦,但这并不是梅县的传统作物,因为到了改革开放以后,已经没有人种植小麦了。[3]

农业合作化运动开展以前,当地农民用锄头耕田,或用水牛拉犁。后来,大队购入了拖拉机,负责处理生产队的所有土地。到了改革开放后,家家户户都享有特定土地的使用权,许多集体资产都分配给了生产队成员。例如,生产队的拖拉机归几户家庭共同接管。尽管分配过程并非一帆风顺,但结果很明确——想用拖拉机犁地的话必须花钱租赁。很多人宁愿回归传统,用锄头或水牛管理田地,也不愿花钱租用拖拉机,这让人颇感讽刺。种粮食是为了满足家庭生活需求,所以主要由不能外出挣钱的中老年妇女负责,她们认为在投入上花费过多并不划算,比如租赁拖拉机。2007年春天,一位女士曾对我说:"如果不用耕田,我就会打打麻将或者打打牌(消磨时间)。之所以自己耕田,就是因为我不想付拖拉机的钱!"

从播种到秧苗成熟可以移植仅需三周。虽然插秧(见图6)的劳动强度很大,但相比过去已经轻松很多。现如今,村民们不需要

37

弯着腰移植每一株苗，而是把苗种在塑料盆里，然后埋在泥土里。到了插秧的时候，他们把盆从土里取出来，挺直身子，瞄准后把秧苗抛到潮湿的稻田里，这样秧苗才能分散开来，有足够的生长空间。这种新的抛种（抛秧）方式与几个世纪以来用手移植每一株幼苗（插秧）的方式完全不同。抛种的成本更高，因为用的种子必须从政府那里购买，相比之下，育苗和移植的过程就比较轻松。在"去集体化"之后，下地种稻的人越来越少，抛秧变得流行起来。

**图6　村民正在插秧**

在第一季水稻移栽后的三个月，也就是 7 月初，就迎来了收割。这是一个令人紧张的时刻，因为在收获第一批作物后，必须马不停蹄地重新平整土地，为种植第二季作物做准备。尽管其他村庄已经改用机械镰刀，月影塘的村民仍然使用传统镰刀来砍稻秆。然后用脱粒机将秸秆与谷粒分开。接下来，必须把谷粒平铺在太阳下晒干，然后碾磨（去壳、抛光）。

38

从 1973 年开始,月影塘的谷物碾磨工作实现机械化(见图 7)。现在稻谷去壳只需几分钟时间,抛光的效率也大大提高。事实上,碾米机的引进才使得月影塘第一次使用电力。当时六个生产队出资购买了碾米机,他们每天可以用两个小时运转机器。在此之前,农民用砻(去除谷壳的农具)磨米,他们手工旋转砻里的打磨石,谷壳便去掉了。然后把去壳的稻米放入扬谷机(当地人称之为"风车"),这是一种封闭的木轮,可以扬去稻谷的外壳或者浮于表面的灰尘。最后,用碓打磨大米,这是一种大石杵,也可以用来做糯米粉。在过去,人们要花上一整天才能脱粒 100 斤大米,而现在用机器几分钟就能搞定。[4]

图 7 村民用碾米机碾米

　　农民种水稻可以说是"靠天吃饭"。例如，有一年雨水太多，宋玲家的秧苗长势欠佳，直到4月中旬才能移栽。如此漫长的等待意味着第二季作物的播种也将延后，播种一旦推迟，粮食可能就会歉收。因此，为了加快移植秧苗的进度，她雇了一些工人帮她在一天内完成所有工作。由此可见，时机至关重要。由于第一批作物的收割和第二批作物的播种之间间隔很短，所以人们现在采取互帮互助的策略。一群没有工作的中老年妇女是农事的主力军，她们的丈夫或成年子女偶尔也会在周末或节假日帮忙。如果时间紧迫的话，邻里之间也会互相搭把手。就像宋玲那样，人们宁愿花钱雇人也不愿错失种植第二季作物的最佳时机。

　　当然，也有全家人出动收割水稻的情况。例如，殷照已经80多岁高龄，她的两个儿子都已成家，住在县城，两个女儿也嫁到村外。到了收割稻子的时候，村民们开玩笑说，她雇了一整个"生产队"来帮忙。像殷照家这样的大家族，多个成员都拥有土地的使用权。这是因为在20世纪80年代初，该村的村民都分到了土地。尽管他们实际上住在村外，但只要没把农村户口改迁为城市户口，也能分到土地。因此，殷照不仅要管理自己的土地，还要照看儿女们分到的土地。在一次收获期间，我观察到许多住在县城的家庭成员纷纷回到村里，帮助殷照处理家里的六亩土地。殷照的大女儿、在县城当护士的孙女、二儿子和儿媳都请了四天假来帮忙收割，二女儿还负责为大家做饭。忙完这一阵，殷照的儿子累得腰酸背疼，因为他要把一车一车的大米运到脱粒机上，而且一搬就是一整天。要知道，这并非一个机工（殷照的儿子在城里当机工）所能负荷的工作。

　　恶劣的天气不仅会影响收割和插秧，还会影响谷物的晾晒。我曾于7月访问过月影塘，当时天气非常潮湿，谷物晒不干，后续的流程只能被迫搁置。经过几天的潮湿天气后，收获的谷物很可能会发芽，如果再来几场雨，那这些谷物只能用来喂鸡鸭了。好在当时天气转晴,并没有耽误晾晒和碾磨工作。在谈及这种变幻无常的情况时,一位村民对我说:"你现在知道为什么我们要祭天了吧。"

从历史延续性的角度来看,这并不难理解——农民耕种田地以满足自身的生存需要,所以应对变幻莫测的天气是他们的"必修课"。但正如下文将要提到当代的食品生产已经发生了许多天翻地覆的变化。比如,最后一章谈及政府取消征收粮食税的政策,这便是史无前例的一大变革。在过去,无论是中华人民共和国成立前的"旧社会",还是农业合作化运动时期,甚至是改革开放之初的二十年,农民生产粮食要支付税收或以实物抵付。中华人民共和国成立前,这笔钱可能归地主或国家所有,而在农业合作化和改革开放初期,粮食税归国家所有。不论如何,在过去,上缴粮食税都是硬性规定。

上了年纪的村民还记得中华人民共和国成立前的种种租佃安排。其中一位老人对于时代的变迁十分感慨,他以讽刺的口吻对我说:"没有土地,就得把一半以上的农产品交给地主。那时候没有土地就吃不上饭,现在土地都休耕了,大家伙都不想种了!"

在农业合作化运动时期,没有地主收取租金,但政府会向所有农民征收实物税收。"大跃进"运动之所以特别引人注目,是因为粮食歉收本就很严重,而政府又过度征收粮食,这是引发饥荒的原因之一。然而,当"大跃进"运动停止后,农业合作化运动仍在进行,实际上并没有减轻农民的负担——他们不仅要为自己和家庭生产,同时也要为集体生产。月影塘有六个生产队,每个生产队约由二十五户人家组成。我们的邻居爱华是第二生产队的队长,包力是队里的会计。爱华告诉我,"赶上插秧的时候,我们凌晨两点就得起床,一直干到晚上天黑……我们二队和十五队的产量最高。那时的工资不是粮食,就是现金。现金也是向政府出售粮食获得的。如果你队上缴的粮食比欠的税还多,你就会得到[额外的现

41

金]……总之卖得越多，收到得越多。所以，我们二队挣得比较多！"

二队的每个人都倍感自豪，因为向政府上交的粮食总额较高，所以挣取的现金也比较丰厚。生产大队会衡量每个人的工作时间和工作难度，按劳分配。（当然也存在例外，即1966—1968年"文化大革命"高潮时期。当时，工分的主要权衡标准是革命热情，而非生产力。）队长负责评估不同任务的相对价值。但有时付出和回报不一定成正比——体弱多病的成员即使没有承担太大的工作量也能得到基本的口粮，但如果他们次年的产量有所增加，还是要偿还之前多得的部分。这部分群体一般是有多个孩子的家庭，或者是成年劳动力匮乏的家庭，他们可能连续几年都要向队里借钱维持生计。总的来说，这种制度以再分配为基础，确保每个人都能获得基本口粮。

此外，政府或多或少地会参与指导农业生产。20世纪60年代，爱华的丈夫（大家都叫他"魏叔"）是生产大队（由月影塘的六个生产队和邻近的九个生产队组成）的支部书记。为了提高产量，有领导让他把旱地改成湿地或稻田。他坚决反对，最终才没有酿成大祸。其实，类似的事件在文献中有很多。例如，有领导试图引导生产大队在不适宜的土地和气候中种植棉花或小麦[5]，又或者让农民疏浚鱼塘以便提高粮食产量[6]。

42　　　然而，尽管某些措施不过是徒劳无获甚至适得其反，但有些指导还是有所成效的。在月影塘，农业合作化运动时期的几个项目确实有些起色，农业产量显著提高。再比如，中华人民共和国成立前，政府鼓励农民挖泥沟把水引到稻田里，把部分稻田安置在丘陵和山脉的底部那些有天然径流的地方，或是用水车将溪水引流到田地。20世纪50年代，村里开始修建永久性沟渠。起初用的是木头，到了60年代，村民们改用石头修建水渠，至今仍在使用。村民们还集体修建了两个水库：一个在生产大队（1958年），其中就包括月影塘；另一个位于附近的生产大队(1969—1970年)。这些措施有效解决了灌溉水的供应问题。

在整个农业合作化运动时期，水稻生产是当地农业经济的支柱，最大限度地保护稻田是所有政府人员的工作重心。然而，在过去的几十年里，全中国都发生了深刻变化。月影塘的食品生产领域迅速扩张，水果栽培(尤其是柚子)、家禽饲养、养猪业和养鱼业。尽管生产力大大提高，但粮食用地面积逐渐减少。例如，从中华人民共和国成立到1987年，整个梅县的鱼塘面积翻了两番。[7] 8年间果实产量增加15倍[8]，猪的养殖数量增加了6倍。[9]直到现在，该地的食品生产仍呈增长趋势。特别是在月影塘及其邻村组成的行政区内，1997年至2011年，水果产量增加了三分之一，鱼类养殖面积增加了三倍有余。[10](用于水果种植和鱼塘养殖的地往往归生产队所有，个人或家庭只能租赁。尽管生产队已经形同虚设，不再组织集体劳动，但他们仍然保留土地的所有权，包括水田和旱地。个人只拥有使用权。)[11]

村民们对于时代变迁有着深切的主观感受，从他们的描述中我们也能一窥肉类、家禽和水果产量的大幅增长。比如，包力告诉我他在农业合作化运动时期负责养猪。他在生产队最多养过二十头猪，而现在当地的一些养猪户一个人就养了几十头猪。因此可以说，改革开放见证了月影塘居民在食物生产上的重大变化。当然，这些变化并不是一蹴而就的。

如上所述，即使在改革开放时期，土地实际上仍是集体财产，个体农民一口气签了长达30年的使用合同。此外，由于政府取消了粮食统购统销，所以耕田完全是为了解决家庭供给，属于家庭经济的一部分。农民无须向地主或大队支付税款，也无须承担相应的生产义务。由此可见，我们需要更深入地探讨耕田在当代语境中的价值，首先要思考生产的性别、代际及阶级构成。

43

## 性别、代际和食物的生产

　　性别和代际特征在当代月影塘十分明显——中老年妇女主要负责水稻种植和菜园管理，但从中华人民共和国成立前至农业合作化运动时期到现在的改革开放，这些元素发生了重大变化。客家男女都夸赞客家女人是汉族中最勤劳的群体。[12]他们说，客家妇女从不缠足，勤劳能干，不仅要奔波在田间地头，还能搬运重物，菜园也打理得井井有条。事实上，即使在农业合作化运动时代，一旦自留地在"大跃进"运动结束时被分配给家庭，它们就成为妇女的责任。

　　村民不仅直接烹煮、食用菜地里的新鲜蔬菜，还通过晾晒、腌制或盐渍等方法保存蔬菜。这些干菜可以用作早餐粥的配菜。然而，正如前面所提到的，虽然当地村民仍保留制作干菜的传统，但并不像以往那么普遍。此外，正如最后一章所指出的，不再种植水稻的妇女也会积极地种菜。例如，爱玲在一所学校担任教师助理。虽然她已弃耕稻田，但还是会利用周末和下班时间打理菜地。不仅如此，她还养鸡养鸭，管理着一个鱼塘。由此可见，菜园甚至畜牧业是家庭食物供给的一大来源，对于村民而言至关重要。

　　但男子并非完全置身于农业经济之外。他们的任务大多与商品经济有关，如贩卖自家养的鸡、猪，或者管理鱼塘或果园。尽管如此，男性在水稻和蔬菜种植（两者都与家庭粮食供应息息相关）方面的参与度并不高。当然，这并不意味着妇女不参与农业商品经济。在月影塘，以市场为基础的农业活动并没有将妇女拒之门外。事实上，经营得风生水起的农事活动都是夫妻俩共同打理，甚至是妇女一手操持的，比如养鸡业、养猪业或果园种植。例如，秋芳（音译）是一位四十多岁的妇女，她从村子北边的一个生产大队租了 60 亩地，地处丘陵地带，水源供应充足，有利于种植柑橘。有趣的是，秋芳之前从未接触过果树种植，现有的经验主要是从哥嫂那里以及书籍中学的。

　　同样，丽珊（音译）和她的丈夫文德（音译）以前是驾驶出租货车的。然而，出租车、电动三轮车、公共汽车的出现（一些富裕的村民开始购买家用汽车）给夫妻俩的生意带来巨大冲击。他们的儿媳在县城工作，但儿子一直找不到稳定的工作，所以他们决定养羊卖羊奶。事实上，羊奶在月影塘的普及度并不高，它是中国东南部的一种新兴食品，虽然比奶粉贵，但更为健康、营养。尤其是在"问题奶粉"致使许多婴儿生病甚至死亡的丑闻爆发后，羊奶成为村民的不二之选。

　　当然，养羊产奶的工作很辛苦（见图 8）。丽珊和文德养了十只山羊，他们每天凌晨三点就要起床，五点给山羊挤奶，然后装袋、装瓶，给五十来名顾客送货到家。下午，他们又要开始第二轮挤奶和送货，然后割草、喂羊。和秋芳一样，他们也是从书中学习养羊的方法，毕竟养羊在梅县仍是一种新鲜事儿。

**图 8　饲养奶羊**

为了增加收入，丽珊和丈夫还培植了一种真菌，从中加工成一
45  种中药——灵芝孢子粉。这种药十分昂贵，每斤卖700多元。（常
见的食用方法是将孢子粉末放在热水中，并加入蜂蜜搅拌饮用。）

当家庭中有一位成员有固定的工资或薪金时，此类增值食品业
务更是锦上添花。比如李桥夫妻俩，李桥的丈夫在镇政府工作，李
桥做豆腐、卖豆腐已经有十余年了。我曾花费一天时间观察李桥做
豆腐。这门手艺是李桥从父亲那里学到的，工艺相当复杂。大豆浸
泡几个小时之后，忙碌的下午就开始了。她将豆子磨成糊状，加入
开水，发酵，将凝乳分离。然后将凝乳煮沸，等它变稠、凝固。这一
系列操作之后，热乎乎的豆腐就出锅了。李桥每天都走街串巷去卖
新鲜豆腐（见图9），十几年如一日，每个月的收入都比较可观。[13]

图9    客家妇女售卖自家制作的豆腐

　　然而,农业合作化运动时期的劳动分工与上文提到的现代化分工大不相同。当时的重点是粮食生产,所以大家都奔波在田间地头。而现在,妇女是田间作业的主力军,男性则从事薪酬更高的工作,这一点与客家的传统习俗背道而驰。的确,在农业合作化运动时期,通常是全员上阵生产粮食,就连孩子们也会在春夏秋的农忙季帮忙。例如,爱华的长子和侄子提起 20 世纪 60 年代末的情形:当时他俩都还在上学,但不得不抽空工作赚取额外工分补贴家用。相比之下,现在让孩子们帮助水稻种植或收割是不可能的,因为他们面临着巨大的学业压力,都忙着考一所好高中、好大学。家长们认为让孩子帮忙种地会浪费宝贵的学习时间。

　　谈到男性在农业合作化运动时期的耕田活动,一位村妇对我说,虽然当时男人们都在地里干活,但她认为他们远不如女人勤快:"他们不是在工作的时候偷懒闲聊,就是干得太慢。"爱华告诉我,她当队长的时候总拿男人们没办法:"我会说,'哎,你哪里是在干活,你不过是假模假样地想要赚工分罢了!'"

　　之所以男性在那时对于农事的参与度不高,其中一个原因是当时的生产模式背离了传统。和改革开放时期一样,中华人民共和国成立前水稻的种植、插秧、收割等工作主要由妇女承担。从这一点来讲,月影塘是一个很特殊的地方,因为该地属于高度移民化区域,许多男性移居到国外,主要是印度尼西亚,有的人去了印度,造成男性劳动力持续短缺。留在月影塘的人会用水牛耕地,或者在建筑工地或当地的制革厂工作,所以日常农业劳作被视为妇女的责任。一首古老的客家歌谣体现了当时的劳动分配:"男爸赚钱,妈妈耕田"。[14]

　　例如,2012 年,年近八旬的春雨对中华人民共和国成立前的粮食和农业状况仍然记忆犹新。她告诉我:"在旧社会,我们种花生、番薯、青菜,肉吃得很少。我们那时候拾柴火做饭,一拾就是一大捆,省得雨天找不到干柴。直到孩子出生前几天,我们还在地里

46

47

干活。"其他许多老年妇女也向我讲述了自己一直工作到分娩前几天的经历。当然，"勤劳"是客家女性的一种文化理想。上了年纪的女性向我讲述的经历基本都体现了这一点。

因此，从表面上看，当代社会和旧社会似乎有更多的共同之处，就农业劳动的性别分工而言，两者都有别于农业合作化运动时期。在中华人民共和国成立前和改革开放时期，妇女一直负责直接为家庭提供食物，而男子则从事有薪工作或面向市场的农业劳作。但这两个时代之间存在重要差异。首先，如上所述，月影塘的妇女现在并非完全不参与以市场为导向的农业生产。其次，当今时代的特点在于代际之间的巨大差异。改革开放之后出生（主要指 1980 年后出生）的几代人既不参与维持生计的农业生产，也不参加以市场为基础的农业劳动。既然现在的青年男女都不从事农业，那他们与土地和食物的关系是怎样的呢？他们如何构建自己的身份，他们之间有什么联系，如果有的话，是耕田吗？接下来我将回答这些问题。

## 农民身份与耕田

长期以来，学者们对农民的定义一直争论不休，但他们就某些共同特征达成了广泛共识。作为一个农民，意味着他或她要为自己的生存需求生产食物，同时还要履行对上级的义务——向地主交租、上缴农作物或向政府交税。其实，这个定义仍然存在漏洞。比如中华人民共和国成立前工作和生活在农村地区的月影塘人在当地的制革厂谋生，他们不直接依靠粮食生产养家糊口。

确实，在中华人民共和国成立前，许多人从定义上来讲都属于农民，但他们实际上还从事非农工作，因为单靠农业活动不足以维持他们的生存。例如，费孝通、张之毅曾对 20 世纪 30 年代云南农村农民的现状展开研究，他们指出，乡村工业是农民生存的关键。

在他们研究的村庄里,编篮和造纸这两门手艺颇为重要,但各个区域的具体产业组合可能有所不同。[15] 在此基础上出现了新的问题:土地所有权对"农民"的定义有何影响? 从农民转变为农村精英的门槛是什么?[16]

中华人民共和国成立后解决了这一定义问题,直接给农民的生活带来了深刻的影响。在中华人民共和国成立后不久的 1951 年和 1952 年,政府给每个村庄分配了工作队。他们与最贫穷的家庭一起工作,并暗自把同乡划分为地主、富农、中农或贫农、佃农。[17] 这项工作是秘密进行的,因为国家不想让地主们事先知道,以免他们隐藏或瓜分财产。土地、粮食生产和消费之间的关系是中华人民共和国成立后界定农村阶级的重要因素。在月影塘,根据粮食产量的高低,三户人家当时被划分为地主。要想成为地主,意味着每年至少要生产五十担的粮食(一担相当于五十公斤)。[18]

一旦被评为地主,这个人就会成为村民反对和批判的对象。爱华回忆起那段日子说道:"我们对他们说,你们吃得好、用得好,我们也要这样。"过了一段时间,地主的房屋和财产统统被没收。起初政府把土地分给所有村民——在中华人民共和国成立的最初几年里,土地尚未被集体所有。和普通村民一样,地主家也会分到一些土地,用来种植水稻和蔬菜。但他们分到的往往是最差的土地——地处高山,而不是在村子中心的平地上。因此,地主家庭不得不搬出原本的房子,住在最破旧的房子里,相反,最贫穷的家庭得到了更好的住房。在中国各地,许多地主被处决或监禁。在月影塘,三个地主"老爷"(辈分最高的男性)纷纷逃窜,一人逃到缅甸,另一人逃到香港,还有一人自杀身亡。[19]

和中国其他地区一样,在土地重新分配后的几年内,月影塘的农业合作化进程开始了。尽管这一时期每个人与土地的关系是平等的,但早年的阶级标签仍然存在。直到 1985 年,也就是取消农村阶级划分以后,才正式实行父系继承制。因此,在农业合作化运

49

动的岁月里，即使地主的子嗣没有土地，也仍然保有"地主"的头衔。在中国农村，这种阶级标签成了一种耻辱。没有人愿意和那些阶级成分"恶劣"的人结婚，比如地主，不仅如此，这些人很难有接受高等教育的机会，也找不到好工作。但由于大多数村民都是贫农，很少有机会走出农村去接受高等教育或寻找好的就业机会，所以在那时，这种阶级标签实际上并没有给绝大多数农民造成影响。[20]

与具体的阶级标签不同，月影塘的居民普遍共有一个身份，那就是农民。中国实行户籍登记制度，每个人都有一个农村户口或城市户口。即使是现在，在城市工作的农民工都很难把农村户口改为城市户口。所以，从某种程度上可以说，农村人无法摆脱原有的身份。就像地主家庭到了农业合作化时期也很难撕掉"地主"的标签，许多弃农进城务工的农民工仍未跳脱"农民"之列。

尽管城里的农民工实际上是工人，但农民身份使他们与农村、耕作"捆绑"一起。例如，人类学家潘毅（Pun Ngai）报道了深圳一家电子工厂发生的有趣事件。深圳邻近香港，是一座拥有300万人口的繁华新城，对来自月影塘等村庄的年轻农民工来说就像是一块磁铁，令人向往。该工厂的工头开始咒骂其中一名年轻女工，嘲笑她不过是一介农民："你到底在干什么？你都要把这个管壳弄坏了。这里有这么大的划痕……你究竟有没有用心学？你要知道你不是在种地，懂吗！这些产品非常贵，你在田里干上一年也买不起。"[21]

人类学家严海蓉说："在改革开放后的城市里，称某人为农民已成为一种绰号或粗俗的笑话。'农民'已经成为愚昧、落后、不文明的代名词。"[22]严海蓉还描述了来自农村的年轻劳动力移民作为粮食生产者的角色。她指出，现在许多人种田只是为了"勉强糊口"，而不是为了挣钱，顶多是维持生计罢了，"生产用地变成了福利用地，用来养活伤患和失业群体，使下一代农民工得以廉价复制。"[23]

　　尽管城里人对"农民"标签持负面看法，但月影塘的农民子女们并不排斥这个身份。比如，宋玲的女儿凤英曾对我说："如果你找不到工作，只能待在村里耕田，你可能会觉得不好意思，大家会认为你不太聪明"。我在月影塘曾参与过水稻收割、插秧，但还没干一会儿，有几个村民特意提醒我，有文化的人不用耕田。顾名思义，"文化"指的是有一定文化水平的人，也就是说教育使人具备更高层次的文化修养，因而与耕田种地这种"脏活累活"并不相称。

　　事实上，宋玲曾告诉我，她的孩子们在小时候经常会帮忙收割。"你以后想要种地吗？"她对孩子们说，"如果不想，那你就得好好学习！"殷照的儿子在城里工作，农忙季会抽空帮母亲收割水稻，几天下来精疲力竭，他对我说："打工挣钱比耕田强多了，因为用钱就能买到米。"但他还告诉我，对于像他母亲这样没有工资的人来说就是另一回事了。如果无须以牺牲工资为代价，那么种植水稻还是有一定经济意义的，毕竟种植水稻的成本低于在市场上购买大米的成本。[24]

　　从这些角度来看，耕田和园艺显然只有剩余价值——专属于那些不能为家庭贡献任何货币价值的人群。但事情并非如此简单。毫无疑问，政府在 20 世纪 80 年代初实施农村改革时设想将土地使用权作为"安全舱"。如果工人在经济衰退期间失去在城市的工作，他们至少可以回家种地维生。当然，也有人怀疑这不过是缓解城市动荡的一种方式罢了。

　　但事实上，土地和农事对于月影塘的年轻人也是一种保障。这一点体现在诸多方面。例如，一位在广州工作的年轻人在假期回到月影塘老家，他表示自己并不愿意找一份工资太低的工作，因为如果工资不够伙食费、住宿费等生活开销，他可以随时辞职回到月影塘，毕竟在老家，种地就能解决吃饭的问题。

　　尽管现在的年轻人都从事非农工作，但务农也是一份不错的

51

供给来源。例如，一位邻居的儿子在公路边上开了一家汽修店，专门修理小型汽车和摩托车。他的母亲有一个很大的菜园，他们一家人和工人们的吃食都靠这个菜园，毕竟每天买菜做饭给工人吃的话成本太高。

此外，如前所述，有些村民在镇上工作，但仍住在村里，他们也会利用空闲时间帮助家人种植水稻或蔬菜。由此可见，水稻种植和园艺虽然没有所谓的报酬，但从某种程度上来说是一种家庭动力和责任。一位母亲为她的儿子们提供大米，为他店里的工人们种植蔬菜，这无形之中传递出一种不容忽视的义务感。

52

另一方面，如果对这种义务的期望存在偏差，那么很可能引发紧张局势。在村民们看来，一位称职的儿媳要帮婆婆种稻、种菜。例如，秀玲已经八十多岁高龄，她的儿子和儿媳都在城里工作，但如果需要的话，他们会在周末帮助照料稻田。

2012 年的一天，包力想到自己的处境，向我抱怨道："不能因为你在办公室上班，或者在工厂做工，就不帮忙种植水稻。"包力的儿子从早到晚在城里的商店忙活，儿媳在城里的工厂工作。但在包力看来，帮家里种粮食也是他俩的任务。他还说："秀玲的儿子和儿媳都会在休息的时候帮家里耕田，所以还能吃上自己种的大米。谁不知道自家种的米好吃，更何况这是为整个家庭出力。"事实上，那天早上我们散步的时候，包力指着秀玲的儿子和儿媳耕种的一片稻田对我说："大家都说秀玲的儿媳妇很勤快。"（当时是 2012 年 9 月下旬，差不多到了第二次收获的时候。）他还向我诉说了自己和宋玲在过去几十年里所经历的艰辛，还说他们正一步步迈向更好的生活。在他看来，年轻一代过得轻松多了，所以帮助家里种水稻和蔬菜是最起码的。

"谁来种植和收割水稻"一直是村民热议的话题，而孩子则是加剧这种紧张局势的又一因素。老年妇女往往负责照顾孙辈，甚至是曾孙辈。例如，为了照顾学龄前的孙辈，宋玲无暇顾及家庭种植、水稻收割。相比之下，爱华家的压力比较小，因为儿媳不用打工挣钱，所以爱华的儿媳负责种植水稻，爱华则负责照顾孙子孙女。

所以对于老一辈来说，耕田还有其他意义——为家庭而忙碌。在这里，我们会看到几条相互矛盾的线索。首先要知道，父母并不希望子孙日后靠耕地为生。然而，就目前而言，帮忙种地是为家庭履行责任的一种方式。那些有工作收入还能抽空耕田的人大受村民的赞扬。"吃自家种的米"是月影塘人所推崇的理念，即使年轻一代因于工作正与这个目标渐行渐远，但这一点仍然备受重视。

具有讽刺意味的是，不同的工作模式——生计农业、打工或做生意——可能是相互依存的，至少目前为止是这样。种植水稻和蔬菜不能直接获得现金，但工资和做生意赚的钱能够为家庭提供足够的缓冲，足以支持那些仍然耕田、种菜，从事非工资工作的人。墨西哥的部分农村地区也存在这种现象。越来越多的年轻人迁移到北美，留守的居民靠种植玉米维持生计。这样一来，他们就不用吃市场上的转基因玉米。[25] 此外，正如我们在月影塘看到的，家庭农业就像是某些家庭成员的"安全舱"，如果他们对自己的工作不满意，或者不幸失业，至少还可以回老家靠种地维持生计。

然而，必须要注意，有偿工作和农业生产的相互依存源于不同的代际角色，而这些角色也在不断变化。我曾问当地人这么一个问题：如果老一辈弃耕会发生什么？他们一般都这样回答：后代以后就要买大米吃了，因为他们都不会耕田。还有人认为，以后都会雇佣移民或者贫困地区的人帮忙种地。

的确，月影塘原本用于种植水稻的大片土地已经改作他用。2011年，镇政府引入私营企业，通过合资在月影塘租赁了上百亩土地，种植兰花出口国外。这意味着所有拥有土地使用权的居民都能得到分红。我问村民为何要租出去，许多人回答说，现在年轻人大多对种植水稻不感兴趣，纷纷外出务工，土地不可避免地

53

逐渐改作他用了。未来水稻种植是否仍是月影塘的一大特色？答案并不清楚。但可以肯定的是，因为不容易获得，未来村民会对"自己种的大米"更有感触。

## 烧 火 做 饭

在月影塘，女人们的非正式聚会可能随时会戛然而止。一旦有人突然说"烧火"，大家就会毫不留恋地回家。烧火的字面意思是"点火"，但实际上说的是"该回去准备下一顿饭了"！

食物烹制是月影塘自给农业的另一面，甚至比食物种植更为普遍，因为这是每个家庭日常活动的一部分。但就像耕田一样，烧火也需要时间，而且也受到性别和代际的影响。此外，尽管食物的准备和烹制并非一成不变，但某些象征性元素不会被时间冲淡。

在中国农村，炉灶和厨房向来是阖家团圆的重要象征。传统农村的家族理想是五代同堂的父系家族，娶妻生子，子嗣满堂，大家共用一个厨房。共灶说明这个家庭拥有共同的财产和收入。但这一理想在实践中很少实现，贫穷家庭尤其如此。因为这类家庭的特点是男性移居率高，儿童存活率低，因而家族规模比较单薄。而且一旦分家，（已婚的）兄弟们便会分割家族财产，每个家庭会分开做饭、吃饭。

因此，共灶意味着一家人还凝聚在一起，而分灶则意味着家族已经开始分裂。确实，炉灶对于梅县人而言至关重要。一户人家要搬进新房或新公寓，必须先点燃自家的炉子，向灶神献祭。传统意义上，灶神守护着一个家庭，可见炉灶和家庭之间的关系是多么紧密。本书第四章将讲述更多关于灶神的内容。

事实上，过去在定义一个家庭时，共灶是比共居更为重要的元素。20世纪80年代中期，村民们开始翻修旧房或盖新房，房子完工之前，几户人家经常住在一栋老房子里，或者一家人分散在不同

的住所中。例如,一个大龄但未婚的儿子可能单独住在一栋房子 55
的房间里,而其他家庭成员住在其他地方。尽管如此,共灶仍是区
分家庭单位的标志。

例如,直到 1985 年,宋玲家和爱玲家等四户的厨房都在一栋
房子里,夫妻俩和三个孩子都睡在院子对面的一间屋里。爱玲还
记得 20 世纪 70 年代中期,她和家人在同一栋房子里用一间厨房。
那时候多数家庭都很穷,只能蜗居在一两间房子里,"家里压根没
有吃饭的地方。所以大家都端着碗到外面吃。"爱玲一边回想过
去,一边感慨,"但那时候的日子很热闹,小孩们经常在一起嬉戏
打闹。"

那时候,用餐时间几乎没有家庭隐私可言,但家庭之间仍然是
有区别的,毕竟他们的食物出自不同的炉灶。有趣的是,爱玲在回
忆那段童年时光时说,如果她不喜欢自己家的饭菜,只要把一碗米
饭或粥端到外面,再配上别人家做的菜,一顿像样的饭就诞生了。
当然,爱玲说的是菜,而不是主食大米,因为每个家庭一般都有自
己的饭锅,大家都吃自家做的米饭或粥。正如斯图尔特·汤普
森(Stuart Thompson)在提到中国东南部的家庭状况时表示:"米
饭是家人之间共享的一种非常重要的食物。"他还引用了人类学家
大卫·乔丹(David Jordan)的话:"家庭是依附于同一个饭锅的单
位……理论上,家庭之间不会交换米饭,因为大米是家家户户都有
的物资。"[26] 关于大米,月影塘有一个很有意思的说法——奉子成
婚叫做"生米煮成熟饭"。

直至今日,米饭仍然是最常见的主食,也是月影塘家庭日常膳
食的核心。吃饭前,每个人的碗里都盛满米饭或粥。父母会鼓励、
督促孩子们吃完自己碗里的饭,甚至会陪着孩子坐很长时间,直到
他们吃完所有米饭。在月影塘,不剩饭是孩子的一种优良品质,而
不吃米饭则是一种被宠坏的表现。2007 年的一天,我坐在当地一 56
家小商店外,人们经常聚在这里聊天。宋玲的嫂子金华带着她的

062 甘苦同食：中国客家乡村的食物、意义与现代性

孙子来了，宋玲自己的孙子家兵也在那里玩耍。金华故意看向家兵，大声地说："他整天都不吃米饭。"然后看着自己的孙子，继续说道："我孙子每天要吃三碗饭哩。""有钱人的孩子都被宠坏了，不吃米饭，"金华告诉我，"我儿子在香港工作了五年，每天十三个小时都要杀鸡，所以他没有被宠坏。但娇生惯养的孩子都不好好吃饭。"（实际上，她家过得比较富裕，她丈夫，也就是宋玲的兄弟是一名承包商。）

在月影塘，家庭团结与否的一个标志在于家人之间是否共享米饭或生米。例如，殷照的两个儿子住在镇上，他们有各自的工作，家庭经济互不干涉。但他们吃的大米都是殷照自己种的，周末也会和家人一起回月影塘吃饭。所以当地居民认为他们并没有正式分家。

就目前而言，三世同堂的家庭在月影塘很常见，但五世同堂则很少见。[27] 大多数家庭和宋玲家一样，由父母和一个已婚子女（通常是儿子）组成，他们共享经济资源。只有少数家庭（占12%）是父母和多个已婚子女一块生活。[28] 然而要注意的是，由于越来越多的村民移居城市，所以家人之间仍然会共享经济来源，但并不会一起吃住，至少目前是这样。

尽管如此，共灶和共食仍然是定义家庭的重要因素。村民告诉我，如果某个家庭成员在春节返乡同家人共度除夕，那么说明这个家庭并未分家。如果家人之间彼此已经完全经济独立，那么也就没有必要一起吃年夜饭了。

在中国农村，分家并不意味着分享食物就此终止。独立成户的儿子仍然有赡养父母的义务，食物便是评估后代尽义务程度的一条线索。例如，"轮餐"是儿子们分担赡养义务的一种常见方式。年迈的父母可能这个月和这个儿子一起吃饭，下个月和另一个儿子一起吃饭，以此类推。如第一章所述，在宋玲和包力的家庭中，食物不断地来回流动，且流动的范围不仅局限于大家庭，也包括儿子和已出嫁的女儿们的小家。（第四、五章将涉及家庭食物交换，

交换背后暗含的道德义务,以及由此延伸出来的一系列矛盾性话语。)

与农业生产一样,烹饪不仅受到历史进程的影响,同时也受某些深厚传统文化的影响,后者制约着一顿饭的具体构成。因此,我们接下来将深入探讨月影塘的食物制备特点,首先从家庭烹饪开始。

## 每天为家人做饭:从日常膳食到年节仪式

走进殷照的厨房,就像在阅读月影塘的烹饪历史。殷照祖上是海外华人,他从印度尼西亚回来后建造了一座漂亮的石房子(并非20世纪30年代常见的泥砖房子)。20世纪80年代,月影塘的多数家庭都搬出了老旧的泥砖房,住进新建的房子里。然而,殷照家的老房子经受住了时间的考验。在她的厨房里,一口古老的大锅架在砖炉上,下面放着过去人们喜欢用来生火的木头和火种。此外,殷照的厨房和现在多数家庭的厨房一样,燃气、燃气炉样样俱全,只不过她家还用猪粪加工的沼气——邻居用殷照的棚子养了十头猪,殷照则得到沼气作为回报。

殷照厨房里的老灶告诉我们,过去做饭的第一步是收集燃料和水。直到20世纪70年代中期,村民还在周围的山上砍伐木柴。妇女和女孩们会去流经村庄的河边取水,然后用扁担挑回家。爱玲现在是一名助教,两个孩子还在上大学,她依然记得当时自己比兄弟们干得更多:"我有五个兄弟,所以我有很多工作要做。我一天要到溪边打好几次水,还要上山去拾柴火煮饭。"[29]然而,20世纪70年代中期之后,村民开始用煤炭取代木材,也就无须收集木柴烧火了。到了20世纪90年代中期,天然气成为首选能源,但并非所有家庭都使用来自猪粪的沼气,很多家庭选择购买燃气。到了农业合作化运动的末期,家家户户开始凿井,去河边取水的人寥寥无几（现在人们喜欢从天然蓄水层中寻找更纯净的水）。

　　除了炉灶，家家户户的厨房都配有几块很厚的砧板、几把锋利的菜刀、大大小小的炒锅、汤锅和一个电饭煲，这是最低配置。个别家庭还配置了冰箱，但通常只用来储存特殊物品，比如剩饭剩菜，尽管这些剩菜剩饭通常会被放在一边，在下一顿饭被吃掉。有趣的是，与美国家庭不同（冰箱在美国家庭扮演着核心角色），月影塘的村民很少把冰箱放置在厨房里，而是放在别的房间。

　　在多数农村家庭，内与外的界限并不分明。部分食物制备可以在公共场所进行。比如，村民会把砧板或塑料盆拿到屋外，坐在低矮的塑料凳子上切菜、削皮、冲洗蔬菜。如果邻居来串门，他可能会蹲下来，一边帮忙择菜，一边闲聊。不仅如此，烹饪和进食基本不在同一空间，后者一般在庭院或后院进行（见图 10 和图 11）。例如，宋玲家通常在庭院旁边的一个封闭区域用餐。那里放着一张圆桌和一摞凳子，吃饭的时候按照人数摆放凳子。庭院还可以充当食物准备的空间，比如村民会在院子里切菜、杀鱼。

图 10　村民在门口择菜

**图 11　厨房里准备制作粄食**

当地人在食物准备上的分工与水稻、蔬菜种植一样，都以中老 59
年妇女为主。这两者都涉及家庭的直接供给，都体现了食物的使
用价值（即使是购买来的食物，在烹饪环节也会转化成使用价值）。
然而，食物烹制与食物种植的分工并非完全一致。与自给农业相
比，做饭不完全是女性的责任，而且就分工的代际特征来看，后者
的分布更为分散。

例如，在 2007 年接受调查的 35 个家庭中，有 2/3 的家庭由一
名或多名妇女掌勺。有 4 个家庭的烹饪工作全权由父亲或祖父负
责，还有 4 个家庭是配偶一起做饭。有些家庭的分工比较复杂，比

如父母、儿子和儿媳一块参与，有时孙女也会帮忙。

60　　　因此，尽管女性负责做饭是当地的"默认"选项，但事实上分工并非如此单一。此外，烹饪和耕田的差异也体现在其他方面。村民们会告诫后代通过勤奋读书摆脱耕田的命运，但为家人做饭却没有这样的负面含义。事实上，许多年轻人在很小的时候就掌握了基本的烹饪技能。比如，我采访过一位年轻女性，她在当地电视台有一份很好的工作，但仍然和父母住在村子里。关于学做饭，她是这样说的："我们主要是从爷爷奶奶那里学的做饭。一般都是女孩学做饭，当然有些男孩也学。父母工作忙，所以一直都是祖父母教我们。如果没有祖父母，我们就帮父母一块做饭。如果住在城市，不和父母一起住，那你可能要买一本食谱学习做饭。"

61　　　第一章提到的每顿饭的"配置"对于烹饪也是至关重要的。如前所述，在中式饮食中，某种饭与肉或蔬菜的搭配具有悠久的历史，也是客家日常膳食的框架。与美国的三明治或冷餐不同，客家人习惯将食材放在一起煮熟或加热（这也是冰箱通常被放在其他房间角落的一个原因）。如果家庭规模较小，那么饭菜也会相对简单，但无论如何，饭和菜缺一不可。例如，苗丽是一个五十多岁的寡妇，她的女儿已经出嫁，儿子仍单身。她现在和成年的儿子住在一起。家里种稻、种菜、养鸡，还种了几棵柚子树。她和儿子吃的菜都是自家菜园种的，所以只有肉需要买来吃。苗莉吃得很简单，通常是米饭搭配一荤一素，或者她会做一道荤素一起炒的菜，配米饭和汤吃。不论如何，每顿饭基本都是主食搭配荤素菜。

　　　我曾和大约 20 名六年级的孩子进行了一次短途的一日游，当时我了解到他们在很小的时候就学会了做饭。我是那趟旅行中唯一的成年人。那一天，我们骑自行车去了一座佛教寺庙（大约用时一个小时），然后徒步爬上一座小山的山顶。到达后，学生们打开背包，拿出锅碗瓢盆、食用油、炊具和基本食材——切碎的肉和蔬菜、酱油，还有鱼露。然后他们开始生火，用饭锅和炒锅做午餐。我相信如果是在美国，孩子们会从背包里拿出三明治和袋装薯片。

年轻人也会在农历新年等节日帮忙做饭。就像一年中只有特定的时间才收获稻谷一样，老年妇女们会组织年轻的家庭成员一同制作食物，为庆祝活动做准备。例如，他们会制作炸米粑或者蒸米粑，有甜口的、咸口的，都是用糯米粉或小麦粉和一些当地的食材制成的。[30]春节期间，人们会在桌子摆上年粑和茶水，招待来访的亲朋好友。不同于平日里的早餐（粥和配菜），发粑是春节期间早餐的亮点——村民喜欢在早餐吃上几块，因为制作好的米粑好几个星期都不会变质，所以只需要重新加热一下即可。

现如今，制作米粑可以促进代际交流。因为年轻力壮的父母基本都外出务工，所以留守的中老年妇女负责为一大家子——儿子、儿媳以及出嫁的女儿们准备新年美食。因此，春节还没到，年长的妇女便早早准备好发粑，分给各个小家庭。

我问宋玲为什么村里人会这么做，她说女儿们太忙，没有时间做这些，但她们又不喜欢县城里卖的煎粑。据宋玲介绍，市场上卖的和手工自制的毫无可比性。前者都是用劣质油做的，不利于消化；后者不仅用料好、口感佳，还能加强宋玲与女儿之间的义务纽带。月影塘的长辈们认为，现在的儿女可能不像过去几代人那样孝顺，所以他们会尽其所能地帮助孩子，以使他们产生一种负债感（第五章将详细讨论这一主题）。

制作煎粑需要好几道工序——和面（需要好几种面糊）、揉面、切片、固形。春节期间，老老少少都在家，所以祖辈经常和孙子孙女（尤其是孙女）一块制作煎粑（见图12、图13）。由于制作的量比较大，天然气又非常昂贵，所以他们会收集很多木柴，在院子或庭院里支一口大锅，生火蒸煮。

63

图 12　过年在院子里起油锅准备食物

图 13　祖母与孙女一起准备新年食物

1996 年和 2007 年冬,我恰巧在月影塘。我帮村民们备年货(包括制作煎粄),与他们一同庆贺新春。2007 年,距离新年大概还有一周,我去拜访了殷照。当时她正在和两个出嫁的女儿、长子和大儿媳,以及两个正在读大学的孙女一起制作年粄。那一天,他们花了好几个小时制作了一种油炸芝麻球(当地人叫"煎粄")。后面几天又制作了好几种年粄。最后一算,她们家一共用了 50 多斤(67 磅)糯米粉,并且有七个家庭参与了制作:四个已婚子女(两个女儿和两个儿子)、一个已经成家的孙女和殷照自己的两个亲妹妹。殷照自己也留了一些点心,好招待来访的客人。

宋玲也花了几天时间准备年货。她找来了儿媳、孙女和一位邻居(雇佣)帮忙。包力也参加了,但他和的面太稀了,所以宋玲让他"上一边去"!

如果将那些靠做饭谋生的人也计算在内,那么月影塘会烹饪的人群就更壮大了。许多年轻人在县城或者更远的大城市当厨师,返乡后也会主动帮忙做饭。

又如 2012 年的中秋节,宋玲的儿子燕红为家人精心准备了一顿大餐。燕红做起饭来游刃有余,因为他在广东省的 2 个大城市——广州和深圳当过十二年的厨师。(那天,他用了不到 90 分钟就做了一大桌子美食,令人赞叹不已!)我一边观察燕红做饭(妹妹和妈妈帮忙打下手),一边记录了制作家庭大餐的全过程(参见附录 B,准备节日大餐)。

当然,尽管那顿中秋团圆饭十分精致、丰盛,但只能算是一顿家庭聚餐,而非一场正式的主宾之宴(下文将详述此类宴会)。那顿饭中唯一的非家族成员是宋玲结拜姐妹的儿子以及他的家人,他们几十年来一直与宋玲和包力密切来往。然而,有趣的是,只有这位非家庭成员带了"像样的"礼物——一大盒香港产的精美月饼。

燕红的妹妹们只带了一些晚餐用的食材,但她们一来就进厨房帮忙做饭。此外，不同于许多正式宴会那样，这顿饭上大家并没有接二连三地敬酒，也没有喝得酩酊大醉——包力只是举起酒杯，简单地祝大家身体健康。

尽管那顿饭的制备十分繁复，但它和种菜、耕田一样仍以家庭为导向。那么正式宴会的烹饪是怎样的呢？正如我们将在下文看到的一样，宴会的准备形式也发生了变化。以往村民会请其他村民前来帮忙准备宴会，并用礼物或传统的红包作为补偿。而现在，村民偏向直接将这项工作外包给专业的餐饮团队，由他们向员工支付工资。尽管宴会的制备逐渐商业化，但并未完全取代早期的烹饪模式，只不过是新增了一种劳动形式而已。

为了更好地分析这种现象，我把宴会视为月影塘人们所说的"食酒"——喝烈酒或白酒。如前所述，这与"食饭"是一组相对的概念。"食饭"的意思是吃米饭，专指日常饮食。此外，宴会在客人身份上也有一定要求——必须包含非直系亲属。一大家子聚在一起用餐被称为"好事"，比如燕红在妹妹和妈妈的帮助下准备的中秋节大餐。但即使他们一块喝了酒，仍不属于"食酒"。同样，农历新年前夕也有一场隆重的家庭聚会，也就是所谓的年夜饭，当地人叫做"团圆饭"。这顿饭旨在家庭团聚，所以名称中用的是"饭"，而不是"酒"。

## 两场宴会的故事

2012年9月，我回到月影塘参加当地的一个重要节日，这个节日在每年的中秋节前后举行。中秋节为农历八月十五，自2007年起被列为国家法定节假日。[31]就像农历新年一样，学校和政府机构都会在中秋节放假，学生和工人们纷纷返乡，所以高速公路上变得异常拥堵。但在月影塘，每年的这个时候也是庆祝"作福节"的重要时期。

66

　　"作福"的字面意思是造福或庆祝好运,可以理解为当地的感恩节(我们将在第四章中深入地讨论"作福"的含义)。当地人一般在农历八月初一到十五之间庆祝作福节,具体时间有所浮动。* 按照习俗,镇下属的每个村庄都会选择不同的日子庆祝,所以庆典一般持续两个多星期。这种轮流庆祝的模式使人们在主人、客人的角色之间交替。前来参加庆典的客人可能包括朋友、姻亲(以婚姻关系为中介而产生的亲属)或母方亲属(通过母系关系产生的亲属)。由此可见,父方亲属(通过父系关系产生的群体)并不是这个节日强调的重点。我们将在后面的章节详细讨论关于交换、联系和社交的问题,本章将重点考察这些活动的食物制备。

　　村里的老人回忆说,过去至少要提前两个星期准备作福节的食物。人们会亲手制作甜糯米糕(发粄)送给客人,还要杀鸡宰鸭("大跃进"运动后,村民可以饲养家畜)准备大餐。作福节和农历新年对于长辈们来说意义非凡,因为这是他们在集体化时代能够分到猪肉的两个日子。以往的作福节还有一样必不可少的美食——豆腐。那时候豆腐很稀奇,所以家家户户只有在特殊节日才会自己动手磨豆子做豆腐。而现在,豆腐随处可见,每天都可以从当地的小贩那里买到,因而也算不上特殊的餐品了。

　　我听说过很多关于作福节的故事,但我以前从未在当地参加过这个节日,因为我不是在庆典结束后才到,就是在开始前便离开了。幸运的是,我在 2012 年参加了两场作福宴,并从中了解到宴会准备的不同模式。其中一种组织形式是村民们互帮互助,另一种是依托专业的宴会承办商。

　　宋玲和包力的作福宴共设四桌,每桌十人。(在中国,桌子的

---

　　* 译者注:梅州客家人非常重视每年春秋两季向神灵祈福与还福的仪式,普通老百姓统称为"作福"。

数量是衡量宴会规模的标准，而不是受邀客人的数量；每张桌子通常能容纳八位或十位客人，这取决于它们是圆形还是方形的。）那次宴会并不是宋玲夫妻俩自己准备的，他们请了三位邻居帮忙，还雇了一家餐饮公司。

那是我第一次在月影塘亲眼看到专业的宴会承办商。在过去，村里的酒席宴会都是村内人承办的，更确切地说，村里有一批专门从事宴会组织的村民，他们自己购买原材料，然后找当地人来帮忙制作宴餐，再给予他们金钱或物质类礼物作为补偿。如，20世纪90年代，退休的魏叔（曾担任大队支部书记）经常负责组织当地的宴会。他亲自设计菜单，列出食材，组织当地的村妇帮忙，并分发红包作为答谢。有时报酬甚至不是现金，而只是一包饼干。到90年代中期，只有最富裕的村民才能举办数百人的大型宴会。即使如此，宴会也是在村庄内部组织的，专业的宴会承办商当时还闻所未闻。但是现在，宴会承办商越来越多了。

此外，当地的餐饮业在过去几年里大规模扩张，越来越多的村民选择在饭店举办酒席或者庆祝特殊节日。正如前一章所提到的，两家原先不起眼的路边餐馆现在已经升级成了豪华的大饭店，里面有许多独立的包间。每个房间不仅配有餐桌，还配有低矮的茶几，客人可以围坐在周围吃点心、喝茶、聊天。不仅如此，餐厅还为客人提供麻将桌——一般在餐后打麻将。当地的这些餐馆都属于家族企业，其中规模最大的一家是由三代人共同经营的。一大家人每天都在饭店里忙前忙后，接受预订、坐在前台剥豌豆仁或者监督送货。然而，随着业务的扩张，家庭劳动力已经不足以支撑日常的经营强度，所以他们开始雇佣员工帮忙。截至目前，包括厨师和厨房帮工在内，该餐厅总共有30名员工。

享用村外专业餐饮服务是月影塘的烹饪逐步专业化和商品化的最新成果。在2012年的作福宴上，承办商负责为190人准备食

物,其中包括宋玲和包力邀请的 40 位客人。当天上午不到九点,
承办商就已经带着四卡车的物资抵达。大部分准备工作都是在户
外进行的,有些是在一个空车库里。她们把带来的大铁锅放在大
铁桶上,再把铁桶放在成堆的木柴堆上。餐饮公司的员工都是中
年妇女,但与 20 世纪 90 年代在乡村宴会上帮忙的农村妇女不同,
她们与雇主没有亲属关系,且只接受现金作为酬劳,而不是饼干或
是红包之类的谢礼。工人们还在准备饭菜时,客人们便陆陆续续
地坐摩托车或汽车来到村里。他们给宋玲和包力带了许多礼物,
比如葡萄酒、白酒、苹果、袋装饼干(第四章将更详细地介绍作福节
中的食物和交流)。不到三个小时,厨师们就准备好了一桌桌丰盛
的酒席,每一桌共有十二道菜。

　　尽管雇佣餐饮公司承办宴席十分便捷,但仍有很多村民选择
最传统的待客模式。在宋玲和包力的宴会结束后两天,我在宋玲
侄儿文平的家里又参加了另一场作福宴(见图 14)。这次宴会大
约来了三十位客人,所有的食物都是文平家自己准备的。妻子戴
华、戴华的姨妈,儿子的亲家母一起准备了十四道菜。文平和妻子
的分工大有不同:戴华负责一边帮忙做饭,一边照顾一岁半的孙
女,而文平则负责在楼上的客厅里摆上茶、柚子、饼干招待客人,与
他们闲聊。此外,我还观察到一个有趣的现象——戴华的其他女
性亲戚也会不约而同地加入做饭的队伍中来。

　　第二天,我见到文平并夸赞他的宴席很丰盛,他回应说:"去年
我们准备了 21 道菜,但最后都没吃完,太浪费了,所以今年我们没
准备这么多!"

　　我们将在后面的章节中详细讨论宴会在交流和社交方面的作
用。就目前而言,需要指出的是,无论饭菜是由承包商准备的还是
由家庭成员准备的,都要为庆祝作福做好充分的准备。正如一位
村民对我说的那样,"如果你没有准备这些菜,那你就是不尊重你
请来的客人"。

图 14　几代同堂，共享作福宴

　　下列分别是自制的宴会菜单和承包商准备的菜品清单：

### 文平 & 戴华宴(家庭成员自制)

海参/海蛄蝓

鸡脚、鸭脚

韭菜花炒鱿鱼

猪肚炒芹菜

莲藕羹

红烧狗肉

人参鸡汤

清蒸银鲳鱼

红烧鸭

清蒸虾

香菇红烧肉

69

爆炒牛蛙

清炒香麦菜

鱼丸、肉丸汤

**宋玲 & 包力宴（厨师制）**

红烧海参

清蒸鸽子

糖醋肉

豌豆炒虾

鸭脚

蔬菜

奶油汤圆

姜汁蒸鸡

红烧肉

人参鸡汤

煎糍粑

清蒸鱼

## 从田地到餐桌：关于食物的劳作

从田间到餐桌、从主食的生产到宴席的准备，我们应当如何看待其中所涉及的劳动？显而易见，性别和代际是不容忽视的因素。就性别而言，女性在食物劳作方面的角色更加突出。她们不仅要参与自给自足的粮食生产（即使用价值）、打理菜园，还要负责准备日常的家庭饮食。在研究饮食的商品化时，我们也看到了性别的差异化。妇女一般作为当地的帮工或散工为宴会准备食物，而男性则更倾向于像魏叔一样经营餐饮，或者像燕红一样学习烹饪成

70

为专业的厨师。（当然，女性担任"家庭厨师"，男性担任"专业厨师"的这种性别差异并非中国农村独有。）

因此，我们可以把当地围绕食物展开的劳作划分为两种：一个是使用价值领域的食品生产和烹饪，另一个是市场领域下的食物劳作。前者女性占主导地位，后者男性和女性共同参与，但性别分工明显。（将男性厨师、男性餐馆经理和餐饮领域的女性散工进行比较，便可以得出这一点。）但现实情况可能会更复杂。首先，如前所述，月影塘的男女青年都喜欢烹饪，但不参与农业生产。同男性一样，女性也参与市场导向的食物生产——饲养牲畜，生产柚子等经济作物，或者生产豆腐之类的增值食品。

此外，正如上文所指出的，如果不考虑家庭内外的一系列社会关系和责任，就无法真正理解从农业到烹饪所涉及的食品生产劳动。人类学家戴维·萨顿指出，在商品生产和交换的世界中，或马克思所说的"拜物教"，"我们衡量物体的基础在于它们的市场价值，而非附着的劳动关系的历史……有目的地忘记过去才能造就现在。"[32]然而，本章讨论的大部分劳动都不符合这样一个遗忘的框架。因为无论是否得到报酬，社会义务、记忆以及道德债都贯穿于月影塘食品生产的始终，并源源不断催生出持续性的关系，所以劳动是无法被遗忘的。在接下来的章节中，我们将从更广阔的视角探讨劳动的这些层面。

### 注释

1. 1997 年村里只有 9 个大学毕业生，而到了 2007 年则有 45 个大学生。
2. 集体化时代，村民们每个月都能分到少量的花生油，大约 1 斤到 2 斤。1 斤约等于半公斤或 1.34 磅。花生是杂粮的一种。杂粮还包括：粟米、小米、番薯干、番薯末、番薯粒，豆腐干、芋干、玉米，还有胡豆（即蚕豆）。这些主食的生产在改革开放时期下降得相当快，但毫不奇怪，当时肉类、水果、鱼和家禽成为梅县饮食更重要的特色。据地方志记载，该县番薯产量从 1955 年的 47 000 吨下降到 1987 年（《梅县志》，第 265 页）的 26 100 吨。

包括玉米(《梅县志》,第 265 页)和蚕豆(《梅县志》,第 268 页)在内的其他杂粮产量也有所下降。

3. 《梅县志》确实提到,早在 20 世纪 30 年代,有些地方除了种两季水稻外,还种第三种作物。中华人民共和国成立前,第三种作物一般是小麦(《梅县志》,第 262 页)。纵观梅县小麦的产量,人们可以发现,它在"大跃进"时期达到顶峰,改革开放后几乎消失。1949 年,梅县小麦 8 万多亩(1 英亩相当于 6.07 亩)的产量在 1958 年达到了 14 万亩的高峰(第 264 页)。但到 1987 年,这一数字已下降到几乎可以忽略不计的程度,全县仅有 729 亩地用于小麦生产(第 265 页)。

4. 碾米机和拖拉机一样,不再属于集体,而是私人经营的,人们需要为其支付使用费。

5. Hok Bun Ku. *Moral Politics in a Chinese Village* (Lanham, MD: Rowman and Littlefield, 2003), 71; Jonathan Unger, The *Transformation of Rural China* (Armonk, NY: M. E. Sharpe, 2002), 87.

6. Jonathan Unger, *Transformation of Rural China*, 87.

7. 鱼塘面积从 1949 年的 8558 亩增加到 1987 年的 35 000 多亩(《梅县志》,第 287 页)。

8. 水果产量从 1949 年的 2020.35 吨增加到 1987 年的 31 300 吨(《梅县志》,第 270 页)。

9. 地方志记载,1949 年有猪 81 530 头,1987 年有猪 522 507 头(《梅县志》,第 278 页)。

10. 例如,在属于两个村行政区一部分的月影塘,水果总产量从 1997 年的 114 吨增加到 2011 年的 181 吨。鱼塘面积从 1997 年的 121 亩扩大到 2011 年的 536 亩,鱼产量从 1991 年的 48 吨增长到 2011 年的 117 吨。此外,到 2011 年,有 420 头猪和 38 000 多只鸡。有趣的是,稻田总面积并没有减少,反而还略有增加。1996 年水田面积 1204 亩;2011 年,面积略有扩大,达到 1436 亩。旱田由 103 亩扩大到 260 亩,蔬菜面积基本保持不变,1996 年为 1140 亩,2011 年 1154 亩[《城北乡各管理区主要基本情况》,未公开资料表(1997,2007,2012)]。

11. 现在叫村民小组,也就是村民小单位。

12. 在我上一本关于月影塘道德的书中,我发现:"世界各地的客家社区中,妇女在经济活动中的活力和参与仍被视为其身份的一个独特方面……随着客家男子开始在迁出中国东南地区及出国,妇女在维持农业经济方面变得更加重要。"(Oxfeld, *Drink Water*, 10)

13. 2007 年,她一天能挣 30 元左右。

14. Oxfeld, *Drink Water*, 102.

15. Hsiao-tung Fei and Chih-I Chang, *Earthbound China: A Study of Rural Economy in Yunnan* (Chicago: University of Chicago Press, 1945) 300.

16. 在农民身份的讨论中，一些著名的参与者如 Teodor Shanin, ed., *Peasants and Peasant Societies* (Oxford: Blackwell, 1987); Robert Redfield, *The Little Community, and Peasant Society and Culture* (Chicago: University of Chicago Press, 1960); Eric Wolf *Peasants* (Englewood Cliffs, NJ: Prentice-Hall, 1966)。

17. Oxfeld, *Drink Water*, 178.

18. Ibid., 178.

19. Ibid., 180.

20. Jonathan Unger, *Transformation of Rural China*, 46.

21. Pun Ngai, *Made in China: Women Factory Workers in a Global Workplace* (Durham, NC: Duke University Press, 2005), 116.

22. Hairong Yan, "Spectralization of the Rural: Reinterpretng the Labor Mobility of Rural Young Women in Post-Mao China" *American Ethnologist* 30, no.4 (2003): 586.

23. H. Yan, "Spectralization of the Rural," 586.

24. 据一些年龄较大的受访者说，1 亩地大约产 1000 斤大米。但同样多的土地，在农业合作化运动时期只能生产 800 斤左右，在旧社会只能生产 440 斤左右。算上现在用来播种的秧盘、种子、化肥和农药的成本，生产 1000 斤水稻的成本约为 300 元。但在市场上购买 1000 斤大米要花费大约 1000 元。

25. Elizabeth Fitting, *The Struggle for Maize: Campesinos, Workers, and Transgenic Corn in the Mexican Countryside* (Durham, NC: Duke University Press, 2011), 100.

26. Stuart Thompson, "Death, Food, and Fertility," in *Death Ritual in Late Imperial and Modern China*, ed. James L. Watson and Evelyn S. Rawski (Berkeley: University of California Press, 1988), 93. The David K. Jordan quotation is from *Gods, Ghosts and Ancestors: The Folk Religion of a Taiwanese Village* (Berkeley: University of California Press, 1977), 118.

27. 2007 年，57% 的家庭由三代人组成。

28. Ellen Oxfeld, *Drink Water*, 80.

29. Ibid., 96.

30. 例如，用米粉混合红酒曲蒸制而成的饭粄；用糯米粉混合红糖蒸的甜粄；用糯米粉、糖和芝麻炸制的煎粄；用糯米粉和藠菜（一种韭葱）制成的藠粄；用小麦粉做成饼皮，裹上芝麻、花生碎和豆沙，后切成片油炸制成的牛耳公；用小麦面粉扭成环状的油炸小吃煎撒子；还有煎芋片，也就是油炸芋饼。
31. 中秋、端午、清明在 2007 年成为带薪法定假日。译者注：经译者查证，正确日期为 2008 年。
32. David Sutton, *Remembrance of Repasts: An Anthropology of Food and Memory* (New York: Berg, 2001), 64.

# 第三章

# 记　忆

　　"我们那时候可期待春节哩,就盼着吃年粄。以前的小孩儿很喜欢吃年粄,但现在的小孩都不吃了。"

　　包力回想着过去的日子,接着又开始抱怨那些工厂制作的饼干,抱怨他的孙子对那些饼干爱不释手。

　　提到食物与记忆,有些人认为工业化食品会导致群体失忆。例如,西敏司将北美现代的食品消费比作"人类祖先生活的狩猎采集时代,那时候只要一得到食物便会立刻吃掉,压根不会讲究场合及环境"。他总结说,当食物摄入沦为一种非结构化活动时,那么食物和食物摄入很快就会被遗忘。[1]在西敏司看来,各地的快餐和加工食品都大同小异,不过是"画蛇添足",毫无地方特色可言。一些分析家将这种美食记忆缺失与反作用联系起来,具体表现在北美和欧洲对于"民族特色"美食的兴趣日益浓厚。然而,大卫·萨顿认为,饮食活动甚至可以成为探索"新型消费体验"[2]的形式,而不必拘泥于特定时间和地点的象征符号。

　　不涉及特定时间和地点的饮食活动,是安东尼·吉登斯(Anthony Giddens)用来阐释现代性与时间关系的一例证。吉登斯指出,现代性是一种"虚化时间"[3],因而不具备节日、习俗和实践的性质,这表明现代性是特定区域内所经历的时间。[4]"脱域"的概念在这里尤为重要[5],"脱域"指现代生活将时间从特定的空间中抽离出来,打破人际束缚或从特定情境下的社会活动中抽离出来[6]。 73
在食物和饮食的话题中,"虚化时间"的概念与萨顿的时间观大相径庭,后者认为时间印刻着"当地烹饪传统"的标记,"每一顿饭都能再现归属感和身份认同"[7]。按照萨顿的说法,这种烹饪传统是"文化记忆"的一部分,因为"人无法将忘却的东西再现出来"[8]。

当然,在现实生活中,社会并非一分为二如此简单:其中一种蕴含着丰富的当地烹饪传统,与文化记忆紧密相连;另一种则充斥着工业化食品,毫无内涵可言。但我们可以利用这些分析对比来评价社会中的饮食习俗和文化内涵体系。例如,北美的"民族"餐厅不仅为外国游客提供新鲜的消费体验,还可能使移民及其后代重拾故土的文化记忆或传统。[9]此外,虽然当今社会工业化食品体系和快餐逐渐盛行,但包含象征含义的饮食习惯并非无迹可寻。例如,不论是地方传统(如地域性节日),还是民族传统(如美国的感恩节)都与此息息相关。

尽管如此,地方烹饪传统(富含文化记忆)与工业化食品(缺乏内涵与记忆)的对比为我们的研究提供了有力视角,有助于廓清月影塘食物与记忆之间的联系。显而易见,相比平平无奇的工业化饮食,月影塘的居民更青睐承载当地文化特色的饮食习惯。相比之下,月影塘的饮食习惯与萨顿的观点更为贴合——饮食透露着浓厚的"地方烹饪传统",而非西敏司所说的"添点油,加点醋"。

在探究食物与记忆之间的联系时,我的脑海中立刻浮现出几个不同的元素。首先可以明确的是,我们要思考食物如何创建与过去的联系,不论是真实的,还是构想的。其中一部分可以借鉴萨顿的方法来实现,即通过简单的操作重现饮食传统。例如,通过品尝客家菜或许能切身体会一系列旧习。除此以外,历法仪式也有助于我们更深入地看待当地传统。正如萨顿所言,历法仪式是

"'特殊的时间段'，因而人们有机会反思时间的流逝——尽管他们
74 的生活千变万化，而习俗通常却一往如故"。[10]这在月影塘并非新
鲜事，例如春节、作福节（上一章有所描述）以及其他小型节日庆祝
期间都是如此。

　　但这在月影塘其实也是一个相当复杂的问题。几十年来，该
地的生活水平日新月异，一场场庆典提醒人们不仅要弘扬传统文
化，同时也要革故鼎新。因此，在月影塘，食物可以说是"时代转变
的社会性符号"[11]。透过食物，村民们得以了解上半世纪的历史变
迁，从而通过如今翻天覆地的变化"铭记"过往。

　　而且，在探究食物与记忆之间的关系时不能略过乔·霍尔茨
曼（Jon Holtzman）提出的有关食物记忆的无意识因素。他提醒读
者，饮食文化的众多因素源自"意识记忆所反映、或未能清晰反映
的行为"[12]。皮埃尔·布迪厄的"惯习"概念可以帮助我们深刻理
解这些行为——内化的、理所当然的行为不仅与特定的社会背景
有关，还与个人的阶级地位或其他身份要素有关。因此，有些记忆
元素具有"陈述性"，而有些元素则"根植于习惯性的身体实践"[13]。
例如，日常的烹饪活动和膳食搭配方式可归为内化的、理所当然的
行为范畴，也就是习惯。

　　戴瑞福（Ralph Thaxton）把记忆与食物的另一种关系归纳为
"具身记忆"。例如，过去食物匮乏对人类的身体造成了一定伤
害。饥荒时期，人们由于食用过多粗粮而引发慢性胃病。戴瑞
福把这种无意识的具身记忆与有意识的"语义记忆"[14]视为并列
概念。

　　然而，即使有时记忆可以清晰地表达出来，我们还是要意识
到：即使在外显记忆（有意识的记忆）被激活的情况下，食物仍可
以在无意识的水平上发挥作用，因为它能影响多种感官。萨顿把
食物唤起记忆的能力称作"联觉"。他指出："食物的记忆能力部分
源自联觉……源自不同感官（如味觉、嗅觉和听觉）的综合体验或

交叉体验……味觉和嗅觉……使人联想到相关的社会情境[15]。"

以上述说明为前提,本章旨在探析月影塘记忆与食物之间的关联。重点聚焦于个体陈述性记忆的有意识要素,而非习惯或具身记忆所强调的无意识要素。首先,外显记忆与历史意识有关,因为食物能够唤起人们对社会、文化及政治延续或变迁的感知。除此之外,食物所激发的外显记忆还能构建人类与个人史及社会史的联系。从这个角度来说,不论是在持续地交流与沟通中,还是在对生者、祖辈及神灵的道德义务层面,食物记忆都发挥着一定的作用。(这是记忆的要素之一,下一章节将对此展开更详尽的论述)

我们还需要记住一点:同其他地方一样,月影塘的记忆蕴含着独一无二的个人及代际经历。例如,番薯这样的食物能够唤起中老年人对于贫苦日子的记忆,而年轻人很难有这样的体会,因为他们并没有亲身经历过这些日子,只是间接地从老一辈那里听闻这些回忆。

出乎意料的是,农业合作化运动时期的食物记忆并非都与饥荒和萧条时期挂钩。毕竟食物也能唤起人的怀旧情结。因此,村民们对于那时饮食的讨论存在矛盾点。提到过去,人们可能会想到"大跃进"或食物短缺。但与此同时,他们也会感慨万千,说那时的用餐比现在更具有社会团结感。例如,第二章提到的中年妇女爱玲的回忆。20世纪60年代时,她还是一位青春少女。据她回忆,农业合作化运动时期的就餐具有公共性,所有人都会在米饭或米粥里盛上一些食物,然后端着碗出去一起吃。有时蹲着或坐在门槛上吃饭,有时坐在长凳上。她还回忆说,虽然那时候的食物没有多少花样,但这是大家共同的经历。"现在不一样了,"她抱怨道,"现在大家都在屋里一边看电视,一边食饭。"

我们将从食物与记忆的关系开始讨论,因为这属于节假日和生命周期礼仪的范畴。然后讨论几种常见的食物以及它们的作用——不仅唤起了人们对于历史转变的意识，还提供了探究此类转变的框架。我们也会讨论那些带有浓厚客家色彩的菜肴，重点突出其中的延续性，从而将人们与过去联系起来。通过剖析食物唤醒记忆、联系人类与过往的方式，通过提醒他们历史的中断性和不连续性，我们可以把月影塘的食物视为整体符号系统的一部分，但它并不是一成不变的。

76

## 记忆、食物和历法仪式

月影塘的居民说，每年最隆重的三个节日是农历新年、中秋节和作福（第二章提到的一种当地的庆祝活动）。这些庆祝活动包括大型家宴、宴会和走亲串门。每一次盛典都能激发对过去的种种记忆和讨论，其中一些回忆或讨论充满矛盾，但大多是由食物引发的。[16]此外，随着中国从计划经济体制走向改革开放，国家政策发生了一系列变化，这或多或少与人们对节日的记忆有着千丝万缕的联系。

一方面，对于那些经历过饥荒的人来说，当今的庆典往往是他们回忆过往的跳板。另一方面从怀旧的角度来看，由于人们生活忙碌，再加上市场上出现了一些替代品，慢慢取代了耗时费力的自制食品，所以有些食物或饮食习俗逐渐落没，这令人惋惜不已。这两种说法——一种指出了过去食物的匮乏，另一种则表达了对早期食物和饮食习俗的怀念——与当今食物的角色形成了重要对比。两种叙述都是透过食物谈古论今的途径，但不能肤浅地视之为一种历史性说明。

例如，刘老师在 2007 年给我写了一封信。她在信中讲述了食物与节日之间的关系，属于典型的叙述方式之一。她以节日为出发点谈及过去食物短缺的情况："过去，我们总是食不果腹。"刘老师在月影塘的一所小学任教多年，写这封信时，她才三十出头。她成长于 80 年代初,仍能记得那些食物不太富足的日子。但她出生太晚,对那些至暗时刻没有印象。尽管如此,她仍能透过现如今的各种节假日了解过去的那些苦日子。不管是她切身经历的,还是她别处听闻的,用她的话来说,"我们吃的基本都是自家种的蔬菜,省吃俭用。只有每逢节日,才舍得买点肉,做点儿粄(与年粄做法类似,用糯米粉或小麦粉制成)犒劳一下自己。所以直至今日,我们还是'过什么节就食什么东西'。"

月影塘的一位老太太也借助对节日的记忆来谈论烹饪的变化。她指出,以前庆祝节日的时候,宴席也没有那么隆重。她比较了如今颇为精致的中秋佳肴和她记忆中的简单庆典,说道:"我们以前在中秋节就是做一些煎芋圆和美味的徽子(一种油炸面食),还会吃花生和月饼。到了晚上,我们会祭拜神明,等嫦娥下凡来吃月饼。孩子们会用菜篮子请嫦娥,把一个人的衣服放进去,如果衣服动了,我们就会很害怕,然后就都跑掉了!旧社会和改革开放之前都是这样。现在像糖果、花生甚至月饼这样的东西对孩子们来说已经不稀奇了。"

有趣的是,与其说这位村民的回忆是对当代富足的庆祝,不如说是在影射当代年轻人无法品味过去的粗茶淡饭。包力在本章开头所说年粄的热度锐减也是一样的道理。事实上,包力曾透露,现在就连年粄的制作工序也和以往有所差别。他说孩子们以前很喜欢吃年粄,总是期待不已;而现在,他们更喜欢工厂制作的饼干。所以,"我们不会像以前一样做那么多年粄",他怀旧地追忆往日,并透过记忆批判当今的趋势。

尽管包力抱怨现代人体会不到传统美食的优点,但月影塘庆祝春节的方式并没有太大改变。他们仍要花上好几天来准备一些传统美食,例如年粄、焖鸭和香肠。食物也是祭神拜祖的祭品(见图 15)。春节前一天早上,家家户户都会备好祭天、拜祖、敬灶神的祭品。村民们把这些祭品装在篮子里,用竹竿挑在肩上,先到村

78　口给守护神（社官老爷和公王）*献上祭品，然后前往宗祠祭拜先祖，同样也要摆上祭品，包括三牲（鸡、猪、鱼）和斋盘（年粄、柑橘、苹果、糖果、茶和娘酒）。

**图15　除夕祭拜祖先**

除夕夜，一家人坐在一起吃团圆饭，午夜时分在大门口迎财神。他们"请"财神爷进屋喝茶，而不是吃饭，所以都会供上斋盘，没有三牲。次日早上，一家人又会聚在一起吃早饭，再次欢聚团圆。

春节期间的饭食都蕴含深刻的象征意义，常与繁荣、和谐、团圆谐音。这些食物也会用在结婚、乔迁、新店开张等这样的喜庆场
79　合。例如，团圆饭必定有鱼，因为"鱼"与"余"谐音，象征着年年有余。新年的早上，要在早饭的米粥里加上芹菜，因为"芹菜"一词与

---

*　编者注：详见本书第四章第120页介绍。

"勤勉"和"勤奋"中的"勤"字发音一致,寓意着辛勤工作,发家致富。除此之外,早上还要炒蒜薹,因为"蒜"与"算"谐音,喻指精打细算!发粄的形状大多为圆形,象征着阖家团圆,它们的配料或名称都与某些词谐音,意味着"繁荣昌盛"。

春节假期的两个星期里,出嫁的女儿要回娘家,男女亲家设宴互请。家家户户走亲访友,茶、年粄、饼干、柚子、花生等美食琳琅满目。尽管如此,这些节日习俗总能给村民们带来新鲜感,因为以前物资匮乏,他们没有这么丰盛的食物庆贺新年。一些村民还告诉我,现在的宴飨除了食材多种多样,其含义也与以往不同。在农业合作化运动时期,政府试图赋予新年庆典新的符号,特别是团圆饭。在改革开放以后,这些"新"符号被摒弃,取而代之的是更为传统的内涵。

吃忆苦饭就是其中一个例子。尽管没有人切身经历过,但不少人告诉我,在 1966—1969 年期间,政府要求他们在吃团圆饭之前要先吃"忆苦饭"。做法是把野菜和稻糠混在一起熬成糊状,简直难以下咽。每个家庭成员都要吃一碗忆苦饭,一边吃一边回忆起旧社会的艰苦日子。这些记忆也能激起人们对当下"甜蜜"生活的思考和感激。这就是当时所提倡的"忆苦思甜"。"文化大革命"时期的激进策略,其中一种途径就是用食物来激发人们对旧社会痛苦往事的回忆。然而,一些上了年纪的村民告诉我,这种做法确实让他们想起了 1958—1961 年的困难时期,当时他们只能靠稻糠馒头之类的食物勉强果腹。[17]

现如今,春节的团圆饭在人们的记忆中扮演着截然不同的角色。改革开放时期,大量人口涌入城市务工,这对农村地区的春节庆典产生了极为重要的影响。临近春节,各地的火车站、汽车站挤得水泄不通,成千上万外出务工人员,包括很多单身青年都盼着赶紧坐上返乡的车。一批批农民工也回到月影塘的家中,为除夕夜的团圆饭增添了新的景象。正如第二章所提到的,团圆饭明确了家庭的界限——家庭是收益共享的单位。在过去，这些界限似乎很明显，但随着大批年轻人，甚至是已婚人士进城打工，一家人很难聚在一起吃饭。因此，现在的团圆饭更能体现家的意义。

其他历法节日的餐桌同样能够加深人们的记忆，特别是每逢学生和农民工返乡之际。例如，殷照的女儿小高留在月影塘种地，她的丈夫在县城的一所高中当校车司机，他们的两个孩子都在广州上大学。2007年2月，他们回到老家，参与了一系列庆新春活动。我跟着他俩一起帮他奶奶制作年粄，和他的亲戚一起爬到村子里的山头去扫墓，祭拜他们的直系及旁系祖先。摆好三牲和斋盘之后，我们又烧了点纸钱，放了点鞭炮，随后便下山并在殷照家中吃了顿便餐。这些仪式和相应的餐食重新搭建起青年流动人口与家乡的联系。因此，这些活动让青年移居者重拾有关月影塘的记忆，因为他们几乎一整年分散在不同的城市。

## 食物是一种外显记忆

81　　　　讨论完节日餐食唤醒记忆的问题，我们要将焦点转向下一个问题：节日餐食是如何体现记忆的。不同于与戴瑞福在讨论饥荒和长期身体损耗时所指的"具身记忆"，食物所勾起的有意识记忆带有历史性，对于月影塘的居民来说"代表"着过去的特定元素。与此同时，这些食物如今可能会出现在新的环境中，而且年轻人不知道其过去的用途和使用背景，因此它们在年轻人眼中未必承载着相同的意义。

### 苦麦菜等常见蔬菜

苦麦菜是一种纯绿叶蔬菜，从冬天到来年8月都可食用。[18]顾名思义，苦麦菜味苦，蒸煮后苦味更重。村民们说，在过去，人们几乎没有油可以用来做饭（油可以改善苦麦菜的味道），所以那时的菜味道更重。

然而,随着生活水平的提高,月影塘种植的蔬菜种类越来越多。事实上,据《梅县志》记载,中华人民共和国成立之初的常种蔬菜从 20 种增至 30 种,而现在已经从 70 种增加到 80 种。[19] 随着蔬菜品种和总种植量的大幅增加,人们可能会感到不解:为什么过去的蔬菜会引起怀旧情结? 如上所述,其实没有人怀念过去经济困难或食物匮乏的困窘,但难免会想念那时淳朴的社会关系及相较安全的社会氛围。因此,苦麦菜也具有积极的内涵,尽管与现在相比,它出现在过去的餐桌是囿于贫乏。

例如,村民们常挂在嘴边的几个民间故事表明,苦麦菜虽然味苦,但营养价值很高;那些甜味蔬菜实际上可能毫无营养价值。其中一个故事是这样的:一男子有一个养子和亲儿子,他想排挤那个养子。于是他就喂养子吃苦麦菜,却给亲儿子吃一种甜味蔬菜(苋菜)。[20] 这个父亲本以为给亲儿子吃更美味的菜是疼爱他,可谁知养子日渐强壮,亲儿子却越发瘦弱。这是因为苦麦菜比苋菜更有营养价值。

苦麦菜也用来配米粥。米粥比米饭稀薄,与干米饭相比,米粥更加省米,因此在改革开放之前出现得更为频繁。尽管米粥在月影塘仍是相当常见的早餐,但在午餐和晚餐时,干米饭已经取而代之。村民们常常跟我讲一句谚语:"苦麦菜绑粥",意思是苦麦菜要搭配着米粥吃。因此,苦麦菜与米粥之间的关系并不特别,但这也是其中的魅力所在。

不过,同许多其他食品一样,苦麦菜也有其他不同寻常的方面,特别是最近又重新席卷特色餐饮业。现在,它与曾经随处可见的野菜一起做成美食,成了昂贵的特产。从这个角度来看,随着改革开放后的经济转型,苦麦菜的含义也发生了变化。比如可以和苦麦菜一起炒的一种鳝鱼。过去,在水稻田里经常可以发现大量黄鳝,与苦麦菜一起炒不仅提鲜,还能去苦。包力对于捕黄鳝仍记

82

忆犹新，特别是在"大跃进"运动时期，当时食物匮乏，再加上黄鳝也是一种重要的蛋白质来源。长辈们还谈到了旧社会将黄鳝和苦麦菜放在一起吃的回忆。随着杀虫剂的使用越发广泛，黄鳝也越来越稀少，但偶尔还能在水稻田中发现一些。如今，鳝鱼又重新出现在饭店的餐桌上，"黄鳝炒苦麦"已经成为宴席的招牌菜。[21] 因此，对于老一辈来说，苦麦菜让他们想起过去的艰苦和淳朴的快乐；而对于年轻人来说，它具有不同的意义——他们将之视为饭店和宴会厅里的一道特色风味。

### 番薯

83　每当老一辈回忆过往以及生活方式的改变，他们通常会从番薯开始讲起。他们常说："我们能吃的只有番薯。"番薯又称"洋芋"，可能是因为它是从外国传入到中国东南部的。[22] 1594 年，福建省主政者\* 从菲律宾引进了一批番薯，当时菲律宾还建立了一个福建社区，专门帮助当地农民在粮食歉收的情况下维持生计。[23] 到了 18 世纪末，番薯已经"成为东南沿海地区穷人的主食"。[24] 这种块茎植物很快传播到其他地区，甚至成为北方人重要的吃食，使更多人得以果腹生存。[25]

农民不得不把部分粮食收成抵作税收或租金，迫不得已时还要卖掉一些。相比之下，番薯不易存放，必须随种随吃。卜凯于 1937 年对中国农民家庭进行了研究，他在研究中指出：在种植双季稻的地方，家庭消耗占番薯种植产量的 92％，而稻谷仅占 66％。[26] 1945 年，杨懋春（Martin Yang）对山东省台头村的人种学进行了研究，他在研究中生动地刻画了中国农村普遍用番薯充饥的场景。杨懋春根据食物的消耗量将全村分为不同的层级，

---

　　\* 编者注：根据《金薯传习录》，从菲律宾引进番薯的是福建一个叫陈振龙的秀才，后由当时福建巡抚金学曾亲自主持推广。

并把最贫困的人群定义为"一年四季每日三餐都以番薯为主食的人"。[27]

如第二章所述,番薯的另一个优点在于它生长在旱地上,因此不会占用稻田。此外,它非常耐寒,能够抵御恶劣环境。因为番薯用途广泛且相当可靠,所以梅县的老百姓将它称为杂粮,但它过去也是一种重要的主食。[28]番薯的做法有煮、蒸、烤,然后被切碎放到米粥里或汤里,也可以晒干,或者制成淀粉做饺子或是用作勾芡。过去,每当秋收的稻谷已经用光了而下一季还没有收获的时候,人们特别依赖番薯。另外,番薯叶可以炒着吃,地上爬行的茎可以用来喂猪。

由于过去番薯比较常见,所以人们在回首那些饥肠辘辘的苦日子时,总是率先想到番薯。例如,在 2007 年,一位教师回忆起 20 世纪 60 年代的童年生活,并与儿子的童年作了比较,他抱怨说:"我儿子哪尝过饿的滋味,我们那时候穷得只能吃番薯,树番薯制成的淀粉放上水一搅和,就能吃得饱饱的,哪怕能吃上一点猪肉,我们都觉得是大餐了。"当我问老人们他们童年吃什么时,他们几乎都记得番薯。很多人对我说:"我们吃的都是番薯!"有些人也会提到米粥配番薯。例如,一位老太太告诉我,她儿子于 1948 年出生时,断奶后喂的都是稀米粥和番薯。

有关困难时期的报道和回忆录中,番薯通常被视为最后的生存之食。当时在四川,人们饿得在地里一边挖番薯一边吃。月影塘的很多村民都记得那些地方,比如广东潮州在"大跃进"运动时期的粮食状况并不是那么糟糕,而有些地方往往除了番薯别无他食。

番薯带有明显的"农村"标签。当我带着一些番薯干去香港时,我的一些朋友会说这是乡下人吃的东西。村里的邻居红冲还给我讲了一个关于若兰的故事,若兰是我的香港朋友,就是她介绍我来月影塘的。若兰的祖籍就在月影塘,她们一家人住在印度,直

84

到 1962 年中印边境自卫反击战爆发后才回到中国,当时许多印度华人被驱逐出印度。若兰一家离开印度后便定居广州,但在"文革"期间,若兰被迫搬回到农村。于是,她搬到了月影塘,因为她在那里还有些亲戚往来,随后住了四年才去香港(她先生定居于此)。红冲告诉我:"若兰还住在这儿的时候,她丈夫会从香港寄东西给她,她觉得那些东西更有营养,而番薯不易消化,对身体不好,所以都不让她儿子吃。不过,他儿子那时大约四岁,可喜欢吃番薯了,总是趁她不注意偷吃呢!"

85　　　正如上文喂养子吃苦麦菜的寓言故事,这个故事侧面反映出讲述者认为自己可以品味这种简单的食物,而城里人是无法理解的。同时这也体现出讲述者对番薯的喜爱,体现了他的农村血统。但农村人也用"番薯"一词来表达讽刺和不满。如果说某人是"大番薯"[29],那么就是在嘲讽他头脑简单甚至是愚蠢。

　　事实上,可能正是因为番薯的农村内涵,它才能在老人的记忆中扮演饥饿杀手的重要角色。正如冯克在研究中所揭示的:当时的政府无意收购农村的番薯,其中一个原因就是城市居民不喜欢吃番薯,认为那是农村人的专属。当然,如前文所述,其中还有一个现实的原因——番薯比粮食更容易腐烂。[30]因此,困难时期生产的粮食大多供城市食用,而红薯供农村人食用。正因如此,"迫于增产的压力,领导干部转而种植更容易栽培的块茎作物。很多时候,农民只能种植土豆。"[31]

　　改革开放以后,番薯在月影塘的命运也发生了变化。由于肉类、果类充足,蔬菜品种也多种多样,因此番薯不再是充饥的主食,也无须把它加到米粥里或制成面粉。实际上,根据《梅县志》记载:1955 年至 1987 年,梅县用于种植番薯的土地减少了三分之二。[32]其实番薯现在常用作猪饲料,煮番薯也可充当零食,小孩儿对此爱不释手。殷照已经 70 多岁了,还在种植水稻和蔬菜(上一章有所论述)。她总结了番薯用途的巨大转变,说自己现在只种了一点番薯:"因为每人只吃一两个,剩下的就没人吃了。"

现如今,番薯已经成为人们餐桌上的常客,有时更是制作美味珍馐不可或缺的食材,这在过去食不果腹的年代无异于煎水作冰:比如说,要是胃不舒服,可以用番薯、生姜和糖熬制成汤以润肠温胃。有一天我胃不舒服,宋玲就给我做了这种汤,还随即说道,过去可不会这么做番薯,因为那时糖可是稀有的精贵之物。如今,月影塘的老一辈人都喜欢拿番薯和新品蔬菜相比较,特别是菠菜、香菜或包菜等绿蔬。因为这些菜烹饪起来要么费油(如包菜),要么不容易填饱肚子(如菠菜和香菜),而番薯就很有饱腹感。有趣的是,我听到一些村民猜测,有一天番薯可能像过去某些常见的食物一样:随着种植的农民愈来愈少,慢慢淡出人们的餐桌成为稀罕之物。因此,他们认为,有一天番薯会成为宴会厅里的一道特殊佳肴,承载着珍贵的味觉记忆。

粥和米饭

像番薯一样,粥(米粥)在老村民心目中也和过去有着千丝万缕的联系。粥的做法多样,可稠可稀,但后者几乎没有任何营养价值。当然,他们记忆中大多是在"大跃进"运动期间农村公共食堂里靠清汤寡水维生的情景。如上所述,与干米饭相反,米粥一般与农业合作化运动密不可分。我听过很多故事,说过去的人以薄米粥配番薯或梅干菜生存。在这些故事中,米粥与米饭形成了鲜明对比,后者在改革开放之前可谓是一种奢侈品。

然而,与番薯不同的是,米粥仍是多数居民的日常饮食。尽管寡淡的米粥不再是维持生计的必需品,但几乎每天都会出现在人们的餐桌上,通常作为早餐。加上猪肉、香菇、芹菜、鱿鱼、萝卜干或绿蔬等食材,米粥亦可以成为一道可口的佳肴。其实在广东的其他地区,人们对这种粥情有独钟,潮汕人还把这种粥作为宴席的佳肴。[33]

86

不同于番薯，米粥的做法相较灵活，所以能激发人们不同的联想，且通常不会令人想起过去的箪瓢屡空。由于比米饭好消化，米粥有时被视为老人和小孩的吃食。例如，年轻人外出务工时，照顾小孩的任务就落到爷爷奶奶身上。每当我问他们给孙子孙女吃什么，答案总是五花八门。有人觉得没必要给孩子喝牛奶，无论是奶粉还是村里的鲜羊奶。相反，他们更喜欢给小孩吃传统的羹（一种由米粉制成的粥）。或者他们会给稍大一点的孩子喂米粥，随着孩子的消化能力逐渐增强，还会在米粥里放上绿蔬等食材。有些老人的确会给孙子孙女准备奶粉作为特殊的款待，但羹和蔬菜粥才是小孩儿的主食。（他们还说，由于近几年出现了奶粉掺假的丑闻，所以如果有需要的话，他们只会购买进口奶粉，尽管有些外国品牌也卷入了掺假的风波。）

由此可见，米粥在当代饮食中仍占据一定的分量，所以并不会让人回想起那些与番薯有关的场景——贫困和农村身份。不过，将米粥与米饭进行对比仍是比较今昔差异及贫富差距的一种方式。

### 鸡蛋

一些如今相当普通的食物在过去的记忆中占据了突出位置，不是因为它们同番薯一样是"饥饿杀手"，而是因为它们像肉一样稀缺昂贵，富含营养。鸡蛋和豆腐是获取蛋白质的重要来源。尽管它们不像肉那样稀有，但在过去仍被视为特殊的珍品。相比以往，这两种食材现在已经很常见了。

鸡蛋所象征的生育能力使其在客家婚礼中扮演着重要角色。婚礼上最关键时刻当数新郎递给新娘两个煮鸡蛋，新娘则用一双筷子把鸡蛋都放到新郎的嘴里，新郎吞鸡蛋的一幕总是引得围观者哄堂大笑。

回首过去地瘠民贫的时候，鸡蛋是相当重要的一种食材。北美人对鸡蛋早已司空见惯,而在过去的中国,鸡蛋有着特殊的待遇。旧社会可以印证这一点:一般情况下,农民都会把大部分鸡蛋变卖成现金,仅留下一小部分用作特殊庆典的奢侈佳肴。[34]在"大跃进"运动时期,全国各地的鸡蛋都被运到城市,因此农民无法摄取其中宝贵的蛋白质。在食物匮乏的那些年,吃鸡蛋仍是一种特殊的享受。1961年,梅县允许家庭自养鸡,但直到1978年改革开放前,他们最多也只能养3到5只鸡。[35]

对于老年人来说,鸡蛋在食物匮乏的年代是家庭权力动态的象征。例如,一位老妇女回想起过去的日子,对我说:"男人吃得比较多,如果只有一个鸡蛋,那户主就会给他孙子吃。"宋玲在讲述尴尬的婆媳关系时解释说,在农业合作化运动时期,婆媳关系总是因为吃食变得很尴尬。她告诉我:"苗丽的大伯身体不太好。如果有一个鸡蛋,那一般都是给他吃,那苗丽就不乐意了,于是就开始吵起来了。"

很多村民都讲了关于鸡蛋的故事,但大多都是说鸡蛋促进了家庭内部的分享,而不是引发争端。如农业合作化运动时期(那时尚未实行计划生育),月影塘的一对夫妇有七个女儿,没有儿子。一位村民向我描述那位母亲养孩子的辛酸:"她实在太穷了,只能买两个鸡头给家人吃。一个鸡蛋要分给七个小孩吃!"

有的故事讲的是把一个鸡蛋让给长辈的事儿,村民常用这些故事体现人性的慷慨,抑或是明智的家庭政治。例如,村民都说桂珍的婆婆很难相处,但在农业合作化运动时期,婆婆一发牢骚,桂珍就会问她吃不吃鸡蛋。不妨说是桂珍的豁达宽容(给婆婆做一份美食)使家庭关系变得融洽。

虽然鸡蛋很稀有,但也不像肉那样罕见,有时还可作为肉的替代品。正如第一章所论述的,按照习俗,婆婆要每天都要做一道鸡酒(由公鸡、黄酒和姜制成)给坐月子的儿媳妇吃。如今的月影塘一直都遵循这个传统,但这在过去几乎是不可能的。相反,村民告

89　诉我说：在改革开放之前，新妈妈在产后月子期间只能吃上几次鸡酒，而且通常都用一个鸡蛋代替公鸡。

　　豆腐

　　番薯直至 16 世纪才进入中国，而豆腐在中国则有着悠久的历史，它的使用可以追溯到两千年前的汉朝。[36] 现如今，豆腐在月影塘已经十分常见，它既没有出现在宴会的菜单里，也并非特殊场合的餐品。不过，乔迁宴是个例外，因为豆腐具有一定的象征意义。"豆腐"的"腐"字谐音"福"，寓意着祝福和幸运，这对于搬新家来说有吉祥之意。但正如上一章所提到的，在农业合作化运动时期，不论做法如何，豆腐都被视为宴席的不二之选。

　　豆腐与客家身份认同之间的纽带也连接着过去与现在。客家人会做一种特殊的饺子——把肉末塞进豆腐里，而不是包在米粉或面粉里。然后把饺子(酿豆腐)放在蒸锅里蒸或焖。当地人对于这道菜众说纷纭，但都强调它与客家人的特殊身份有关。客家人意为"客人"，他们在几百年前从中国北部移民到南方，因此身上融合了南北方的文化元素。例如，其中一种推测认为：在从北方南迁的过程中，客家人逐渐用米饭代替了面粉。他们不用面粉包饺子，而是用豆腐代替饺子皮。[37]这种解释是否属实并不重要，因为

90　更重要的是酿豆腐与特殊的客家人身份及历史叙事密不可分。

　　制作豆腐时产生的副产品叫作"豆腐头"，是发酵过程中剩下的渣滓。豆腐头的吃法不断变化，说明并非所有传统吃食都能唤起人们的回忆。村民总是跟我提到番薯，但从未谈及其他"贫困食品"，豆腐头便是其中之一。爱华告诉我，以前豆腐头要放在太阳下晒干，然后油炸，替代宴席上的肉类菜品。而现在，豆腐头都被用来喂猪、鸡或者鸭子。确实如此，每次来到月影塘，我都会记下自己的日常饮食和特殊餐饮，我从未吃过豆腐头。当我看到李桥做豆腐时，我才知道豆腐头并带了点回家品尝。直到那时我才知

道它在过去饮食中的角色。

年粄和工厂制品

年粄也能唤起人们的记忆,(如前一章所述)准备新年餐是一项大工程。客家人的包子、糕点和甜食分为很多种,而"粄"则与之不同,因为它们通常是在家里自己做的。有趣的是,年粄对于客家人来说就像是北方人心中的饺子。石瑞调查了中国北方春节期间的家庭团聚状况,他指出,饺子通常是由"一群亲朋好友一起包的,过程比较费时,寓意着'圆'和'完成',可以引申为'团圆'"。[38]许多年粄都像饺子一样是圆的,所以同样象征着阖家团圆。就像我们看到的饺子一样,客家人的年粄也是一家人在春节时一起做的。虽然客家人也包饺子,但在他们的历法仪式中,年粄更是重头戏。

在梅县,除了年粄,还有专门在清明节使用的粄,也有适合喜庆场合的粄。对于包力而言,年粄以前是客家人庆贺新年的必需品,而现在,新年等节日都换成了工厂制作的饼干。事实上,饼干和粄的区别在于前者无法在家里制作,优点是便于携带和交换。走亲访友时,可以随身带上饼干和水果。包装精美的饼干可以是作福节或乔迁宴答谢亲友的小礼物。过去,也会给在丧葬或婚宴上帮忙做饭的妇女送上一些饼干以表答谢。如果家有访客,那么主人就会在盘子上放些饼干、年粄、糖果和花生给客人就茶吃(我从未见过大人吃工厂产的饼干,只有小孩才会吃)。这些饼干连同水果、年粄、三牲等其他传统食品也非常适合用来祭神拜祖。

供奉神灵的祭品通常都蕴含着深意,是一种文字游戏,因此是工厂产的还是自制的已经不太重要(见图16)。例如,糕饼也是工厂生产的一种甜食。"糕饼"一词常指厂制的、商品化的蛋糕或糕点,小型面包店制作的也包括在内。其中一个例子是月饼——面皮中放上莲子或红豆沙等微甜的馅料。除了月饼,糕饼还有上百种花样。

**图 16　祭祖的供品包括水果、饼干、酒、茶和三牲**

　　糕饼中的"糕"字谐音"高"，所以糕饼象征着节节升高，因而特别适合用作供品。同样，工厂制的糖果喻示着未来甜甜蜜蜜。工厂或包子店制作的包子也是祭祀的佳品，因为包子中的"包"字同俗语"包赢不输"中的第一个字一样，意味着"只胜不败"。

　　尽管这些东西都可以作为送人、祭拜神祖的礼物（我们将在下一章《交换》中更深入地探讨这个话题），但在唤醒记忆方面，饼干等其他工厂制作的食物仍无法取代年粄。因为此类商业化产品与年粄的一大区别在于制作年粄需要付出大量的劳动，人们对此记忆深刻。当然，生产饼干也需要劳动，但饼干具有商品性，因此是由隐藏劳动力（对消费者没有义务的陌生人）完成的。工厂制作的美食与时间、地点或特定的个人没有明确的联系，也就是说，它们的生产与特定时间下的特定地点无关，与生产者的记忆也没有关联。此类食物易于运输，适用于不同场合，但却没有什么记忆点。

这些考量表明：归根到底，记忆与劳动、交换、社会关系及道德义务有关。包力曾向我抱怨当代青年，对他们痴迷于饼干盒和糖果的行为表示不满："我们小时候总是盼望新年的到来，希望赶快吃到年粄。"有些作者将这种回忆称为"味蕾的记忆"。[39] 毫无疑问，不同于工厂食品，年粄在人们心中留下了深刻记忆，不仅是因为它们与特定的时间、地点挂钩，还在于制作过程所涉及的劳动强化了家庭关系和义务。因此，这种劳动具有纪念意义，令人难忘。

## 结　　论

在讨论年粄与商品化食品的区别时，我们已经知道，记忆必定会和交换融合在一起。萨顿在《论希腊的食物与记忆》一书中提出一个问题：商品有记忆吗？萨顿曾在希腊卡里姆诺斯岛进行实地调查，他在书中以那里的复活节饼干为例，并于 1993 年指出："许多女性表示自己已经不怎么烤制复活节饼干了，她们会在商店里买现成的。一位 30 多岁的女性指出，正因如此，今年的复活节将悄然而去。"[40]

当然，千篇一律的"快餐"不依附于特定的空间，无所谓历史的沉淀；而带有空间特征的食物将被铭记，也具有历史性。如果把记忆理解为"过去的经验或意义"[41]，那么苦麦菜、番薯、年粄、鸡蛋和豆腐在月影塘都将印上历史的标记，不会被遗忘。因此，不能仅从现代的角度看待这些食物的用途，而要参照历史变化和社会变革，并透过这些视角了解中国乡村的历史意识。当然，这些历史意识在某些人群身上体现得尤为明显——他们要么经历过旧社会，或者至少对农业合作化运动时期有印象。一般来说，年轻人不会和我讲番薯或苦麦菜的故事，因为他们生在改革开放以后，对这些食物没有特殊的记忆。

然而，除了历史意识，还有另一个关于记忆的问题：食物是如何与生产时的劳动记忆产生联系的，又是怎样和食物供给者的记忆相关联的。从表面上看，这种记忆似乎是区分"传统的"自制食品（此类食物与过去有关，如年粄）和工厂化的现成食品（如饼干）的工具。毕竟与制作年粄相比，买包现成的饼干不过是轻而易举罢了。

当然，我们也不能以偏概全，认为所有商品都没有记忆，因为这大多取决于当地的习俗和商品的用途。例如我们知道，即使是工厂生产的食品也可用作维系社会关系的交换物，而这些关系的持续依赖于记忆。为了真正了解劳动和食物在记忆中的融合方式，我们需要详细探讨食物在交换中的角色，同时也要分析它在道德义务方面的作用。接下来的两章将深度研究这些问题。

## 注释

1. Mintz, *Sweetness and Power*, 205.

2. Sutton, *Remembrance of Repasts*, 18.

3. Anthony Giddens, *The Consequences of Modernity* (Stanford, CA: Stanford University Press, 1990), 17.

4. Giddens, *Consequences of Modernity*, 9.

5. Ibid., 20.

6. Ibid.

7. Sutton, *Remembrance of Repasts*, 8.

8. Ibid., 8.

9. Krishnendu Roy, *The Migrants Table: Meals and Memoires in Bengali-American Households* (Philadelphia: Temple University Press, 2005).

10. Sutton, *Remembrance of Repasts*, 31.

11. Jon D. Holtzman, "Food and Memory," *Annual Review of Anthropology* 35 (2006): 364.

12. Holtzman, *Uncertain Tastes*, 41.

13. Ibid.

14. Ralph A. Thaxton, *Catastrophe and Contention in Rural China: Mao's Great Leap Forward Famine and the Origins of Righteous Resistance in*

*Da Fo Village*（Cambridge：Cambridge University Press，2008），302－304.

15. Sutton，*Remembrance of Repasts*，17.

16. 参考 Holtzman，*Uncertain Tastes*，该书阐述了食物记忆所引发的矛盾问题。

17. 戴瑞福(Ralph Thaxton，2008，293)指出,在他以大佛村为对象研究"大跃进"时期发现,村民在"饥荒后二三十年",赶走了"'大跃进'时期的地方党支部"。

18. 读音听起来像"kumai",(除了写成"苦脉",有时也写作"苦荬",不管是哪一种都带有个"苦"字。)这种绿蔬的英文名是"sowthistle-leaf Ixeris",拉丁语为"Ixeris sonchifolia Hance"。品种多样,有的是直边的,有的叶片呈长线状,有的呈不规则状。

19.《梅县志》,第 269 页。

20. 苋菜有时被英译成"Chinese spinach"。

21. 虽然本章没有足够的篇幅和时间详细介绍以前随处可见的饲料商品化的例子,但梅县的确也有几个这样的例子。一个特别著名的例子是药草——由各种树木制成的药材。对于曾经在山里觅食的人来说,这是很常见的。而现在,它们在市场上以高价出售,并被用作熬汤的原料。与其说它们是用来治病的,倒不如说它们是用来增强内脏器官的功能和身体机能,平衡身体的冷热,从而使人保持健康、抵御疾病。

22. 王增能:《客家饮食文化》,福建教育出版社 1995 年版,第 11 页。

23. Frederick J. Simmonds，*Food in China: A Cultural and Historical Inquiry*（Boca Raton，FL：CRC Press，1991），102；Jonathan Spence，"Ch'ing," in *Food in Chinese Culture: Anthropological and Historical Perspectives*，ed. K. C. Chang（New Haven，CT：Yale University Press，1977），262.

24. Spence，"Ch'ing，" 263.

25. Lillian M. Li，*Fighting Famine in North China: State*，*Market and Environmental Decline*，*1690s－1990s*（Stanford，CA：Stanford University Press，2007），109，313.

26. Buck，*Land Utilization*，401.

27. Martin Yang，*A Chinese Village*，*Taitou*，*Shangtung Province*（New York：Columbia University Press，1945），32.

28. 房学嘉:《客家民俗》,第 9 页。杂粮还包括粟米、豆角干、芋干、玉米、胡豆、花生和冬小麦(在以前,该地区冬小麦的收获期在三月初,也就是播种第一季水稻之前）。

29. 房学嘉：《客家民俗》，第 10 页。

30. Dikotter, *Mao's Great Famine*, 136.

31. Ibid.

32.《梅县志》，第 265 页。

33. Yunpiao Chen, "The Altar and the Table：Field Studies on the Dietary Culture of Chaoshan Inhabitants," in *Changing Chinese Foodways in Asia*, ed. David Y. H. Wu and Tan Chee-beng（Hong Kong：Chinese University Press, 2001), 20.

34. Simmonds, *Food in China*, 362；Buck, *Land Utilization*, 411.

35.《梅县志》，第 277 页。

36. Simmonds, *Food in China*, 87.

37. 房学嘉：《客家民俗》，第 11 页。

38. Charles Stafford, *Separation and Reunion in Modern China*（Cambridge：Cambridge University Press, 2000), 101.

39. See Holtzman, "Food and Memory," 367.

40. Sutton, *Remembrance of Repasts*, 64.

41. Holtzman, "Food and Memory,"363.

# 第四章

# 交　流

每次来到月影塘，朋友和邻居们都会拿出特产招待我，快离开的时候，他们也会送我当地的特产和茶叶让我带回家。有一次，我随口对宋玲说："这些茶叶够我喝好几年了，不用拿那么多，我不久还会再来梅县的。"

"当然啦，"她提醒我，"等你回来了，大家会送你更多东西让你带回家，因为这些茶叶是让你送给朋友、妈妈和亲戚的。"

我不知道自己怎么会一时忘记，村民的那些礼物不是送我一个人的。相反，他们把我看作一系列交流中的一个节点。当然，他们也希望我能好好品尝一些茶点，但人们知道，这些食物的流通范围并非止步于我，他们也能成为联系月影塘村民和我家乡的亲朋好友之间的纽带。

本章旨在研究月影塘的食物交换与流通。如上所述，食物是礼物经济的一部分，同时也是生存经济（足以维持基本生活的程度）和商品化市场经济的组成之一。除此之外，在直接支付或物物交换的体系中，食物还可以换取商品、服务或财产。

在交换礼物时，食物在各式各样的场合流通，从家庭内部的日常交换，到相较正式的礼仪节日上的礼尚往来，辐射范围广泛。最后，食物不仅在人类之间流通，还可用作拜鬼神、祭先祖的祭品，在

97 宇宙交换中发挥作用。因此，事物的交换和流通构成了五花八门的社会关系乃至宇宙间的关系和身份。在研究初始，我把着力点放在食物的商品属性上，即将其视为一种商品和简单的易货物品。

## 食物在市场交换中的角色

正如第一章所提到的，月影塘的居民获取食物的方式有两种：自给自足的农业生产和市场采购。很多居民还专门从事市场化的农业生产，如畜牧业、果园种植和鱼塘养殖。

在中国农村，食品融入市场并不是一种新现象，认识到这一点是很重要的。早在 19 世纪后期，中国的农民就开始逐渐融入市场经济。[1]卜凯于 1929—1933 年对中国 22 个省的农户进行了调查，结果发现农民的食物 75% 来自自家农田，1% 来自野生植物，其余大部分则通过采购的途径获得。[2]购买的食物包括植物油、畜产品等。[3]卜凯指出，农民经常将自家产的肉类、蛋类等畜产品出售处理，并把交易赚来的钱存储起来用于节日的开销，如购买少量的畜产品。[4]他们还会专门种植一些农作物来换取现金，如烟草、鸦片、花生和油菜籽[5]等，而大米通常用来支付租金。[6]

到了 20 世纪初，农民们借钱的现象十分频繁，主要是为了购买粮食维持生计，以便坚持到下一个收获季节。[7]此外，他们还需要借现金为重要的活动做准备，例如红白喜事。[8]借钱经常会使农民陷入债务循环，没有偿还能力的农民甚至会失去唯一的生产性资产——土地。[9]月影塘的老人经常会和我讲述一些因为借钱而丧失土地的故事。

在 21 世纪初，从事乡村工业或贸易也是增加农村收入的一种途径。[10]那时的梅县已经出现手工业和小型工业经济。例如中华98 人民共和国成立之前，月影塘的皮革厂雇用了 70 多名工人。[11]当然，还是有农民需要靠借钱养家糊口，但有时他们也会用食物抵付现金。月影塘的村民回忆说,中华人民共和国成立之前,他们在村里的皮革厂工作,工资主要是粮食。此外,他们还会从事一些体力劳动,比如用扁担运送货物。

邻居爱华经常回想中华人民共和国成立前的日子,她说那时从平远县(位于梅县的西北部)往梅县运盐和烟。有时还要徒步十天走到江西省。其他时候,她要把村里皮革厂生产好的皮革运到县城,然后再把要加工的原料运回皮革厂。当时的爱华还只是个十几岁的小孩,她记得那时的工资是粮食(大米),而不是现金。

其他年老的村民们回忆说,20 世纪 30 年代,他们在当地皮革厂工作时都以粮食作为工资,只有到了年底才能收到一点现金。当然,那时的政治、经济起伏不定,通货膨胀极其严重,所以食物对他们而言比现金更有价值。不仅用粮食支付劳动者的工资,土地的租用成本也以粮食产量的一部分计算,而非以现金形式计算(正如卜凯所发现的那样,20 世纪 20 年代和 30 年代,中国其他地区大多也是如此)。

正如第二章所讨论的,农业合作化运动时期开创了一种粮食生产和支付的全新方式。但有人可能会说,粮食在那一时期仍是主要的支付方式、交换手段和价值尺度。生产队的每个成员都有权获得基本的口粮,除此之外,其他报酬以粮食和现金结算。大队会根据每个人的工分,按团队总生产力的一定比例给队员发放酬劳。税金也用粮食支付,由大队征收后转交给上级。因此,相比现金支付,粮食支付在农业合作化运动时期对村民而言扮演着更加重要的角色。作为税款时,这些粮食从生产队、大队到上级自下而上地流动,而作为大队付给生产队员的工资时,便自上而下地流动,实现双向循环。

最困难的时候,社会关系往往比现金更容易换取食物。的确,在"大跃进"运动时期,社会关系可能是生存与饥饿的唯一之隔。阎云翔的研究显示:中国北部的一些村庄与外界维系着良好的关

99　系（社会关系和联系），在"大跃进"运动时期的生存能力更强。[12] 在月影塘，那些有海外关系的人能从亲戚那儿收到关怀满满的包裹，而这些包裹帮助他们渡过了严重的食物匮乏难关。[13]

即使当今经济高度扩张，极度商品化，食物在某些情况下仍是月影塘的一种支付方式。例如，苗丽目前在柚园做临时工，她的工资很低（2012 年为 65 元/天），但老板会提供午餐。村民向我抱怨说，如果你在这里的工资很低，那你的老板理应包管餐食。正如第二章所提到的，我们的一位邻居不仅靠菜园子养家糊口，还要摘菜给儿子店里的工人做饭。相反，村民压根不喜欢高薪但不包吃的工作。

某些地方仍存有用粮食抵付租金的现象。例如，爱华的儿子在村里养了一个鱼塘，占用了六户人家的稻田。他付给其中几位房东一小笔土地租金，但付给宋玲和包力的却是大米，且足够他们吃半年。因为宋玲夫妻俩以及他们的儿子、儿媳都不种植水稻，所以这种支付方式使他们能继续吃到村里产的大米，大米在他们心中的分量非同小可。

当然，商品化已经迅速辐射到经济的许多方面，这种趋势是无可避免的。商品的特点在于其生产条件（包括生产者和生产环境）不透明。但在月影塘，这种不透明性并非一定适用于当地的食品市场。事实上，与城市相较不透明的市场（顾客担心食品掺假）相比，月影塘的食品市场透明清晰，这也是其备受青睐的原因。如前文所述，村民们喜欢购买当地的食物，不仅因为它新鲜，而且也是出于他们对这些食材的生产条件了如指掌。

即便当地的市场相对透明，但终归是一个市场。它并不像礼物经济那样蕴含着持续的社会义务。礼物经济的人类学研究充分表明：如果没有别的东西，礼物就是不可分割、相互依存的。[14] 在接受礼物时，接受者对赠与者深表感激，当礼物是食物的时候，接受者更是把赠与者那里的东西吸收到了自己身上。

在本章的剩余部分,我们将转而研究月影塘礼物交换中的食 100
物流通问题。显然,该问题的范围十分广泛,从最简单、最随意的
日常食物交换到正式的送礼和宴请,再到祭神拜祖时的精美祭品。

## 日常关系和食物流通

每当我想起月影塘日常生活中的食物交换,总会被它的作用
所震撼——它是所有社会关系的润滑剂。记录人们日常生活中的
食物流动简直令人眼花缭乱。

即使是最随意的串门,人们至少也会沏上一壶茶。开商店或
小店的人往往会在店里留出一块空间用作喝茶的地方,并且茶壶
里总会沏上茶,以便招待熟人或潜在的重要客户。商店是商业场
所,但有时也是聚会、聊天、喝茶的地方。一个典型的例子发生
在 2012 年 10 月的一个晚上。那天晚上,我和宋玲一起饭后散步,
途经位于村庄和公路交叉口的路边餐馆。餐馆旁边是一家柚子批
发店,业主是餐馆老板的哥哥继生。到了晚上,继生便坐在店里,
店里摆着一张茶几、几把椅子和一台电视机,而柚子则高高地堆在
大厅和相邻储藏室的角落里。他的家人或路人经常会停下脚步进
来喝茶、聊天,然后继续前行。

那天晚上,继生的表妹抱着弟弟的孩子进了店里。我和宋玲
也进去串门,接着继生的奶奶也走了进来。不一会儿,我们邻居的
妻子跳完广场舞(一种深受许多中年妇女欢迎的晚间活动)回家的
路上也恰好经过。后来,继生剥了一个柚子,我们每人都拿了几
块,他又给大家端茶。一群人聊得热火朝天,随后便接二连三地散
了,就像进来时一样随意。

分居的家人之间也时常会发生这种非正式的食物交换。倘若
家庭不仅指父系家庭,还包括女性之间的持续联系,例如母亲和出
嫁的女儿,那么家庭成员之间的食物流通就不仅是局限于食物共

101　享了。正如第一章所言，这种联系通过极其普通的食物流动得以不断巩固、深化。

　　即使一家人不住同一屋檐下，他们也会互相交换蔬菜，有时是生肉，这在日常交际中是非常普遍的。蔬菜并不是正式拜访或纪念礼仪节气的合适礼物之选，但会在出嫁的女儿和母亲之间，其他近亲或邻里之间来回流动。每次宋玲和包力进城看望女儿，他们便会打包一些新鲜蔬菜随身携带，有时还会带一些村里产的新鲜猪肉。如果女儿回娘家探亲，宋玲和包力也会给她们点东西带回去。比如有一次，凤英从娘家回县城时就带着一大袋米，一些新鲜猪肉，还有母亲菜园里种的丝瓜。

　　殷照现在多了个曾祖母的身份，因为儿子和儿媳妇都要工作，没有时间照顾孙子，所以她平日要住在镇中心照顾曾孙，周末才回月影塘。一个周日下午，我去看望殷照，正巧碰上她大儿子来接她回镇上。（他是一名颇有人脉的乡镇公务员，家里有一辆汽车，虽说越来越多的村民都买了车，但这在村民中仍占少数。）回镇上时，殷照准备了好几捆芥菜带给孩子们。

　　另一次典型的家庭食物交换真真切切地发生在我身上，当时我正要从凤英在县城的店里回村，快离开的时候，凤英递给我一根大白萝卜，让我带回去给她妈妈炒菜吃。这种简单的蔬菜交换不仅发生在直系亲属之间。正如上文描述的家庭成员之间的交换，这种交往几乎都是非正式的，不涉及任何特殊场合。例如，邻居可能会只带一些刚摘但不能生吃的蔬菜去串门。

　　对于城市居民来说，从家乡的亲友那儿购买优质的食材也能促进非正式交换的持续进行，特别是因为那些食物比城里市场上
102　卖的质量更佳。例如，2012 年的中秋节假期期间，我随李老师一家去大埔（客家县，位于梅州西部）看望她的弟弟。出发前，李老师和丈夫王老师装了几瓶娘酒作为礼物。他们特别强调这酒是王老师村里的亲戚亲手酿制的。

出发前,李老师的姐姐和姐夫从深圳回来了。深圳毗邻香港,是繁荣的工商业中心。我们一起吃了顿简单的午餐,王老师强调说我们吃的鸡也是村里养殖的。李老师的姐姐说:"只要你在村里有一位朋友或亲戚,那你就能吃到这些东西。"

村民们都认为乡村食材的品质更优,并不是因为口感,而是在于它们更健康——蔬菜没有掺入化学物质,村里的猪和鸡吃的都是天然饲料。例如,当我去当地大学拜访一位同事时,他邀我去家里吃午饭,他的妻子强调说她用的大多数食材都不含农药。她自豪地说,那天我们吃的豆角、中药汤料、猪肉炒木瓜和鸡肉都是她父母村里生产的。

"如果你实在没办法,那就去市场买吧。"她告诉我。

此类食物(如村里产的蔬菜和肉类)的日常交换表明交换者之间十分亲密,无须拘谨。阎云翔在研究中国北方农村的食物交流时也指出:女性会和"社交圈的人"分享"菜园农产品,蔬菜居多。"[15] 他还说:"大多数情况下,用来交换的食物既不是买的,也不是熟食,因此村民也不期望有所回报。"[16] 所以,朋友之间相互交换很普通的食物,并和熟悉亲近、互惠互利的人分享,这也是合情合理的。

可以把近亲之间分享生鲜和肉类的行为视为维系家庭关系的一种特殊方式,和"嫁出去"的女儿之间交换食物尤是如此。季节性仪式中也会交换肉类或农产品。例如,农历新年期间,宋玲会炖上九只鸭子,其中一些是自己养的,一些是从别人家买的。炖好的鸭子一部分留着自家吃,其他便分给女儿、儿媳家和结拜姐妹。

103

赠予食物可以传递温暖,而拒绝参与这种日常交流可能会招致抱怨,或者说明人际关系比较糟糕。一位村民曾向我抱怨:"我女儿很关心我们,总是从城里带回来各种各样的营养品。但我儿媳妇从来都不带东西回来!"

在中国农村,儿媳嫁进门后,必须努力在夫家站稳脚跟。人们总喜欢拿儿媳妇和亲生女儿作比较，从而突出儿媳的"失职"。不管这种说法是言之有理，还是对儿媳苛责，它都揭示了持续分享食物对于维系良好家庭关系的重要性。

## 食物和正式的礼物交换

人类学家石瑞指出，食物是家庭内外互惠体系的核心，他将之称为"轮养和来往"[17]。根据他的解释，"养"指养育、赡养和供养，轮养"主要集中在父母和孩子的关系上……是一种非常复杂的相互义务体系……其核心在于提供金钱和食物。"[18]另一方面，"来往"一词的意思是"来来往往"，而来往的循环"是指非亲属（通常是朋友）之间互相帮助的往复行为。"[19]在食物交换方面，我们可以看到月影塘的轮养现象不仅存在于同宗父系家庭中，而且出现在已婚女儿和原生家庭之间的非正式食物流动中。（下一章将深入探讨轮养现象，因为它和食物及道德义务问题有着特殊的联系。）

除了直系亲属之间，食物在礼尚往来中的互惠属性也体现得尤为明显。例如，邻里间分享蔬菜是非正式的，但同时也是正式礼尚往来的一部分。中国有大量关于礼物交换的文献，互惠的概念不仅局限于道德义务层面，还涉及更富工具性的人际交往。除此之外，还可以用礼物换取帮助或工作。[20]提到乡村环境，人类学家阎云翔将礼物馈赠分为"工具性"和"表达性"礼物[21]，"仪式化"和"非仪式化"礼物[22]。他表示："在大场合中的礼物馈赠更具仪式化，主要特征为主人设宴、对贵宾提出正式邀请以及记录礼账，所有这些要素在非仪式化送礼中都不存在。"[23]当然，在月影塘，食物作为礼品经常出现在各种场合，从宴席及随礼（如婚礼），到一般场合中的基本礼节，再到简单的社会关系重构，处处都有食物的身影。

例如，当我和李老师夫妇去大埔县时，他们带了一大袋绿蔬和一箱红柚回梅县,红柚是她弟弟专门从祖籍老家给她买的,是那里的特有品种。他们夫妻俩开车带我回月影塘后,坚持让我带几个红柚给宋玲和包力。我把李老师的柚子带给他们仅是举手之劳,但却重新建立起李老师与宋玲夫妻俩的交往。

在稍加正式的场合中,食物馈赠可以表达遗憾或感谢,或者仅是为了缓和交际互动。例如,我在 2007 年做了一项乡村实地调查。村长夫人答应我帮我解决一些细节问题。时间飞逝,我快要离开的时候都没有收到她的回音。大约在我离开村子的一周前,她带着一只活鸡来到我们家,说是为感谢我和我丈夫对村里的贡献(我们为当地小学购置了一套篮板,安装在学校前面的操场上)。然而,她进门后说感到很难为情,因为没能回应我询问的问题,并答应在我离开前一定会帮我解决。如果她到家里为了迟到的回答而道歉,那就会显得很尴尬。但她带了鸡作为礼物(那天晚上宋玲为我们做的),使得剩下的互动十分轻松随和,基本上没什么特别的。

同样,2012 年来到村里后,我决定捐出我在 20 世纪 90 年代中期设立的一个学业奖基金。基金会的收益并不多,但也足够用来奖励村里每年成绩优异的学生,例如考上大学或者研究生的同学。我想告诉村长我的决定,于是一天晚饭后,我便和宋玲去他家和他分享这个消息。我给他带了一颗榴梿。榴梿是时令水果,被视为一种特殊且昂贵的款待。每当不速之客带了食物作为礼物,主人八成会说他"太讲究"了(即太注意细节),可能还会加上一句"太客气了"。村长邀我们进屋食茶点时就说了这些话。尽管如此,我带着榴梿来访,缓解了初次拜访可能会出现的尴尬,将主题转移到客气的交谈中。

当拜访更加正式,而非一时心血来潮时,赠予的食品则更加讲究。例如在庆贺新春的两周期间,亲友之间都会团聚一次,那么准备蔬菜之类的礼物便不合时宜,因为它们是日常消耗品,过于普通。在这种场合，比较常见且合适的礼物当数包装精美的茶叶、柑橘类水果或工厂生产的饼干。客人还可以带上包装精美的客家特色佳肴，如用糯米粉和生姜、菊花等天然香料混合制成的美食。食物礼物的数量和质量不仅取决于个人的财力物力，还取决于送礼者和接受者之间的关系，以及礼物是偏"工具性的"（如送给当地官员的礼物），还是"表达性的"（适合拜访老友）。

　　有时，一份优质的礼物（如茶）甚至不需要用在登门拜访这样的场合，它也可以简单地作为对先前行为表示"感谢"的一种方式。因此，2012 年，当我回到月影塘的第二天，宋玲的好姐妹雪兰因癌症不幸去世。我没有参加丧礼，但雪兰曾在之前的田野调查中帮助过我，所以几天后我在宋玲和包力的陪同下拜访了她的家人。此次拜访，宋玲夫妻俩带了一箱苹果和一包工厂产的糖果。宋玲建议我坐一会儿后就给雪兰丈夫一个红包，里面象征性地装了 200 元钱。在看望这群悲痛的家人时，我们聊到了雪兰和她的成就，以及她在村里的声望。一个小时后，我在离开前把红包递给雪兰的丈夫，两人推推就就，尽管他再三表示没有这个必要，但最终还是勉强收下了。

　　几天后，雪兰的儿媳便去了凤英（宋玲的女儿）在县城开的那家店。她给我带了满满几盒上等好茶。事后宋玲说，雪兰的家人觉得收了我的红包"不好意思"。随后，我打电话给雪兰的丈夫感谢他送的茶，他坚持说我能去看望他们就已经足够表达我的关怀（字面意思是我"很有心"）。我回复说那个红包只是我的"一点心意"。

　　尽管如此，雪兰的丈夫还是觉得有必要回送一个更贵重的礼品，也就是上等好茶。他觉得我是外国人，和他非亲非故，所以一定要用茶作为我来访的回报。

　　这个故事也说明钱和食物在送礼时可以互相替代。正如第二章所述，当钱用作礼物时，会把它装在红包中。在上面的故事中，我给雪兰的丈夫一个红包,而宋玲和包力则送了食物。鉴于宋玲和包力在殡仪馆随礼了,而我没有参加葬礼,所以我给红包比较合适,因为它替代了"香仪钱"(如果我去了葬礼,我也要随香仪钱)。

决定送钱还是送食物的因素还有很多,例如访问的性质或受访人的身份。在喜庆的场合或节日中,如果是看望老人或没有工作的人,那么送红包比较合适;如果是拜访年轻人或有工作的人,那么像水果、蛋糕和饼干这样方便携带的东西更加合适。所以,当我去县城李老师的公寓看望她时,我带了一箱苹果(不是梅县的品种,但却是中秋节的热门礼品)和一些月饼(中秋节的传统佳肴)。而当我去大埔看望李老师的亲戚时,我给了他父亲一个红包,里面象征性地装了 100 元。

所以,不论是钱还是食物,都可作为互惠交换的礼物,也可作 107 为服务酬劳,这取决于具体的情况以及收受双方的身份和关系。当然,随着经济的商品化,食物作为一种支付手段仅适用于某些场合。另一方面,正如我们所看到的,谈到礼物经济,食物仍是非正式、仪式化交流的重要组成部分。

提到食物在礼物经济的角色,宴席是最正式、最精细的例子。因此,接下来我们将从食物交换的角度探讨月影塘的两种宴席:婚宴和作福宴。在第五章和第六章中,我们将从道德话语和情感交流的角度对宴席展开叙述。

## 婚　　宴

村民常用俗语"礼尚往来"来形容宴亲待友的礼仪。最后两个字"往来"倒过来就是"来往",字面意思是"来来去去"[24]。

宴席是持续性食物交换的场合之一,且最初都是交换日常的食材,如蔬菜;而后则发展到与历年庆典和周期仪式相关的宴会,活动形式丰富多样,如春节的团圆饭、旁系家族聚餐、婚宴、寿宴、满月酒、乔迁宴、开业典礼，甚至是丧葬。随着月影塘生活水平的提高，或至少随着经济的发展，村民们有能力设宴庆祝更多场合，并且宴会的规模也越来越大。

　　婚宴就是一个很好的例子。婚宴曾是村里少数精英的专属，而如今已成为每家每户的惯例，当然婚宴也因菜品的规模和种类有所差别。在"旧社会"，很多人结婚都没有任何正式的仪式，更别提奢华的婚宴。许多新娘在很小的时候就被送到未来的夫家生活，也就是"童养媳"。这种习俗减少了新娘和婆婆之间的摩擦，因为她不用像成年媳妇那样刻意融入夫家。长大后，童养媳便和未婚夫圆房，没有正式的结婚仪式。在中国农村，有童养媳的家庭无法通过婚姻来扩大社交圈，因为这些媳妇与娘家基本没有联系。

　　这样的婚姻没有盛大的婚宴、嫁妆和彩礼也是有原因的，因为在中华人民共和国成立后，收养童养媳是违法的，任何带有强迫性质的婚姻都是如此。合法婚姻或者说成年新娘、新郎结婚成为一种常态，但老一辈往往还是会为孩子包办婚姻。不仅如此，几十年以来，求偶方式也有所改变。到了 21 世纪早期，几乎所有月影塘的年轻人都自己寻找伴侣。随着越来越多的年轻人离开农村到城市工作，他们的配偶大多并非来自近邻，但多数仍是客家人。[25]

　　随着求爱方式的转变，人们越来越追求规模更大、更精致的婚宴。如上所述，在旧社会，婚宴由男方包办，当然也只有少数有婚约的家庭才会办。在中华人民共和国成立后几十年里，婚礼的规模出于意识形态和经济原因有所精简，而奢侈的婚礼则被视为旧社会的残余。20 世纪 50 年代流行简短的结婚仪式，随后再举行小型宴会。爱华讲述了自己 1956 年的婚礼，她说当时的宴席只有四桌（八人方桌）。几年后，由于"大跃进"运动期间食物极度匮乏，因而甚至连简单的婚礼都难以负荷。到了 20 世纪 60 年代，几桌的小型婚宴在月影塘卷土重现[26]。改革开放早期见证了婚宴规模缓慢且稳定的增长。爱华说她儿子是 1981 年举办的婚礼，在那时可以说是相当奢侈的。爱华一家足足邀请了 25 桌客人,其中三四桌是儿子的朋友。(为了支付婚礼费用,爱华和丈夫卖掉了店里的所有东西。)

在 20 世纪 90 年代,我参加过只设有 17 张桌子的"简朴"宴席,也参加过设有近 40 张桌子的精致宴会。婚宴"膨胀"是一种必然现象,因为每当回到月影塘,我总能听说一场更盛大、更精致的宴会,且比我以前参加的都要场面。例如,一位村民在 2007 年为女儿举办了一场 55 桌的宴席。宴席没有在村里举办,而是设在县城最豪华的酒店里。这种情况大多是年轻女性嫁给了阔绰的男人,村里人常称他们为"大老板",而且这位"大老板"邀请了全村的人参加婚宴!

除了餐桌的数量,菜品的数量和质量也是区分宴席的标准。[27] 村民经常对我说举办精致的婚礼是为了"面子"(通常英译为"face")。面子象征着地位,面子大意味着社交广泛。因此,婚礼不仅是为了体现面子,还是为了进一步强化巩固面子。虽然不办婚礼并不违法,但村民认为从体面的角度出发,婚礼是必不可少的。事实上,我曾在月影塘参加过一次宴席,那对新人早在婚礼一年前就登记结婚了,但钱攒够了才举办仪式——迟到的婚宴总比什么都没有强。毫无疑问,婚宴需要一笔巨大的开支,但其中一部分是由客人支付的,因为他们必须带着红包来参加宴席。此外,婚宴本身就是一种回馈,因而主人无须给客人回送其他礼物(下文即将讲到的作福宴也是如此)。

有趣的是,除了在宴会中扮演的角色,食物在月影塘婚姻交换中的作用相比以往有所淡化。例如在过去,一旦确定了婚礼日期,新娘和新郎两家便会通过食物交换和金钱往来建立双方之间的关系。新郎家需把各种各样的食物及三牲(鸡、猪、鱼)送到新娘家。此外还需给女方一笔钱,作为养育新娘的"感谢"。实际上,女方要在婚礼前一天宴请宾客,而这笔钱便用于支付其中部分费用。

现如今，除了宴席，食物作为礼物在婚前来往中的分量远不及现金。但同样需要指出，现金才是婚前来往的关键，因为女方需要用它来举办婚前宴席。而且和婚宴一样，此类宴席的规模正在不断扩大。[28]

## 作福宴上的食物、金钱和礼物交换

110　　　　在第二章中，我们从烹饪劳动的角度探讨了作福节，其实作福节也是分析月影塘食物与金钱流通的极佳视角。婚礼能够建立一种新的人际关系，并将一位新的家庭成员融入到新郎家。作福节则与此不同，因为它无法创造一种新的人际关系。此外，它也不像婚礼那样需要嫁妆和彩礼，因而无须进行重要的金钱和财产转移。在作福节中，来往或关系的维系全靠食物。

作福节强调核心父系家族之外的人际交往和联系，如母系关系、姻亲关系和友谊。例如，在宋玲和包力的庆典中，客人包括包力的姑姑、堂姐、女儿凤英一家、儿媳的姑姑和儿子的朋友。同样，在文平的作福宴中（第二章有所提及），客人包括儿媳的父母、妻子的娘家人、妈妈的姐妹、干儿子[29]的父母和妻子的一个表亲。

事实上，在为期两周的时间里，每个乡镇的村庄都会在不同的日子里举行作福宴，这也恰恰表明社会交往对于这个节日的重要性。这个节日的组织形式是一个人做一天东家，其余时候做客人。宾客上门的场面可谓是花样百出，其乐融融。他们会带上各式各样的食物作为礼物，包括饼干、月饼等特色美食，有时还会带酒和装着现金的红包。

有很多因素会影响客人带什么礼物，以及是带食物还是钱。如果是去近亲或挚友家，那么带食物作为礼品比较合适。比如宋玲和包力做东的作福节上，他们儿子的好朋友带来了两罐昂贵的蜂蜜。这份礼物极其贵重，所以其分量可谓是绰绰有余。另一位客人则带来一只活鸡。由于作福宴和中秋节差不多同期举行，所以月饼也是非常合适的礼物。

然而，一位村民跟我说，如果有人受邀到关系不亲密的大老板家做客，那么食物和钱都带上比较合适。不论是哪种情况，收到的礼物和回送的礼物大抵是相匹配的。优质的礼物意味着客人离开的时候也会收到对等价值的东西，如昂贵的酒。当然，主人和客人都可以在食物和钱的流动上行使一些自由。但无论如何，客人都不应在作福宴上空手而归。通常主人会用一些糯米糕、饼干和水果送走自己的客人。

在宋玲和包力的作福宴上，客人们被领到房子前面的客厅。宋玲和包力在吃饭前不停地为他们端茶倒水。宴席之后，他们又喝茶聊天，客人开始三三两两地带着一袋礼物离开。送客的礼物和客人带来的礼物差不多，只不过多了传统的客家发粄。这些食物尤其适用于喜庆的场合，因为它们都被染成吉祥的红色。此外，发粄的字面意思是"发酵米粄"，名字中的"发"也寓意着"发财"。

月影塘在举办其他中等规模的宴席时（婚宴除外）也会送客人一袋吃食。例如在 2007 年，宋玲的女儿凤英搬进县城的新公寓时，她邀请了八桌客人在宴会厅里庆祝。为了准备这次活动，宋玲向当地一位妇女预订了 170 份发粄。宴席结束后，每位客人都带着一袋发酵粄和一包工厂制作的饼干回家。

不过，作福宴上的交换还有一个令人诧异的元素。作福宴不仅是食物和金钱在主客之间流动的场所，通常还会有乞丐上门乞讨（见图 17）。看到这一幕时我很震惊，因为乞丐在月影塘并不常见。随后我了解到，由于每个村会在不同的日子举办作福宴，所以乞丐可以轮流到每个村庄乞讨。正当我们落座宋玲和包力的作福宴时，一群乞丐便成双成对地走到门前，然后再去下一户人家。我听说以前的东家都会在乞丐的碗里放一些大米，现在都是放钱。

村民说这是因为生活条件改善了，乞丐都不要大米了。而且每次捐赠后，乞丐都会和主人说一些"好话"。这些话也是交换的一部

112　分——用钱换吉利的话语——因为"坏话"很不吉利。

**图17　作福宴期间上门乞讨的乞丐**

因此，金钱代替食物成为馈赠乞丐的礼物。但我仍对乞丐的身份感到不解。村民说月影塘及周围乡镇向来如此。只有把当地的作福宴置于更大的背景下，兼顾食物在宇宙世界中所扮演的角色，我才能理解这一现象。因此，我们将继续讨论人与神、鬼、祖先之间的食物和金钱交换。在此之后，我们再回归到作福宴并试图理解为何乞丐只参与这个特殊的庆典。

## 哺育精神世界

在中国漫长的历史长河中，食物交换不仅能建立人与人之间的关系，还能构建人与宇宙世界的联系。关于中国农村民间信仰

的研究指出,宇宙世界分为三部分:祖先、神和鬼。祖灵是父系的,而不同的地方有很多不同的神灵。当地社区的神灵五花八门,有低级的神,如灶神,他负责直系亲属的相关事务,有守护特定地点的神,如某座桥或某个村庄的神,还有更高级的神,他们则监管更大的领域,如县或整个城市。[30] 此外还有佛教和道教的神,他们在大陆地区广为流行,如中国东南部普遍信奉的观音[31]。最后还有鬼——与祖先不同,鬼不受后人的照料和"供养"。因此,鬼很"饥饿",如果无法偶尔用祭品抚慰他们,他们就会扰乱人们的生活。

因此祭品对于人类与这个灵魂世界的关系至关重要。事实上,食物交换的本质有助于定义灵魂的身份。普鸣(Michael Puett)解释说,在中国古代,鬼、神和祖先的划分标准是谁供养他们以及祭品是什么。他的观点也适用于当今的月影塘。正如普鸣所言:

> 鬼是死人,活着的后人并不供养他们(因此变得饥饿、极度危险……),祖先由后代奉养(因此并不危险,甚至有可能对后人有益),而神灵除他们的后代之外还有一大群人供养(因此比鬼和祖先更加强大)。此外,如果祭品变了,他们的身份可能会相应转变……是活人通过供养的行为廓清了神、鬼和祖先之间的区别。[32]

如上文所述,石瑞将供养祖先定义为"轮养"或互相滋养的一部,就像父母照顾抚养孩子,孩子长大后也会反过来照顾赡养他们。人死后这种责任并没有就此中断,后人仍会尊敬并奉养直系祖先和旁系祖先。[33]事实上,斯图尔特·汤普森认为正是这种供养行为把一具尸体变成了祖先。[34]

除了区分祖先和鬼,食物还可以廓清神与神的区别。有些神只接受素祭，而有些神则只接受肉祭。正如我们所看到的，特定祭礼的时间——在全年祭拜周期中的顺序——也可通过祭品来划分。[35]

祖先、神灵和鬼以多种方式印刻在月影塘的景观中。首先，月影塘原村落区域（改造区的新房建设之前）以流经村子的河上的桥为界。这些桥坐落于村庄的南北两端，被许多地方神守护着，包括桥神、桥伯公、公王（村庄的守护神，可以促进阴间鬼魂与人间的沟通，同时也是一位财神[36]）和社官老爷（也是一种土地神、谷物神[37]）。

村子的中央是祠堂，专门用来供奉建村人及其父系后裔。据说这位祖先是 16 世纪末来到月影塘的。村里还有一个祠堂，用来供奉村里最大家族的元老及其后裔。很多客家村落都有这样的安排——村子中央供奉祖先，外围地带供奉守卫村落的各种地方神或社区神。[38]

月影塘的旁系祠堂还供奉着观音的雕像，观音在中国东南部备受青睐。此外还有财神以及两个地方神：龙神和土地神（亦作土地伯公[39]）。每座寺庙的露天空地或庭院也可用作祭天的场所。人们也可以在自家院子或走廊供奉祭品。除了村子边和祠堂里的地方神，村子周围的山顶上也供奉着许多地方神。[40]这些神灵及祖先的标志放置在山里的坟墓附近。此外，还有一个村庙，里面供奉着很多广为流传的佛教和非佛教的神灵。[41]

由此可见，这个村子供奉着大量的神灵和祖先。老高曾担任村长一职，他回忆说：肉在过去是稀罕的东西，人们对于吃肉的时间都记得清清楚楚，因为只有在祭祀那样重要的日子才能吃上肉。每年祭神拜祖的日子仅有几次，而这些祭礼上都要供上三牲。其实也不难理解，那个年代肉类极度匮乏，连一点肉腥味儿都是极其奢侈的，因而祭肉的日子都深深地刻在村民脑海。正如石瑞所指出的："不论居住在哪里，人们都会定期向神灵供上祭品，有时还是精心制作的食物。一般来说,这些祭品会由最初供奉的社区以某种形式重新分配或'消耗.'"[42]

当然,肉类在如今的月影塘不再是祭礼上的专属消耗品。事实上,现在并非所有的村民都信奉精神世界,一些村民就告诉我他们不信鬼神或死而后生,因而如今的月影塘没有统一的信仰。许多受访人,特别是男性对"来生"这个说法存有质疑。虽然大部分村民都会为家人举办传统的葬礼以表孝心,但有些人并不认为这是"哺育"先人灵魂的行为。例如,红冲是一名忠诚的共产党员,作为无神论者他告诉我他觉得人死后就变成了"一堆骨头架子"。

尽管如此,喂养祖先和神灵的象征意义仍然相当重要。有的人仍然觉得这种仪式很灵验(通常女性坚信神、鬼和祖先是真实存在的)。其他村民常说像春节祭祖之类的仪式既是一种信仰,也是一种缅怀。不论将食物视为一种奉献互惠,还是一种纪念,其在人与精神世界的交流中都至关重要。其实在中国文化中,食物的这种角色可以追溯到很久之前,并且在改革开放后得到了充分的阐释。(就这方面而言,它的发展轨迹同宴席类似——富裕程度越高,投入到这种仪式交换中的资源就越多。)

接下来,我们将深入探讨月影塘人与精神世界的食物交换。

## 献祭的年周期

农历新年不仅是扩大家庭内部食物消费、加强家庭之间食物交换的时机,也是祭神拜祖最重要的时间段。换言之,它是人与精神世界交流的时间。

1996 年和 2007 年,我参加了当地的贺新春活动。2007 年除夕的早晨,我们在宋玲家一起摆放祭天的祭品。把食物摆在桌子上后,我们点上一些香许愿祈福,然后鞠三次躬。祭天的食物包括三牲、茶、酒、水果和年粄(详见下文)。祭天仪式结束后,我们把所

116

有食物打包起来，宋玲的儿媳莲凤用扁担把这些东西担到村口。村口已经挤满了村民，他们都在神龛前的空地上摆上祭品，祭拜村子的守护神。放完祭品，我们又把它们打包送到宗祠、支祠（村里最大的祠堂）。最后，我们又绕了一圈把祭品送到新建的祠堂去祭拜。

每到一座祠堂，我们都要把食物摆好，再往小酒杯中倒上酒和茶，点上香并鞠三次躬，然后烧纸钱和其他纸质祭品，最后燃放烟花（目的是吓跑不守规矩的恶魂、饿鬼）。回家后，宋玲和燕红又摆上祭品祭拜灶神。由于灶神等级较低（其实只是家庭的守护神），所以祭品放得比较晚，在此之前首先要祭拜天、地方神和先祖。[43]尽管如此，也不能忘了供奉灶神。农历新年期间拜灶神的传统在中国由来已久，据记载，类似的礼仪可以追溯到宋朝（公元10到13世纪）。按照传统，人们认为灶神会向上天汇报家人的行为举止，所以每年至少要喂他（贿赂他）一次。[44]

在除夕夜的那天晚上，我们一起吃了团圆饭（见第三章），守夜迎接一位更重要的财神。宋玲把敬财神的祭品放在二楼门廊的一张桌子上。她解释说财神只是来喝茶，而不是吃饭，所以不用献上三牲。事实上，村民从来不把肉祭奉给财神。

除夕夜除了摆祭品，很多家庭也会去祭扫祖坟，并尽快在新年后献上祭品。[45]这种仪式叫做"挂纸"，字面意思是"悬挂墓纸"，即在摆好祭品后在坟墓前挂上"纸钱"。当宗系或旁系家庭成员去看望先祖的坟墓时，他们通常会先清扫坟墓周围，然后在墓碑旁摆上供品祭拜，最后一起举行宴席。

在旧社会，这些宴会都用"宗尝田"[46]来举办，1935年以前，这些地方占广东省土地面积的三分之一。[47]

在中国的许多其他地区，"扫墓"或祭扫祖坟都在清明节（农历三月）进行。清明期间，梅县人还会再次祭拜直系祖先。但与春节的那次祭祀不同，这次祭拜更加个体化，不需要一大家人聚在一起。此外,梅县人庆祝清明的方式并非设宴,而是挂纸。

除了在新春佳节用食物祭奉祖先和村子的守护神,村民也会在其他历法节日和生命周期事件期间祭神拜祖。例如,人们可以和神灵"定约"以求好运。不论是社官老爷还是佛教神明皆可如此。[48]不论是哪一种情况,整套流程的顺序为"祈福""许愿""暖福",最后是"完福",且不同阶段所需的供品也有所差别。在祈福和暖福时,人们只能摆斋盘,比如包子、饼干、糖果、花生和水果。而烧纸钱或其他纸质祭品则贯穿"定约"的始终。然而,不论是和地方神还是佛祖菩萨(如观音)约定,人们都要在最后的完福阶段供上三牲。这种供奉顺序的部分原因在于完福阶段所需的供品不仅要更丰富,还要比祈福阶段的更加优质。一般来说,肉类是"更丰富"的象征,所以往往是祭祀最后阶段的必需品。(欲知肉类价值高的详细原因,见第五章。)

相比之下,男性不太关注这种契约性祭礼,他们更关心祭拜父系祖先的仪式。而那些不属于夫家谱系的中老年妇女则是与神定约的主力军,旨在为直系亲属祈福,而非为了祭奠远祖或没有血缘关系的祖辈。(这种特殊的祈福流程发源于流行的宗教活动,融合了佛教、道教和其他常见神明等多种元素。)

在与祖先和神的交流中,影响祭品选择的还有很多其他因素。例如,神明的级别会影响供品的种类。祭祀直系或世系祖先时,三牲(通常包括一块煮熟的猪肉、鱼和一整只煮熟的鸡)是必备之选。而在祭拜远方祖先时,必然会有更多的人聚集在一起,因为子子孙孙都会参加。因此,这类仪式一般更加隆重。我曾于2012年参加过一次祭典,主题是纪念月影塘创始人的远房祖先的父亲。那次庆典汇集了整个家族的子嗣,有的人甚至从新加坡远道而来。因而对于此仪式来说,简单的祭品自然不合时宜。我们几百来人在山底下碰面,而后一起前往墓地。他们提前准备了精致的供品,包括一整只羊、一条活鱼、一整头猪和一只大公鸡。(祭品的规模宏大,堪称名副其实的"献祭"。)集体祭拜之后,他们又在县城的家祠里举办了一场盛大的宴席。

相比此类精致的祭礼,祭祀相较次要的神明时,简单的供品便绰绰有余。比如,可以用两个煮熟的鸡蛋代替一整只鸡。[49]

## 鬼魂、乞丐与作福

截至本节,我们讨论了供养祖先和神灵,但是鬼魂呢? 由于没有人照料、喂养鬼魂,所以他们会给人类带来麻烦。因此,必须定期解决他们的饥饿感。传统上,梅县等中国地区把农历七月十五日称为"鬼节"。[50]

119　这个节日与脍炙人口的目连传说(目连是佛祖的弟子)有关。据说目连去地狱是为了调查其已故母亲的下落,她因罪孽深重而被遣入地狱。当目连找到她时,她已经饥肠辘辘。目连生性孝顺,他千方百计地帮助自己的母亲并向佛祖寻求帮助。佛祖建议他每年农历七月十五日给所有游荡的鬼魂摆上祭品。这样一来,他的母亲就会得到照顾。因此,鬼节是中国百年来的古老传统。中华人民共和国成立前,每逢鬼节,梅县的佛教和道教僧侣都会参加一些仪式超度孤魂野鬼,从而防止它们为祸人间。[51]

除了鬼节,梅县还会庆祝其他节日以满足"渡孤"的需求。例如,在一份关于粤东北客家地区乡村宗教的文献汇编中,一位撰稿人提到了一种宗教节日,这个节日每五年或十年举行一次,每次持续几天。正如上文提到的月影塘宴会日一样,该节日亦称"作福"。在这个特别的节日中,僧侣们会举办仪式;在节日最后一天的深夜,村民们会点燃一个巨大的篝火,并在篝火中焚烧纸祭品以纪念迷失的鬼魂。[52]

这位观察员还记述了该地区于中华人民共和国成立前举行的另一个节日。僧侣们会在春节到清明期间举行相关仪式,还为此给观音修建了一座大型祭坛。人们会在节日尾声举行一个为期三天的渡孤仪式："在渡孤坛上献上米饭和蔬菜，背诵经文并给乞丐吃食。"[53]这是一种"祈福避害"的方式——通过照顾以前无人理会的幽灵，从而防止他们回来祸害众生。[54]

通过这种仪式，村民不仅超度孤魂，也喂饱了乞丐，一举两得。当然，这也和当今月影塘的作福节的一些平行元素有关。此外，人们会在节日的最后一天（第四天）举办一场盛大的宴席，大家可以在这一天食肉品鱼。不论身份地位如何，所有人都会受邀参加宴席，大家伙团聚一堂，为建设村庄出谋划策。[55]

月影塘的许多习俗仍然是为了驱魂辟邪。例如在挂纸仪式中，人们会在祖坟周围放置沾有鸡血的纸钱以驱散孤魂野鬼。[56]此外，在传统的客家丧礼中，像在月影塘这样的农村，和尚会在丧葬仪式上召唤死者的灵魂，然后象征性地给他们洗澡，并供上食物和酒。他们还会召唤不同的佛教神灵，献上食物和茶酒，但鬼魂却只有被驱散的份儿，没有吃食。

不论是哪种情况，鬼魂的饥饿才是凶兆的源头。有时可以通过喂饱它们化解危险，而有时则驱散、吓跑它们。[57]在如今的月影塘，鬼节已经沦为一种无足轻重的仪式，部分原因大抵可以归咎于对"迷信"的普遍抨击——农业合作化运动时期对于迷信的抵触使此类施食孤魂野鬼的节日淡出人们的视野。由于这本地方志是官方出版物，所以它将鬼节淡化的原因归结为中华人民共和国成立后迷信行为的终止。根据地方志的记载，中华人民共和国成立前，所有乡镇都会举办一次纪念仪式，由佛教的和尚和尼姑担任主持，这些僧尼还为孤魂野鬼建造了一座祭坛并举行纪念仪式。[58]我在当地报纸上读过类似的文章，文章指出尽管很多传统礼节在改革开放以后复现，但鬼节的实质内涵却成为其卷土重来的绊脚石。[59]

也就是说，尽管月影塘在鬼节不会举行集体的庆祝活动，但仍有一些老人会在农历七月十五给游魂留点儿祭品。一些村民则用另一种方式来阐述鬼节的落没。他们斩钉截铁地告诉我："解放后鬼魂几乎'消失'了,不像旧社会那样多了!"

然而,与其说鬼节在月影塘逐渐消弭的原因是中华人民共和国成立后被视为等闲,不如说是因为梅县的很多村庄都有一个由来已久的习俗——将鬼节延至农历八月,那时农民已收完庄稼。有时该地村民会直接用作福节替代鬼节,作福节时间更靠后,鬼神色彩也没有那么浓烈。

121     房学嘉专门从事客家史研究,也是一位地地道道的客家人,他是这样解释丙村(房的家乡也位于梅县)的习俗的:对于传统的梅县人来说,作福是鬼节的代名词,但并非总在农历七月庆祝,也可以延至农历九月。这不仅仅是因为农历七月是"农忙时期",而且这也可以错开每个村子的庆祝时间,公王便可以在庆祝期间走遍管辖范围内的所有村子。他还表示:"人们干脆错开节日的日期,所以客家的盂兰盆节逐渐演变为作福节,而每个地方庆祝作福节的时间又有所差别。"他还补充说:"从另一个角度来看,这也体现了客家人对于传统节日抱有大胆革新的务实精神。"[60]

## 再谈作福宴上的乞丐

这些考量因素让我们回归到月影塘作福宴上的交换元素,希望能帮助我们解答之前的困惑——乞丐的出现。正如我们所指出的,一方面,宴会是主人把朋友、亲戚(姻亲)和母系亲属(母方的亲属)聚集在一起的一种方式。也许作福节最特别的地方在于强调循环性,即每天在镇内不同的村庄轮流举办,每个人都能在节日期间成为主人和客人。除了举办宴席,庆祝活动还包括礼物交换环节,因为客人来时会带来礼物,离开时也会收到礼物。我在月影塘的线人说作福节甚至比春节更加隆重,房学嘉的观点恰恰印证了这一点：

> 但有一个习惯却一直不改，并有愈演愈烈之势，即作福节那天。所有参加作福的人家无不倾其所有，大办酒席宴请前来帮助"作福的亲朋"。宾客之多，宴会之讲究，往往超过"春节"。当然这种愈演愈烈之势的另一面，亦可见客家民间的经济日益发达，民众生活水平日益提高。作福节是客家某些地区一年中最大最热闹的日子。因此，这一天如果没有亲友来作客的，或亲友来得不多的，都被视为"薄福"。[61]

这些将如何帮助我们理解乞丐的角色，他们为何出现在作福宴上，主人为何会在他们的碗里放些现金代替早前的食物？

首先，我们得知梅县的某些地区会在中秋期间庆祝作福节，以此替代农历七月十五日的传统鬼节。而在某些地方，如月影塘，尽管还有老人会在传统的鬼节期间祭奉游魂，但这个节日已经没有集体性的痕迹了。

其次我们要知道，根据人种学对早期不同地区作福节庆典的描述，喂食鬼魂往往和施食乞丐同时进行。事实上，武雅士（Arthur Wolf）在研究中国流行宗教时也将乞丐和无人问津的灵魂联系在一起。当谈及自己于20世纪60年代在中国台湾进行的实地考察时，他说："每当我问受访者乞丐与鬼魂的关系。他们大多把鬼魂比作恶棍或乞丐。那为什么要给鬼魂吃食？因为这样他们就不会缠着活人了。如果不给他们点东西，那么他们就会像乞丐一样赖着不走。"[62]

武雅士继而说道：

> 在中国人眼中，乞丐的请求并非乞讨，而是一种威胁。人们认为谁对乞丐的恳求视而不见，那么乞丐就会诅咒谁。让

（右侧页边标注：122）

乞丐空手而归的人有可能会患病或破财。乞丐像强盗和鬼魂一样令人心惊胆战，而强盗和鬼魂则像乞丐一样受到社会的唾弃。三者的社会身份非常相似，以至于人们有时会用对待鬼魂的方式对待强盗和乞丐。[63]

武雅士还描述了台北的一种鬼节仪式（记录于 19 世纪末），在这个仪式中，人们在一个大型的竹制品上挂各式各样的食物，有"鸡和鸭，死的活的都有，还有猪肉片和猪头，各种各样的鱼，年糕、香蕉、菠萝和瓜等等。听见锣声的孤魂率先享受这场盛宴，等他们饱腹后，所有的供品都会分给聚集而来的穷人。"[64]

当然，不论是政治、经济，还是社会环境，当代的月影塘都无法同 19 世纪末的台湾或中华人民共和国成立前的梅县相媲美，但不得不说这些旧习有助于我们理解某些主题是如何在新背景下重现的。尽管现在月影塘人很少谈及孤魂野鬼，但他们仍会在丧葬仪式上做一些手势驱散恶魂。此外，这里的居民对鬼神是否存在抱有分歧。例如，宋玲抱怨苗丽不够修心——字面意思是有"修养之心"，但实际上是在形容缅怀祖先的诚心。宋玲认为苗丽有时运气不好是因为缺乏孝心。但苗丽不予苟同，她告诉我："在过去，我们把这些（祠堂和牌匾）都拆掉了，说这都是老封建。而现在，大家又开始弄这些东西（祭神拜祖），但我是不信鬼神的。"

不过，作福宴仍会向乞丐提供食物（现在是钱）。因为作福宴为期两周，且每个村子举行的时间不同，所以乞丐们便挨个村子转。同传统意义上对待鬼魂的方式一样，主人都要给乞丐一点东西，以免招致恶语或诅咒。乞丐出现在这个宴席上也是带有仪式性的，毕竟月影塘的其他宴席上并没有乞丐的身影。我的信息提供者没有明确地把鬼节和作福节混为一谈，当然作福宴上也不会有"鬼魂"来乞讨。总而言之，作福宴上乞丐的角色显然与鬼节以及其他传统宗教背景中的鬼怪和乞丐类似。

## 物质及交换的本质

正如我们所看到的,食物在月影塘的流通可视为商品经济的一部分,可以充当一种支付手段,可以用作地域间来往的小礼物,也可以成为人与人、人与精神世界之间交换的仪式性礼物。

有时,食物本身的性质才是影响其交换方式的首要因素。例如,邻里或母亲与出嫁的女儿之间可以交换日常食用的生蔬,而这些食物却不适合用作祭祖的供品或正式场合(如拜年)的礼物。同样,人们在任何情况下都不会选择粮食(这里指大米)作为馈赠的礼物。如上文所述,煮熟的米饭界定着一个家庭群组。因此,生米不可用作家庭之间交换的礼物。实际上,大米的供给决定了它们交换的方式和场合。大米可以用作自给自足的吃食,也可抵作租金,还可以放入市场买卖,但不论如何都不适合用作馈赠的礼物。

然而,食物到底是商品,还是作为礼物交换、园艺或聚会的一部分,这两者的界限有时很模糊,而且会随时间的推移而改变。例如,曾经随处可见的食物现在已经摇身变为昂贵的商品,黄鳝便是其中一个例子。正如上一章所提及的,黄鳝曾在稻田中很常见,是补充蛋白质的免费来源。而如今,随着越来越多的地区用硝酸盐施肥,黄鳝越来越稀少,逐渐成为市场上的高价食品。此外,它们还是餐馆制作特色菜的一道配料(炒苦麦菜或豆腐)。

许多药材也经历了类似的转变,从牧草演变为美食。例如,生地(地黄的根)和土茯苓(菝葜,亦称硬饭头)这两味昂贵的药材可以用来熬汤。在食物匮乏的过去,人们将生地碾碎,加水混合制成糊状食物果腹,同样,人们也把土茯苓磨成粉状,加开水搅拌成糊状来填饱肚子。这体现了食物从免费充饥物到高价商品的华丽转变。[65]其实城里人会把草药汤包装起来售卖,这样一来,到梅县探亲的海外华人就可以把这些材料带回家了。[66]

124

"靠山吃山"是这些食品的宣传语。但如今这句传统客家话却有了不同的含义。它曾经指因地制宜,广觅粮食。而现在成了产品(如药材)的销售用语。由于其蕴含着浓厚的传统客家色彩,所以山货总让人联想到客家身份。如今,"山"实质上是一种可以购买的商品,而药材膳食则成为重申客家身份的一种方式。

此外,这些药材有各自的疗效,它们不仅可以治疗特殊疾病,有时也是保健的优选。如前所述,药材的市场价值很高,但这也没有对传统的古老做法造成冲击——采集草药用于自身的医疗用途(见图18)。我仍看到村民们,特别是年长的妇女们采集药材自用。[67]

**图18 县城出售的草药汤原料**

随着餐馆和宴客厅的盛行,非法买卖保护动物的行为也在梅县肆虐成风,而这些动物本不该成为猎枪下的猎物。一位村民告诉我:"越是有钱人越喜欢野味,他们当然也会觊觎山林里的东西。"人们会捕杀野猪、野兔、鸽子,甚至狐狸、罕见的鹿、老鹰这样

的动物,然后卖给愿意出高价购买的顾客。物种越稀有,价格就越 126
高,甚至连非法性也能成为高价的噱头。(然而下一章将提到,买
卖昂贵稀缺物种,甚至是非法狩猎等行为在道德审判缺席的情况
下难以继续。)

另外可以看到,随着食物在村子里不断流通,其来源很难确
定。它可能是从周围采集的野味、自家种植的吃食、家人间交换的
日常食物、礼节性的礼物、祭拜神祖的供品、支付手段或是商品。
随着食物在村庄流通,在人群之间、人与宇宙世界之间交换,它的
意义和价值也随之发生了变化。当然,历史的更迭也对食物的含
义产生了一定的影响。正如我们所知,许多食物曾经随处可见,一
文不值,而如今却异常稀缺昂贵,而有些原本很稀有的食物(如豆
腐)现已成为家常便饭。

食物循环的多面性映射了月影塘人交换形式的多样性。斯蒂
芬·古德曼(Stephen Gudeman)曾提醒读者,几乎所有经济体系
下的所有经济体都并非单一范畴。例如,靠市场谋利的商人可能
会把部分收入用来回馈社会,或用于投资互惠款项。[68] 所以我们应
该意识到:中国经济日益商品化并不意味着消除了其他的交换形
式,新的交换形式不断涌现,即使市场交换占主体。

此外,食物在互惠互换中的角色性质并不统一。以宴席为例,
有时我们可以视之为一种平等互惠的交换,如人们在作福节期间
轮流做东设宴。但乞丐的出现为这种交换增添了等级色彩。再
者,不论是客人的数量,还是菜肴的种类和稀缺程度,宴席的种类
越发丰富,规模渐大,因而体现出一定的竞争性。[69]

从这个角度来看,人类学家艾斯和潘列宁所说的"循环观"是
思考月影塘食物交换的最佳切入口。他们指出,任何东西"在不同
的社会背景下,其价值也会不断转变。"[70]

因此,厂制饼干成为一种重要的祭品,一整只鸡可以用来献祭 127
神灵以求好运,村里种的新鲜蔬菜可以成为母女相互滋养的媒介,

女儿已经"出嫁"了也是如此。相比之下，以前普普通通的食物也能具有商品属性——比如某些野生植物在市场上就变成了昂贵的药材。

尽管如此，不论是礼物交换还是市场交易，食物交换都要受到道德审判。不论食物以何种方式流通，其价值都会随环境的变化而改变，这一点是毋庸置疑的。但是，我们仍要细究如何在道德话语中构建并理解食物的流通。显然，食物不仅是道德话语的焦点，还可以通过流通、消费和生产使人们成为道德主体。赡养长辈，供养祖先，即孝道便是最好的例证。

因此需要详细阐述月影塘当地食物的道德话语，以及借助食物履行道德义务的相关问题。接下来我们将讨论这些问题。

## 注释

1. Ramon Myers, "The Commercialization of Agriculture in Modern China," in *Economic Organization in Chinese Society*, ed. W. E. Willmott (Stanford, CA: Stanford University Press, 1972), 173.

2. Buck, *Land Utilization*, 16.

3. Ibid., 16, 401.

4. Ibid., 402, 411.

5. Ibid., 233.

6. Ibid., 237.

7. Ibid., 461.

8. Ibid., 467.

9. Ibid., 461.

10. Ibid., 371.

11. 梅县的某些工业可以追溯到清朝，包括煤炭、石灰采石场、铁矿、二氧化硅、陶瓷、玻璃、铸铁炊具、犁、制药和手工造纸（《梅县志》，第368页）。

12. Yan Yunxiang, *The Flow of Gifts: Reciprocity and Social Networks in a Chinese Village* (Stanford, CA: Stanford University Press, 1996), 93.

13. 在我实地考察期间，月影塘人口中有11%与海外有联系，当然这是"大跃进"运动几十年后的事了。但这至少有助于大致了解这个村庄有多少海外人脉。

14. Jonathan Parry and Maurice Bloch, introduction to *Money and the Morality of Exchange*, ed. Jonathan Parry and Maurice Bloch (Cambridge: Cambridge University Press, 1989), 8.

15. Y. Yan, *Flow of Gifts*, 65.

16. Ibid., 65.

17. Stafford, *Separation and Reunion*, 100.

18. Ibid., 109.

19. Ibid., 105.

20. Y. Yan, *Flow of Gifts*; Andrew Kipnis, *Producing Guanxi: Sentiment, Self, and Subculture in a North Chinese Village* (Durham, NC: Duke University Press, 1997).

21. Y. Yan, *Flow of Gifts*, 45.

22. Ibid., 46.

23. Ibid.

24. 石瑞指出，"礼尚往来"的常见译法为"courtesy demands reciprocity"，实际应当英译为"ceremonial（礼）generates back-and-forth（往来）"（*Separation and Reunion*, 105）。

25. 2007 年，我在月影塘开展实地调查，结果发现在过去十年中，25% 的当地人与非客家人结婚。（Oxfeld, *Drink Water*, 85）

26. Ibid., 106.

27. 正如石瑞所言，餐食的质量与来宾的数量都"能反映新郎的家庭和社会地位"。（*Separation and Reunion*, 116）

28. 例如，宋玲记得她大女儿出嫁时，家里收到亲家给的 229 元彩礼。之所以差一块钱，是因为当地人觉得整数不吉利，也可以阻止新娘完全脱离自己的娘家。（Oxfeld, *Drink Water*, 106）而到了 2006 年，月影塘的一户人家已经收到高达 9999 元的彩礼。

29. "干女儿"或"干儿子"是一种仪式化的关系，有点类似于教父、教母的关系。干儿子或干女儿可能会被另一个家庭以某种特定仪式收养。之后，他或她可以参加新年宴会或其他庆祝活动，而且，当养父母去世时，他或她会在葬礼上穿着丧服。构建这种干亲关系有时是因为孩子小时候身体不好或行为怪异，比如过于娇贵，不好养活。人们觉得认干亲能够改变命相。但干儿子或干女儿不能继承干爹干妈的财产。

30. 虽然关于中国农村民间宗教的文献非常丰富，但有关于神、鬼和祖先关系的经典论可参见 Arthur Wolf "Gods, Ghosts, and Ancestors," in *Studies*

*in Chinese Society*, ed. Arthur Wolf (Stanford, CA: Stanford University Press, 1978)。

31. 即观音菩萨。

32. Michael Puett, "The Offering of Food and the Creation of Order: The Practice of Sacrifice in Early China," in *Of Tripod and Palate: Food, Politics, and Religion in Traditional China*, ed. Roel Sterckx（New York: Palgrave Macmillan, 2005），75.

33. Stafford, *Separation and Reunion*, 109.

34. S. Thompson, Death, Food, and Fertility 73.

35. 这方面的例子有财神以及某些佛教神灵，如当家菩萨，也被称为珈蓝菩萨或禅良菩萨，他们都是素食主义者。此外，嫡母或韦驮菩萨与水稻种植有关，因此只能得到斋盘。

36. Daniel Overmyer, "Comments on the Foundations of Chinese Culture in Late Traditional Times", in *Ethnography in China Today: A Critical Assessment of Methods and Results*, ed. Daniel Overmyer（Taipei: Yuan-Liou, 2002），318.

37. 客家有不同种地方神，有"公王"之称的神倾向于管理较大的地区，而有"伯公"之称的神倾向于管理较小的地区（王增能：《客家文化导论》，第349页）。房学嘉指出，这些地方神的起源各不相同，但他们最终与一个村庄或社区联系起来，成为社区神（《客家梅州》，第149页）。他还指出，公王往往被安置在靠近水源的村口，因为当地人认为"水积是才"。谭伟伦把"伯公"翻译成"Uncle King"，指的是"岩石、田野、树木或桥梁的灵魂"，他把"公王"翻译成"Duke King"，通常是指村庄的保护者，"他们的祭坛位于村子水源附近，保卫者整个村庄"。["Communal Worship and Festivals in Chinese Villages", in *Chinese Religious Life*, ed. David A. Palmer, Glenn Shive, and Philip L. Wikeri（New York: Oxford University Press, 2011），42]

38. Oxfeld, *Drink Water*, 17.

39. 财神和龙神都位于寺庙后面，祭坛下面放着土地伯公的石碑。

40. 包括土地神和龙神，他们都是山和坟墓的守护者，因为坟墓就位于此处。

41. 包括佛教神灵，如观音、三宝，即释迦牟尼、消灾延寿药佛和阿弥陀佛；当家、嫡母（又称韦驮菩萨）；耳熟能详的非佛教神灵，如关帝老爷、天公和天母、财神。编者注：此处作者对佛教三宝的理解似有误，三宝在佛教中一般指佛、法、僧——佛宝泛指诸佛，法宝指教法（理论学说），僧宝指僧人是传播佛法的主体。

42. Stafford，*Separation and Reunion*，102.

43. 那一天的献祭有一定顺序，特别是熟食(三牲)。首先祭天，然后是神和祖先。欧大年(Daniel Overmyer)指出，客家死去通常先会把食物献给"天神"，然后是祖先("Comments," 330)。

44. Robert L. Chard，"Rituals and Scriptures of the Stove Cult," in *Ritual and Scripture in Chinese Popular Religion*，ed. David Johnson (Berkeley：Institute of East Asian Studies，1995)，3 - 54.

45. 家家户户都希望在正月十五元宵节之前完成这项工作，元宵节一到，新年也就正式结束了。

46. 举行这些仪式的场地叫做"尝田"或"祭田"。Xiaoping Dong，"The Dual Character of Chinese Folk Ideas about Resources：On Three Western Fujian Volumes in the Traditional Hakka Society Series," in *Ethnography in China Today：A Critical Assessment of Methods and Results*，ed. Daniel Overmyer (Taipei：Yuan-Liou，2002)，363.在旧社会，这些土地通常租给穷人或者没有土地的村民，所得收入用于支持每年在举行祭拜之后的宴会。因为这片土地是家族仪式的"主战场"，所以它不能被分割。(Oxfeld，*Drink Water*，180)

47. 房学嘉：《客家民俗》，第 187 页。

48. 这种带有契约性质的仪式也称作"作福"，不要将它与此前提到的作福节混为一谈。但不论是哪一种，"作福"都是"祝福"或"好运"的意思。

49. 这就是所谓的"小三牲"。这些神包括村里寺庙供奉的一些神。例如，当孩子十六岁时，据说他要走进"花园"向"花公和花母"供奉祭品。当这个孩子满十九岁时，他便离开"花园"，并给天父和天母献祭。这些祭品包括小三牲。这些神在天界中的等级并不高，因而祭品无须特别精致。

50. 房学嘉：《客家梅州》，第 165 页。也叫作亡人节、盂兰盆节或者中元节。

51.《梅县志》，第 1033 页。

52. Wen Yanyuan，"Customs of jianqiao Village，Fengshun," in *Village Religion and Culture in Northeastern Guangdong*，ed. Fang Xuejia (Hong Kong：International Hakka Studies Association and the École-Française D'Extrême-Orient，1997)，212.

53. Overmyer，"Comments," 339.

54. Ibid.，340.

55. 林清水：《蕉岭县新铺镇徐溪镇民俗》，房学嘉主编《梅州河源地区的村落文化》，(香港) 国际客家学会、法国远东学院 1997 年版，第 246 页。

56. 即孤魂野鬼。

57. 因此，一句古老的客家俗语是这样讲的："无氏鬼，鬼无数；何事叫，叫无祀"。

58. 《梅县志》，第 1033 页。

59. 参见《梅州日报》网站刊登的《中元节：客家人的七月半》2012 年 8 月 8 日检索，mzrb.meizhou.cn/data/2012.0825/html/6/content_Ⅱ.html.

60. 房学嘉：《客家源流探奥》（广东高等教育出版社 1994 年版），第 232 页。

61. Ibid, 233.

62. A. Wolf, "Gods, Ghosts, and Ancestors," 170.

63. Ibid., 171.

64. Ibid., 172.

65. 另一个例子是一道特殊的汤品，由好几种草药熬制而成：麦冬（山鸡米的根部）、灯芯草、茅根。这些草药都可以在月影池的野地里找到。这道汤是高档餐厅的特供汤品。

66. 唐林珍：《药膳引领潮流》，《梅州日报》2007 年 4 月 2 日。

67. 还有一个例子是清明节做的包子：抽叶、艾和鸡屎藤。还有一个粪箕笃，有助于缓解咽喉疼痛。此外，村民还会采集蕨菜炒着吃，这种野菜通常长在河边。其实在过去，人们采集这些野草是为了果腹，所以甚至会跑到山间的溪水旁寻觅。人们现在还会采集某些野菜，比如一种叫做狗爪豆的野生豆子，有点类似于蚕豆。当然，人们现在吃野菜是出于喜欢这种原汁原味，野菜也成了一种（邻里或亲戚间）送礼的选择。

68. Stephen Gudeman, "Necessity or Contingency: Mutuality and Market," in *Market and Society: The Great Transformation Today*, ed. Chris Hann and Keith Hart (Cambridge: Cambridge University Press, 2009), 24.

69. 正如大卫·格雷伯（David Graeber）所言，互惠的交换通常会突然带有竞争性。(*Theory of Value*, 114 - 15).

70. Paul Eiss and David Pedersen, "Introduction: Values of Value," *Cultural Anthropology* 17, no.3 (2002): 286.

/ 第五章 /

# 道　　德

2010 年的一天下午,我和宋玲去拜访了她的老朋友小高。在交谈中,小高的丈夫提到了另外一家人。这户人家的四个儿子都已成家,各自过着自己的生活。三个儿子留在村里,还有一个定居香港。香港的那个儿子每月都给母亲寄钱。按理说,母亲该轮流去村里的三个儿子家吃饭。可事实上,三个儿子谁也不愿意在饭桌上给她添双筷子。

说到这,宋玲跟我说,她觉得拒绝赡养老人的子女最让人嗤之以鼻。村里的其他老人也对自己吃饭的事闭口不谈,这也经常引起同村人,特别是村里其他同处境老人的共鸣。例如,梅蓉由于家庭地位低,在"文化大革命"中蒙受了巨大的痛苦。(其实梅蓉的丈夫在"文革"期间不幸遇难。)尽管如此,她还是想尽一切办法把两个儿子拉扯长大。在她的养育下,她的两个儿子先后成家立业,事业也风生水起。但由于婆媳关系相处得不太融洽,到了 2007 年她还是自己一个人做饭。一位村民跟我说:"她真是个苦命人。"紧接着,这位村民就开始跟我责备起了梅蓉的儿子与儿媳,因为他们总是让梅蓉自己一个人吃饭。村民对儿媳的指责尤为强烈,他觉得儿媳逼婆婆独自吃饭就是没良心。

# 食物是道德的象征

129　　　前一章对食物交换的分析指出，个人以及社会的需求推动了食物交换与流通的发展，食物交换不仅可以谋生，维系、扩大社交圈，还是连接家庭、祖先与神灵的纽带。除此之外，食物交换还有道德层面的意义，其中最具有代表性的就是"轮养"。人生来就有义务照顾、养活自己的家人。宗族还有义务"赡养"已故的亲人甚至是祖先们。食物在月影塘村民生活中的道德意义还体现在其他许多方面。本章将致力于探寻食物的道德内涵。

　　　我们即将看到，食物是一个强大的象征体统，其中较为典型的是道德符号。如第一章所述，道格拉斯提出了一个著名的观点：食物是一种"交流系统"[1]，可对社会关系进行编码，比如等级、包含和排斥程度。[2]例如，宴会习俗不仅能促进与会者之间的平等[3]，还可以强化客人之间、主客之间的等级制度。[4]那些禁止跨种族、跨阶级进行食物交换的规定同样有助于巩固现有的阶级和种姓地位。[5]在美国南部，挑战种族隔离的第一站就是餐馆，这并不是偶然。相反，食物也可以表达跨越种姓和阶级界限的道德义务。无论是美国的食品储藏柜和食品券方案，还是殖民前印度土地所有者被迫向农民提供免费的谷物，都可以体现这一点。[6]

　　　政治统治者也可从道德的角度出发，从而判断他们该如何履行其自身义务来养活百姓。尤其是在封建帝制时期的中国，"养民"的道德要求支撑了皇帝的"天命"，使得历代王朝在农业和常态化的粮仓发展中都取得了不错的成效。[7]正如历史学家艾志端（Kathryn Edgerton-Tarpley）所言，当权者养民是"彰显其道德合法性"的重要途径之一。[8]那句"民以食为天"的古老谚语就把这点体现得淋漓

130 尽致；食物就是百姓心中的头等大事，如果没了食物，百姓饿了肚子，就会引发他们的不满与反抗。

因此,食物可以表达社会关系和行为的相关道德信息。可以以食物为"藤",推断其自身的道德。在接下来的分析中,我们将运用斯蒂芬·帕里什(Stephen Parish)的框架来定义道德。帕里什将日常生活中的道德概念化,并在特定背景下阐述了众人所说的"首要义务"(overriding obligations)的概念。[9]"道德是明确我们是谁、又该做什么的核心标尺,远远凌驾于其他要素,至少在理想世界中是这样的。"[10]

然而,某些道德行为并不具备强制性,如乐善好施。因此,我们将用另外两个框架来评估民族志背景下的道德本质。第一,人类学家卡罗琳·汉弗莱(Caroline Humphrey)不仅将道德定义为义务,还简明扼要地指出,道德在特定背景下"是一种行为评估标准,决定了某人应该受人尊敬还是遭受鄙夷"。[11]第二,在讨论道德时,还需要考虑道德的范畴和规模。就比如说,市场交换中的道德义务与家庭内部关系中的道德从属于两个范畴。除此之外,等级关系或权力关系所涉及的义务与平等关系中的义务也大相径庭。[12]

在中国农村,由食品引发的道德判断出现在诸多方面。无论是履行对家人的道德义务,还是商人出售掺假或劣质产品,抑或是对政府工作人员以及社会道德的判断,甚至是食物富足与匮乏的两个极端过渡,这些方面都体现了食物与道德的紧密联系。正如最后一章所述,食品交换已经超越市场经济,还包含一种基于社会义务的经济成分。此类经济常被称为"道德经济",后文将详述这一概念。在中国农村,道德经济在中国市场经济扩张和全球化的背景下蓬勃发展。

其实有一种观点认为,市场会对当地生活造成一些潜移默化的影响,而这些影响一定会导致相互关系(mutuality),甚至是道德关系(moral ties)的疏远。这种观点或许无法充分描述市场经济和道德经济之间的关系,尤其是关于食物方面。[13]除了市场价值之外,食物本身是否能够物尽其用也是饱含争议。食物作为人类

131　生存不可或缺的一部分，在家庭和其他社会关系中处于核心地位，这意味着食物永远无法完全脱离社会角色和义务等议题，毕竟这些是道德经济的基础。

　　鉴于食物在月影塘是一种道德符号，所以本章首先考察食物交换（见第四章）。食物交换不仅可以维系、拓展社交圈，还可以表达、履行甚至是创造人与人之间的道德义务。在月影塘，交换食物不仅涉及一定的道德成分，也可以作为道德评价的一种标准。关于食物的话语表达常常可以体现对人类行为的判断，小到地方层面，大到国家层面。最后，选择食物的行为也带有一些或含蓄或直接的道德判断。例如，大的食物系统结构（如只购买当地肉），或作为道德指标的食物摄取（吃素这种行为在月影塘并不常见）。

　　本章主要通过厘清食物与道德的依存关系，从而构建契合日常生活的道德经济。实际上，随着食品市场化与经济化的发展，食物衍生出来的道德经济已经得到了一定的强化。

## 道德债在中国农村的中心地位

　　在此之前，让我们暂别食物的话题，简单梳理一下中华人民共和国成立前中国农村道德体系的一些特征，其中涉及农业合作化运动以及改革开放时期社会变革的影响。在考察食物在该体系中的作用之前，首先要聚焦于家庭道德领域。

　　20世纪30年代，人类学家费孝通曾在云南和江苏两地展开实地调查，提出了自己的理论框架。他观察到，农民认为道德的实现有两种途径：一是上级对下级的控制；二是道德示范。[14]也就是说，位高权重之人可以纠正下属或下级的错误。此外，伦理规则被嵌入到其他等级关系中，例如父母与孩子、统治者与臣民。道德示
132　范是指那些地位高的人应该严以律己、创造道德，从而对他人产生潜移默化的影响。因此，我们需根据具体情况看待道德，因其取决

于行为人的身份和关系,而非抽象普遍的标准。[15]例如,父母有义务照顾和教育自己的孩子,从这个角度看,孩子对父母永远有所亏欠。但这种义务的性质对于子女来说是不同的:父母在世时,长大成人的儿子陪伴左右;父母去世后,儿子为其举办葬礼、通过用祭品祭拜等方式来纪念他们;女儿们成家后把自己的义务从父母身上转移到了婆家身上(儿媳会像对待父母那样对待自己的公婆)。

在这个等级森严的道德世界里,报(reciprocity)的关键概念就涵盖着许多内容。根据杨联陞的说法,报可以有很多种解释:"'报告''回报''报答''报复''报应'。"但是,"这个词的中心含义是'回应'或'回报',这也是中国社会关系的基础之一。"[16]

在中国,报的概念源远流长。(有趣的是,食物从一开始就是这个概念的核心隐喻)。让·列维(Jean Levi)指出,在中国古代,高官被称为"肉食者"[17]。这是因为官员祭祀祖先的肉食通过各级官场"向下"分享延伸,从而形成了一种回报的义务。正如他所言,这"是一种将剩余物转化为义务的一种过程。实际上,这是一种绝对的命令……人类举行仪式就是为了偿还上天自上而下地分配礼物,剩余物向下层层传递的过程中决定了众生的等级。从这个概念来看,人就背上了债(debt),所以总是处于'后面'(left behind)的位置,因为他还有东西必须要'偿还'(left to pay)。"[18]牺牲成为实现"报"的手段。此外,杨联陞还指出,报"巩固了家庭系统。例如,孝道是'还报'(response)最为恰当的说明"[19]。

中国农村家庭道德的诸多习俗都与两个元素有关:等级结构中的道德示范和报答义务。比如,"孝"就是最典型的例子。孩子们感激父母给予他们生命并养育他们长大,所以他们一定会报答父母的养育之恩。所谓报答,就是不仅要赡养年迈的父母,还要在父母去世后料理好后事,为他们举行葬礼和祭拜仪式。这个过程也涉及道德示范,因为不论是父母养育子女,还是子女孝顺父母,后代都会效仿这些行为。

到了 19 世纪末，这种道德债的等级观念不仅在儒家经典中得到了印证，而且在"日常谚语、功过簿，甚至是清代法典"中也有所体现。这部法典"宣扬了一种公认的准则：生儿育女意味着需要具备一种承受痛苦和疲惫的奉献精神，这样就形成了一种终身的债，孩子需要竭力偿还"[20]。道德债，或者说"报"被佛教的思想所强化，促成了如下观念：道德上的因果报应足以影响一个人，甚至是这个人的子孙后代。[21]

孙隆基指出，在这个框架中，人对父母的义务始于出生之时，而这也成为了"社会中所有互惠交易的原型"[22]。因此，可以借助"家族"这一隐喻理解其他社会关系，那么道德义务的应用也就不仅局限于家庭关系了。

良心是这些道德债概念的核心。良心，从字面上看就是拥有善良的"心/思"（heart/mind），体现在自己对他人的"好感"（good feelings）上，这是牢记道德义务并付诸行动之人一般都具备的品质。没良心的人要么不记得道德债，要么就会装傻充愣。当然，良心的含义与英语中的 conscience 还是有一定区别的。在英语中，如果一个人做了不该做的事，并为此感到心虚愧疚，那么我们可以说这个人"良心不安"（troubled conscience）。但在汉语里，无论他们内心有多愧疚、晚上有多么辗转反侧，没良心的人就是违了道德义务。因此可见，鉴于所有"报"都以良心为基础，记性就显得十分重要了。想要拥有良心不但需要有个好记性，还需要将其付诸行动才行。

然而，中华人民共和国成立后至改革开放前的道德观似乎颠覆了上述传统的家庭道德观。正如赵文词（Richard Madsen）所说，革命道德催生了"为人民服务"的使命[23]，除了"阶级敌人"，其他人都要服从这个命令。因此，道德普遍适用，它并不依赖像长辈与后代这种特定的等级关系。此外，把个人利益凌驾于集体利益之上,也违背了那时纯粹的道德准则。但赵文词还指出,该道德准则在改革开放之前就被修改了,这是必然之势。[24]事实证明,人民不可能卸下家庭责任,更不可能放弃赡养老人。国家无法满足所有人的需求(至今仍是如此)。所以终究要模糊对道德革命的宣扬,毕竟"把大家需求置于小家需求之上"与小家利益相互冲突。

虽然中国社会在改革开放后融入了市场经济,但道德债仍然是中国农村家庭道德观念的核心。然而,从传统的年龄、世代和性别来看,当代中国农村家庭已不是一个世纪前的复刻。在农村社会中,特殊家庭关系占主导地位,其所包含的义务的性质目前还没有达成共识。尽管如此,正如下文所讲,即使家庭等级制度和形式与以往有所不同,家庭内部的道德债观念仍然是家庭道德话语和实践的关键因素。

## 代 际 义 务

如果人报答父母和祖先的恩情是道德债的原型,那么毋庸置疑,家庭则是道德生活的轴心领域。中国传统的家庭制度多为几代同堂。在这样的家庭中,儿子婚后留在本家,负责分担家庭开销、赡养父母。理想情况中,家庭多为五代同堂,家族的话语权一般都掌握在长辈、丈夫以及兄长的手中。由于嫁入夫家,进入陌生的环境,女人们一般在这种处境之中并没有话语权。[25]然而,随着年岁的增长,儿媳变成家中的长辈时就会利用与儿子的感情和对儿媳的掌控来行使其自身的非正式权力。这种非正式权力的基础源于人类学家卢蕙馨(Margery Wolf)所说的"子宫家庭"(uterine family)。[26]

从中华人民共和国成立至改革开放以前,农村家庭的生活发生了一系列的变化。历史学家戴茂功(Neil Diamant)指出,变革的根源可以追溯到中华人民共和国成立初期。1950年,中华人民

134

135　共和国成立后的第一部法律《婚姻法》颁布实施，"提出了一个非常现代化的'恰当的'的家庭结构，该结构主要秉承个人主义、一夫一妻制以及'婚姻自由'等理念"[27]。婚姻法并非家庭内的契约束缚，而是将婚姻视为两个人情感的法律纽带。戴茂功解释道，在婚姻法推行期间，年长妇女一般是儿媳"诉苦"的矛头。[28] 想离婚的年轻妇女也毫不犹豫地拿起法律的武器，如果有任何阻碍，她们会毅然决然地向村委会提出上诉。[29] 合作化组织削弱了宗族领袖的权威，对家庭结构产生了一定影响。[30]

　　家庭生活的层层变革是改革开放时期的一大特征。近期关于当代农村家庭的研究发现：家庭内部权力正从老一辈像年青一辈转移、家庭规模及代际跨度逐渐缩小、夫妻之间日益平等和亲密。阎云翔在研究华北农村家庭时捕捉到一些深刻变革，其中包括了恋爱和浪漫的兴起、青年就业模式的改变和独立收入的增长、流行文化的传播、生育政策的限制（这是导致独生子女家庭占主导地位的原因）以及消费主义观念的蔓延。以上趋势均有助于巩固夫妻家庭相对于复杂家庭的主导地位，除此之外，这还赋予了年青一代更大的权利。[31] 因此，数以千万计的农村居民（其中多为青年和未婚人士）向城市的劳动力迁移，这也为他们的择偶自由以及性自由提供了更多的可能性。[32]

　　这些变化让许多老年人感到不安。如果家庭的代际跨度较低，对农村老年人意味着什么呢？这些老年人大多都没有养老金，难道他们必须依靠子女赡养度日吗？如果夫妻关系比以往任何时候都重要，那么农村老人如何才能保证儿子会百依百顺呢？如今的家庭规模不如以往庞大，如果老人只有一个女儿怎么办？如果婆媳关系更加平等，儿媳更有权势，婆婆们怎么能指望儿媳来减轻繁重的家务呢？

　　许多学者认为，中国农村家庭对老年人的赡养比率不断降低，是夫妻关系日益密切的结果之一。庞立华（音）、阿兰·德·布劳、罗斯高曾对全国具有代表性的农村老年人进行了抽样分析。结果表明,计划生育政策是导致生育子女数减少的主要原因。再加上年轻人外出务工[33],大家庭中老年人越来越少,"活到老工作到老"的现象由此产生。[34]农村的大多数老年人 70 多岁才下岗,他们一般会继续为成年子女甚至是亲戚的子女,提供一定的资金支持。[35]这些老年人这样做,是为了在自己身体抱恙、无法继续工作时,得到子女的照顾。[36]

在某种意义上,上述情况颠覆了传统等级制度中的"报"的概念。父母为了年轻一代继续工作,是希望这些孩子最终明白自己应尽的道德义务。以孩子们目前在家庭等级制度中的地位来看,他们并不能担起赡养老人的重任。因此,老年人可能会采取一些策略来提高他们的安全感。其中就包括将希望寄托于已婚女儿身上,以此来代替儿子应尽的赡养义务,又或者说几个已婚儿子轮流将老人接到自己家来照顾(更多信息见下文)。[37]

随着家庭环境不断变化,家庭成员总是将自身行为与道德和义务联系起来。然而,他们也可以为了确定这些义务究竟是什么而吵个不停。我发现月影塘中存在着这样的现象:例如,一些中老年妇女抱怨自己活得太累了,儿媳都指望着她们做家务。这是对传统媳妇形象的颠覆。以前都是婆婆指派儿媳做家务。事实上,一些村民认为,不能工作的老人有时被许多年轻人称为"废品"(字面意思是"废料、废物");因为如果老人的身体虚弱不能工作,就会被视为额外的负担,所以年轻人都不愿与这样的家庭联姻。[38]

此外,现在许多爷爷奶奶辈的人还要负责照顾孙子孙女;有时候,儿子和儿媳都移居城市就业,把孩子留给他们的父母抚养。已婚女儿与父母之间的联系越来越密切,她们有时还会给父母一些钱,就此产生了新的"反义务"。父母不仅要照顾儿子的孩子,还得照顾女儿的孩子。[39]

137　　　　有趣的是，尽管有证据表明，当代中国农村老年人感觉到无助，且他们认为应该在成年子女身上"施加"一种义务感，但就此得出结论说年轻一代不再对长辈承担任何道德债，其实是不妥当的。人类学家贺美德和彭翠明曾采访了 100 名农村青年，结果发现，他们中的大多数人都是从农村搬到城市的流动人口，这反而深深地内化了他们对家庭的责任感。贺美德和彭翠明还说："他们几乎没有人指望由国家养活老人，他们认为赡养老人是自己的分内事。"[40]除了负责赡养父母，这些年轻人还会拿出部分收入支持弟弟妹妹们的教育。[41]

　　总而言之，尽管历经了几十年的社会主义改造及之后的市场经济，为人子女要回报父母的道德债，甚至兄弟姐妹和姻亲也需要履行这样的义务，这种想法仍然根深蒂固。[42]

## 家庭道德体系中的食物

　　在穿插讲述农村家庭道德体系之后，我们再来谈谈食物在这个体系中所发挥的作用。从诸多方面来看，食物流通对于中国农村家庭来说一直是履行义务的基本途径之一。的确，典籍中也记载了孝道的关键在于把好的东西留给长辈吃。例如，《礼记》曰：朝夕恒食，子妇佐馂，既食恒馂。[43]说的是父母吃饭都由儿子、媳妇在旁边劝告加餐，并在他们吃好以后把剩余的食物吃掉。肉和酒更是要先留给老人。优秀的掌权者也会坚定不移地遵守这些原则。胡司德发现，"据《管子》记载，国家要给 80 岁以上的老人每月按时分配肉食和酒，而对于 90 岁以上的老人，则要每日分配……孟子主张确保 70 岁以上的人有肉可食是仁政的表现。"[44]

　　如我们所见，赡养家庭成员的义务意味着相互滋养[45]，而家庭分裂则常常表现为分开吃饭。但在梅县，"二奶"这个词可以相当幽默地表达家庭作为一个单位的含义，该词指的是妇女与已婚男

子有染并为他生下孩子。"奶"可以是"奶水""母乳"或"奶汁"的意 138
思,因此人们会将其与喂养婴儿联系在一起。

相互滋养的道德义务虽然是一种文化理想,但在饥荒时期和
食物充裕时期,道德义务都受到了挑战。正如人们可以想象的那
样,饥荒就是考量这种相互义务的一道关卡,因为面对食不果腹的
残酷事实,相互滋养的责任也就受到了考验。幸运的是,在改革开
放之后相对繁荣的时期,食物并没有成为道德选择的焦点。尽管
如此,家庭内部的食物分享仍然是道德债的一种物质体现。相反,
食不和则家不和。

## 饥荒与家庭道德

饥荒造成的食物匮乏会对家庭的道德义务造成一定的威胁,
也有可能推翻甚至重塑家庭等级制度。从 19 世纪末到 20 世纪,
中国出现了许多地区性的饥荒。其中两次重大饥荒相隔近百年,
分别是 19 世纪 70 年代末的华北饥荒和 1958—1962 年的国家经
济困难时期,给全中国的政治、文化和经济都带来了严重影响。这
两次大饥荒说明,当家庭面临巨大压力时,其道德话语和义务也会
面临考验。

1876—1879 年的华北饥荒是晚清一场灾难性危机,大约
有 950 万至 1300 万人死于非命,许多人后期仍无法走出当时的阴
影。[46] 历史学家艾志瑞梳理了 19 世纪 70 年代的饥荒报告,发现"家
庭权威"是一个很显著的词眼。她说:"县志上到处都是儿子为了
养活老母亲而抛妻弃子的故事,有的人甚至还会为此献出自己的
生命。例如,山西南部的一本地方志(1880 年)记录了一个名叫武
久仁的孝子,他在 1877 年的饥荒中抛弃了妻子,带着母亲逃到了
另一个地方,他的母亲才死里逃生。世人都说他非常孝顺。"艾志
瑞还提到,有许多孝子甚至为了养活母亲,自己滴水不进。[47] 然而, 139

儒家思想并非只提倡尊老侍老。在《稷山县志》中，一位奶奶为了不让孙子饿肚子，她自己决定绝食，以此来拯救她的家庭。[48]

此类故事不仅是在影射真人真事，也是为了教导人们遵守正统的儒家道德。当然，我们无法确定，面临饥荒时，人们是否仍能严守该道德法则。艾志瑞告诉我们，从饥荒肆虐辽宁的例子就可以看出来："面临粮价上涨，家庭不会让某个成员一直饱腹，也不会让谁一直挨饿，即使分配下来的粮食一天比一天少，他们依旧会平等分配这些食物"。[49]此外，还有一个十分讽刺的现象：女性会在饥荒期间被贩卖到其他地区，而这些地区通常食物相对较充足，所以女性的存活率反而高于男性。[50]

近百年后又迎来"大跃进"运动，家庭道德问题更加引人注目。只不过这一次，国家并没有大力提倡儒家家庭伦理，反而进行了抨击。正如第二章所提到的，为了实现合作化，"大跃进"运动期间建立了公共食堂，这也使妇女们得以从家务劳动中解放出来。[51]家庭厨房是一个家庭的象征，但当时政府鼓励拆除自家厨房，家家户户都在后院建起了炼钢炉。[52]屈顺天（James Watson）说："广东一带家庭炉灶统统被拆除，这些被拆下来的材料则被用来建造公共食堂。"[53]

有趣的是，在这一时期，家庭道德债的象征意义被挪用到人民公社和公共食堂上面。谈到"大跃进"运动，屈顺天说："周复一周，月复一月，中国的大众媒体无时不在敦促农民'参与大家庭的集体生活'。"[54]他还提到"1958年底还出现了一个有意思的概念，叫'食堂家庭'，这意味着平均约有60—80个家庭在一起吃饭。"[55]在中国农村，"家庭"一词还指代公共食堂，显然所表达的深层逻辑为"义务"，这也充分说明道德债、家庭观念和饮食行为之间存在紧密联系。

总的来说，公共食堂蕴含着道德义务的概念，但实际上，互惠行为也会被饥荒消磨殆尽，这不仅是因为公共食堂把大家"捆绑"

在一起,主要原因在于饥荒给家庭内部关系造成了巨大冲击。例如,戴瑞福曾对"大跃进"期间的一个农村展开调查,其中一位村民回忆道,他们大队的党支部书记曾造成"不可饶恕的道德困境"。[56]在"大跃进"运动期间,也有报道提到贩卖妇女的事例[57],大大削弱了家庭凝聚力。具备劳动力的人只能得到微薄的口粮,而不能劳动的人则被定义为"无用之人",因此,老人和孩子只能"慢慢等着饿死"[58]。有学者对困难时期极度饥饿致使家庭暴力事件发生的原因进行了分析。结论是:"处于极度饥饿状态的人,压根顾不上感情、道德或尊严。"

1961 年,"大跃进"运动结束,取消了公共食堂和集办托儿所。恢复个体户和私人农田的呼声鹊起,大规模的农业合作化运动也随之停止。

## 改革开放之后的食物与家庭道德

到了改革开放之后,饥荒消失,但食物仍是家庭道德义务的一种象征性媒介。在对月影塘进行实地调查时,我发现有关家庭团结或分裂的习惯用语仍然离不开"食物"。首先,正如我们所看到的,由于劳动力市场的需求增大,月影塘的家庭分散各处。因此,要想辨别哪些家庭仍然是完整的经济单位,哪些家庭是独立分离的个体,并不是一件容易的事。然而,如前所述,除夕夜回到家中,家里的所有人围坐在桌旁享用食物,这就说明这一家人不可分割。但如果不坐在一起吃年夜饭,那就说明这家人在经济上实际已经分裂了。

此外,正如我们在讨论食物交换时所看到的那样,分家并不意味着义务就此终结,也不意味着成年子女和父母之间停止交换。比如前文提到母亲和已婚女儿之间非正式交换的细节,虽然这些兄弟姐妹们都分别组建了自己的家庭,但他们对年迈的父母也有

141

赡养义务。跟踪食物去向就是评估子女是否尽到应尽义务的好方法。例如,轮餐制是儿子分担赡养年迈父母责任的常见方式之一。父母可能会在这个月和一个儿子一起吃饭,下个月和另一个儿子一起吃饭,以此类推。人类学家景军在研究相关的民族志时发现,一些村庄对此习以为常,而另一些村庄则对这种做法嗤之以鼻。[59]如本章开头的故事所言,在月影塘,与轮餐制有关的话语和活动往往最能反映出关于家庭义务性质的矛盾观念,这些观念恰恰是当前经济和社会背景下家庭成员矛盾激化的产物。

其他当代的人类学家也察觉到中国家庭内部关系的紧张局势。由于赡养与食物共享是家庭道德义务的重要组成部分,因此,食物频频成为争议的焦点也就不足为奇。吴飞提到许多农村自杀的研究案例,在这些案例中,食物引发的冲突甚至会导致自杀事件——当家庭中的一员被排除在家庭之外时,他们会觉得自己被家人忽视甚至是羞辱了。比如有些家庭不让老人上桌吃饭,有个老人甚至吃残羹剩饭,饭汤里连个蛋花都没有。[60]

然而,尽管不跟老人共餐违背了最基本的道德义务,但外界对这一现象众说纷纭,揭示了当代人对道德义务的不同立场和矛盾态度。吴飞的研究说明村民们不会总把这种情况跟疏于照顾长辈的儿媳联系在一起。他们可能只会说这样的人"糊涂"。[61]

我在实地走访中也发现了村民对这种道德判断的不同立场。打个比方,宋玲在上文中严厉谴责梅蓉的儿媳不给她做饭,但也不是所有人都认同这种情况。一位村民告诉我,事情并不是他们想象的那样。相反,他认为这很"复杂",梅蓉的儿媳不给她做饭,是因为梅蓉太"傲气"了,况且她自己还能做饭。村民接着说:"如果她真的残疾,也许情况就不一样了,但她现在还能自己做饭,所以她的儿女也不该忍受她那傲慢的态度。"当然,这个村民并没有完全把亲情抛至在脑后。他认为道德判断应当考虑两种情况:第一,老人是否具备自炊能力;第二,老人对儿子儿媳的言行举止。

　　代际关系的转变也体现在双向责任的转变上。在中国的许多农村地区，年轻人渐渐都开始去城市务工，或从事非农业工作。而老年人除了负责给孙辈和曾孙辈做饭之外，还要种地。此外，孩子没空的时候，准备重要仪式的任务也落到老人头上，比如制作年粄（见第二、第三章）。也就是说，即使年事已高，老人还要为成年子女提供食物，而非一味地依赖子女。

　　例如，殷照坚持为成年子女务农，组织了一年一度的年饭活动（年粄）。此外，一些与食物有关的事一直都是由老一辈来做的。如前几章所述，婆婆会用鸡肉、生姜、发酵黄酒制作鸡酒，这道菜可以不但含有人体健康所必需的元素，还可以让妈妈的母乳更有营养。

　　因此，食物交换是长辈们确保年轻人对他们持续保有责任感的重要手段。年货的流动只是其中一个例子。在为家人制作年粄时，年长妇女会借此帮助村里的一些朋友扩大社交圈，这些朋友也会拜访他们。她帮了人家，人家也就欠了她一个人情。

　　为儿子、儿媳准备食物是母亲们巩固子女义务感的一种方式，这在以前是理所当然的。但对于已婚女儿，情况却稍有不同。一般来说，中老年妇女会试图通过帮助出嫁的女儿，产生一种新的义务感。这种义务感在过去不是存在的，因为过去女儿嫁出去后她的义务变成侍奉公婆。正如宋玲坦言："我们没有退休金和社会保障，子女是我们唯一的保障。"这里的子女不仅指儿子，还包括她所有已婚的女儿。

　　此外，家庭成员之间的食物共享，不仅局限于给子女做饭，或者为他们准备年粄等特殊佳肴。正如我们在上一章所看到的那样，它也是通过家庭成员之间，尤其是妇女之间不断交换普通食物来实现的。因此，母亲与出嫁的女儿互相送蔬菜或者其他食物不仅可以理解为延续家庭关系的一种方式，还可以理解为不断重构义务感的一种方式。

当然，有的人干脆选择退出食物交换的交际循环，不仅避免了时间的消耗，也避免了随之产生的社会义务的纠葛。举个例子，阿谢是一位年轻的母亲，家住县城，她的姐姐嫁入了月影塘的一户人家。姐妹俩虽然都是梅县人，但从小在别的省长大（他父亲在外地当教授）。她们没有在农村长大的经历，现在也不在农村生活。对于逢年过节大费周章制作的年粄，阿谢这样认为："最好不要吃这些甜食，这东西油腻、热量高，吃了嗓子发干、咳嗽。况且做起来费时费力，也吃不完，还不如在镇上买一小袋，给孩子们或者来客人拜访时来吃呢。"

阿谢从没有农村生活经历，与月影塘没有任何联结。作为一个从小在外地长大的人，她并不像其他人那样沉浸在当地的关系之中。因此，她对过年吃年粄没有感触，也不认为自己担负为亲朋好友制备食物的义务，这一切似乎也不言而喻了。

## 食物和道德话语

### 政治以及社会秩序

144　　在月影塘，人们用食物来表达家庭内外、过去现在的社会意义。这包括阐明人际关系、政治制度以及他们对于社会秩序的道德判断等。

如前所述，以食物为准绳，评价当前的相对繁荣合情合理。政治领导人也会对食物进行类比和比喻，以此来建立他们的道德信用。正如第三章所解释的那样，在"文化大革命"期间，国家领导人建议在年夜饭上做一些苦菜。用苦菜比喻过去，用甜菜比喻现在，从而在饭桌上忆苦思甜。另一个隐喻——"铁饭碗"，也经常在农业合作化运动时期被提到。这个比喻说的是纵使生活平淡，却有保障。当然，这显然遗漏了"大跃进"运动时期的情况。现在的老一辈,甚至是经历过那个时代的中年人,常常抱怨当时的条件艰苦,希望以此劝诫年幼的孩子好好吃饭。其实,孩子优不优秀跟他们挑不挑食没有太大关系。如前文所述,家长往往会表扬乖乖吃饭的孩子,批评不好好吃饭、爱吃饼干零食的小孩。

同样,在讨论当今社会的某些不平等现象时,食物也是道德判断的准绳,尤其是涉及城乡及官民差距等相关话题。居民常用与食物相关的表达定位自己在当代阶级结构中的"农民"地位,并将自己的处境跟上班的城市居民(尤其是白领人士)的情况进行对比。尽管月影塘只有6%的家庭完全靠种地来赚钱,但村里的老年人仍然愿意沿用"清困饭"来代指城市里的大米。这意味着受过教育的人们与农民不同,他们不需要自己种水稻。中国谚语中"种田的人做给坐横桌的人吃"[62]等说法,说的也是这种社会差距。

145

在改革开放以后,人们通常把饮食视为阶级差异和腐败的指标,对此的探讨或多或少地表达了隐晦或直接的道德判断。比如,人们会批评一些官员作风奢靡,主要是因为他们经常举办种种盛宴。在第一章中,邻居红冲开始把越来越多的酒楼、宴会厅定性为招待干部或白领的场所。对于很多村民来说,这让他们联想到了那些人们"公款吃喝"的地方。

乡亲们经常告诉我,当官的常在宴会厅里吃一些让人意想不到的菜。村民往往喜欢以汤为例。比如,药汤,这在梅县是非常珍贵的东西。用外国或进口原料制作的汤价格昂贵,因而这例汤也化身为身份的象征。

"听说他们来吃饭的时候,一碗汤都要几千块钱。"一位村民对我说。她还猜测,喝的可能是鲍鱼汤,也可能是他们从新疆或西藏采购的冬虫夏草汤。这位村民所说的冬虫夏草其实是一种真菌,是昆虫幼虫的寄生菌。它能杀死毛毛虫,并且把虫子变成木乃伊。这种真菌在春天发芽,所以它被称为"冬虫"和"夏草"。据说用它做的汤可以治疗各种疾病、由于这种真菌难以采摘，所以价格非常昂贵。[63]因此，村民会把这种东西与政府花钱请来座谈的干部联系在一起。

同样在谈到作福宴时，我从另一位村民口中得知，一位从小在村里长大的干部大摆九桌宴席，其中有两桌留给了他工作单位的同事。这位村民抱怨单位为这次宴席买单，所以他们其实是用政府的钱办私人宴会。虽然我无法证实这点，但这确实是个很好的例子，说明人们对腐败现象的关注主要来源于公款宴请。

对干部腐败的投诉往往与食物有关，当然这并不意味着村民自己完全置身"腐败"之外。大多数人都知道，请干部吃饭就是为了求他们办事，比如帮待业子女找工作等。人们在拜访干部时，通常会送水果等食物，希望以此获得关注或帮助是再平常不过的事了。这种礼物虽然不能直接换来好处，但它们确实为社交锦上添花了。此外，如果有人为婚礼或搬家等其他场合设宴，有心人会格外留意客人中是否有当地干部。如果有许多干部出席就意味着宴会举办人的人脉关系广阔。

讽刺的是，村民们经常用"吃"这个动词来形容干部搜刮"民脂民膏"的行为。同时，对食物的比喻也可以是字面意思。有村民向我抱怨说，要想在村里弄到一块墓地，就必须要给乡政府交费（以前根本不用交这笔钱）。"干部们就把你给他们的钱'吃掉'了。"她大声说。这句话中的"吃掉"不但可以从字面上理解——他们把钱花在宴请和昂贵的食物上；还可以从含义上理解——干部们把钱私吞为己所用。无论是哪种情况，"吃"这个动词，总的来说都是对干部腐败和奢侈浪费的一种隐晦说法。"吃"与干部腐败之间的关系，在改革开放以后并不新奇。例如，一些记录了"大跃进"运动时期的经济困难的文献中常常会把老百姓的饥饿与干部的生活进行对比。有人这样描述"大跃进"运动期间安徽省某县干部的情况：

有一次,乡党委开会时,有的委员喝得酩酊大醉,不得不散会。副县长兼小溪河公社党委书记去视察时自己带了酒水、肉制品,甚至还带了厨师。……县委工作组汇报说:"县委蒋毅洲肆意食用精米精面。他不在食堂吃饭,但却能吃到油炸的米皮。周家从来不吃粗粮。"

同省还有人报告说:"武店现场会议铺张浪费。公社食堂没饭吃,周楼两天就死了十三个人。但宴会上还是照样酒池肉林——炸油条、炸糯米饼、煮饺子、蒸馒头。早上十二个菜,中午二十四个菜,还有昂贵酒水应有尽有。"在"大跃进"运动期间,公共食堂也助长了干部在粮食方面的腐败。因为它给干部提供了特殊的粮食渠道。他们不仅能吃得比别人好,还能在饥荒中生存下来。

后来公共食堂被拆除后,干部们仍然可以私吞公共资源。不过在以前真正当过干部的月影塘村民指出,那个时期,粮食与干部腐败的关系还有另一面。有时对手为了把你干倒,会给你安上私吞公粮等莫须有的罪名。例如,大高曾在 1978 年至 1993 年担任月影塘生产大队队长。他在 1965 年四清运动中被迫离职。四清运动对他的指控主要是私藏粮食——私吞辖区内的龙眼,杀牛吃肉,从大队资源中多次私拿猪肉和粮食等。[64]直到改革开放以后正式撤销了对他的指控,他才得以脱罪。

对干部腐败和对食物匮乏的抱怨不只来自月影塘或梅县。事实上,近年来干部在食品方面的腐败问题俨然成了全国性问题。国内外媒体也曾广泛报道这一问题。《中国日报》英文版的一篇文章指出,全中国消费者外出就餐的支出中,有三分之一是用于公务宴请。[65]

当然,正如前文所述,月影塘的民间宴请也比过去更频繁、更盛大,菜品也更丰富。尽管如此,这一趋势并没有动摇宴请在村民的道德评论和对官员的批判中的核心位置。

尽管人们对官员的批判常与食物挂钩（比如谈论他们的奢华宴请等等）；而当代农民生活的美德也经常围绕食物展开。如第一章所述，村民以获取新鲜干净的农产品为荣。对于食品的选择也透露出村民的道德判断——他们认为农村的社会关系更可靠，食品掺假、谋取私利的现象只会出现在城市里。很多人都注意到，村里的猪肉其实比城里卖的贵多了，但买家愿意多花点钱，因为他们确信当地屠宰的猪肉品质更高。

148　　具有讽刺意味的是，正如第一章所提到的，当地政府坚持让当地的养猪户把猪送到县城的屠宰场，而不是在当地屠宰。这样做主要是为了确保城市里出售的都是值得信赖的好肉，这种肉被称为"值得信赖的肉"（放心肉），与黑心食品相反，后者的字面意思是"不好的食品"，还可以理解为"不值得信赖的食品"。因此，官方对肉类"道德"问题的论述与村民的论述还是有出入的。村民们信任将本地屠宰的猪肉卖给他们的猪肉供应商；而政府则认为，对屠宰过程加以监督和管控，是根除"黑心肉"的必要手段。

当然，村民也会抱怨本地肉的定价。尽管村民理解当地商贩是为了挣钱，但他们的动机并不恶劣，绝对不会像牛奶中含有三聚氰胺、肉品中含有危险蛋白化合物的丑闻那样危害身体健康。事实上，面对面的本地交易基本不存在欺诈行为。

食物话语与社会关系的对与错

食物除了在谈论政治、经济秩序和社会群体的道德方面至关重要，实际上，村民在评判社会关系中个人行为的对错时也会提到食物。

例如，人们可能会把食物匮乏当成违背道德或者违反基本义务的挡箭牌。我在梅县的朋友没有（至少没有向我提过）遇到过家庭关系破裂甚至自相残杀的极端行为。[66] 但在"大跃进"运动期间，其他地区就有这样的事情发生。但是梅县人确实提到了极端饥饿的重症,比如水肿。一些月影塘居民靠海外亲戚提供的物资过活,这不但帮助他们控制了饥荒的肆虐,还在一定程度上减轻了其他人在有限物资上的压力。

然而,村民们仍然会讨论这场饥荒对社会关系的影响,以及人们在履行基本义务方面的改变。杰国是一位当地村民,他的母亲在"大跃进"运动期间失去了丈夫,经济状况不佳再加上粮食短缺使她无力养活三个儿子。为了减轻压力,她把两个儿子送给了广东潮州地区的领养家庭,因为当时潮州的粮食状况要比梅县稍微好些。其中一个儿子虽然在成年后与亲生母亲重新取得了联系,但他还是选择留在养父母家;杰国却被村里的两个女人偷偷地带回了月影塘,回到了生母身边。虽然在正常情况下,把儿子送走或偷偷绑回来这两种行为都是不道德,但半个世纪后,老一辈的村民在讲述这个故事时,却用食物匮乏来解释这两种行为,并且表示给予理解。

还有许多成语会用食物来唤起人与人之间的道德义务。例如,"饮水思源"常用于警醒大众有关个人道德义务的重要性;"人走茶凉"一词用来批判世态炎凉,人情淡漠。

有的故事展示了食物与人物命运之间的关系——那些违背社会及道德期望的人很难进行正常的食物消费。在提及一位与丈夫关系不好、与另一个男人有染的妇女时,一位村民说:"她去买猪肉的时候,都没有人愿意卖给她!"这表达了村民对她的厌恶;在描述一位过去不受欢迎的干部时,我的邻居说:"当他去别人家讨水喝时,那家人说,'去河里要水吧。'"这样的故事主要还是突出了个别人对人性的漠视,这并不能证明所有人都这样对待缺德之人。我觉得有趣的是,交换食物的案例常被用来说明一个人在社区中的道德地位低下。

即使是"吃"这个动词,也可以用来比喻违反正当社会关系和义务。说一个人"吃"了别人的钱,就等于说他诈骗了别人的钱。

就像前文提到的，它可以用来指干部浪费公共资源，也可以是字面意思所说的通过宴请挥霍他人钱财的行为。

## 食物的本质和道德评判

迄今为止，无论是家庭与熟人之间，抑或是干部与普通村民之间，甚至是国家与社会之间，我们的讨论大多集中在食物与道德在各种社会关系中的交集上。如我们所见，食物及其交换往往是衡量各种社会关系对错的指标。

那么在月影塘，食物的选择到底是不是个人的道德指标呢？在所有社会形式中，因环境和社会身份不同，有些食物被贴上禁忌的标签。例如，印度南部正统的婆罗门教徒不能吃动物蛋白，而贱民却可以食肉，包括牛肉。与禁忌相反，积极地选择某种食物也会被赋予道德的属性。比如当代美国发起了"本地食品运动"，不仅是为了帮助消费者买到新鲜美味的食物，也旨在反对工业化农业，助力本地经济和全球环境。因此，购买本地食品被定义为一种道德行为。

在月影塘，个人对食物的选择有时也存在道德约束。如前所述，村民质疑规模较大市场出售的食物的味道与安全。相比之下，他们更喜欢自己手工制作的或从当地小贩那里买到的食物。因此，我们可以把自己种植水稻和蔬菜，或从当地小贩那里购买肉类的行为，理解为一种对广泛食品系统的隐性批判。然而，这并不意味着只能从道德角度来理解这种行为。正如第一章和第二章所提及的那样，自己种稻种菜或从当地小贩那买肉的月影塘居民，也会从经济、口味和健康的角度来解释自己这样做的原因。

虽然食物的选择的确是对整个食物系统的隐晦的道德批判，但它们不是大众衡量消费者个人道德的指标。然而，可能有两个例外，即饮酒和素食主义，这两者在不同的文化背景下往往包含着一定的道德成分。总的来说,月影塘村民很少以负面的态度看待肉类和酒类的消费,将之与消费者的道德联系在一起。个人的道德也不会因为不吃这些东西而变得更加高尚。为了理解这一点,有必要深究一下该地的酒类消费以及罕见的素食主义案例的社会文化背景。

如前所述,在中国社会,饮酒历来与宴席有关(因此宴席的俗称为"吃酒")。然而,虽然喝酒是宴会的重头戏,但人们总会把暴饮与官场宴会中的过度消费联系在一起。有趣的是,官员们有时会假借地方的名义为自己的极端饮酒行为辩护,他们认为喝酒和敬酒系建立社会关系和人际脉络的重要方式,有利于推动地方业务。换言之,官员们会上纲上线至道德层面,为自身行为辩白。一位干部曾在宴会上饮酒过量致死,《中国日报》的一篇文章援引了他的原话:"'如果不能把客人灌醉,我们的面子就丢尽了,不喝酒就是不尊重别人'。"[67]他的意思大概是,不跟客户一起喝酒就是不尊重人,也很难推进后续的工作。

虽然,该地居民对领导干部铺张浪费嗤之以鼻,但饮酒作为宴席的一部分,与社交不可分割,因此也不受道德批判。在月影塘各色各样的宴席上,喝酒主要是男性的活动(和中国大部分地区一样),特别是白酒。女性更多地是选择其他饮品,如苏打水、豆浆或自制的糯米酒(这是熟酒,因此酒精含量可以忽略不计)。不过,随着人们生活水平的提高,宴席上的酒水种类也在不断扩大。20世纪90年代,我很少在宴会上看见红酒,但在2010年之后,红酒跟啤酒白酒一样变得常见了。有些女性也会在宴会上喝酒。但她们敬酒的方式也很少像男性那样高调(而且也不会喝到烂醉如泥)。

因此,虽然饮酒有一定的社会习俗,过度铺张浪费与干部腐败常被捆绑在一起,但消费白酒并不会受到道德谴责,戒酒与提高道德地位也完全是两码事。要知道,白酒和茶水一直都是祭神拜祖的重要物资。此外,如果宴会上没有任何酒水,就是对客人的招待不周（酒还可以作为促进交际和感情的介质，详见下一章）。

　　同样，在月影塘，素食主义与个人道德修养的关联度也是微乎其微。首先，该地素食主义者少之又少；其次，如前所述，肉类是饮食中不可或缺的一部分。我们在第四章也看到，祭祀中供奉三牲肉尤为重要，这些肉甚至会被供奉给像观音一样的一些佛教神灵。因此，在月影塘，留给素食者的空间少之又少。举个例子，梅县佛教界的女信徒一般称为"斋妈"。当地居民认为斋妈和尼姑本应该对自身的饮食要求更加严格。但当代乡村的习俗有别于城市中较正规的佛教机构。例如，在月影塘，两位尼姑与村中寺庙往来，寺庙里有佛教和非佛教流行的地方神灵。这两个女人属于两个不同的时代，但她们谁也不吃素。

　　其中一个尼姑叫赵阿姨，2007 年我第一次见到她时，她已经是一位老妇人了。中华人民共和国成立前，她因为体弱多病，被送到庙里休养。当时，人们认为，如果一个健康欠佳的女孩被送到寺庙里生活，她就会得到观音菩萨的保护和疗愈。（讽刺的是，这些女孩是月影塘唯一受过旧社会教育的女孩，因为她们必须学习阅读经文。）中华人民共和国成立后至改革开放前，寺庙被解散。和尚和尼姑回归到正常生活，和普通人一样结婚生子。赵阿姨结婚生子后，又回到了寺里。她现在已年过八旬，与子女和子孙们仍保持联系，他们经常会来看望她。当我问赵阿姨吃不吃素的问题时，她回答说："人的口味都不一样，主要取决于你心里怎么想。"换句话说，她的意思是，一个人的道德修养更多地取决于内心的品格，而不是一个人所吃的东西。月影塘的另一个尼姑是一名年轻女153 子。她住在寺庙里，给寺庙看门。她一生未嫁，但也不吃素。

　　其实，素食在中国的起源与佛教的传入密切相关。虽然东南亚的僧人吃肉，但中国的佛门弟子都早已习惯吃素。佛教在中国传播初期，鲜有几个寺庙食素，直到 10 世纪，所有佛教寺院才开始规定佛教徒吃素。[68] 这在另一方面也发展出了精致素食。在现今的城市里,寺庙周围都开有佛教风格的素食馆。一般来说,严格的素食主义者还要禁食鱼、蛋、酒、蒜和葱。[69]

　　然而,乡村盛行的民间宗教一直是互相包容的,并且更贴近乡村生活的实际情况。我在月影塘认识的唯一一个素食主义者,名字叫白灵,是一位年轻貌美的女子。她是一名受过大学教育的未婚教师,参加了乡下一家佛教中心的活动。这些活动深深吸引了受过教育的城市居民,他们相聚于此,一起上佛教课、一起诵经、一起唱歌。[70]该协会秉承自愿参加的原则,在 19 世纪末开始大肆扩张。讽刺地是,这种会众制的雏形来自基督教,是对基督教模式的回应。他们有“自己的经文、哲学体系、礼仪……聚会的模式,以及严格的地方组织制度”[71]。这些救赎团体往往侧重于“道德、纪律和自我修养——其中一些组织还开展了反对鸦片和酒精的运动,倡导传统的素食主义”[72]。他们强调“区别于传统的、直接的救赎形式”[73]。

　　村里的民间宗教强调宗族和地点(祖先和神灵具有地方性),而上述社会性组织不太看重阴阳之间的互动。所以白灵未婚未育,继而没有照顾婆家和孩子的义务。从这个角度看,她被佛教吸引也就说得通了。用她自己的话说,她认为自己皈依佛教是一种哲学,而村民的宗教活动不过是“盲目的迷信”罢了。

　　对白灵而言,吃素就是在积德。与月影塘的其他村民不同,白灵不仅自己吃素,还认为祭祖祭神不应该供奉三牲肉。当时正值 1980 年后改革开放,内地佛教教众迅速扩张。随着城市化进程的加快,人们开始对各种道德体系展开探索,佛教的会众制在这一时期吸引了许多城市居民。在许多城市,单独的素食馆开始大量涌现,不过这些素食馆会经常发放佛教题材的文学作品和道德书籍。这也就导致佛教和素食主义在城市居民和农村移民群体中盛行起来,帮助他们在迅速变化的环境中探寻一种道德建构。[74]

　　然而,月影塘的村民只需看看传统的家庭道德,就能证明他们的非素食主义并不违背道德伦理。事实上，在中国，素食主义总是与其他道德要求相冲突——以孝为先的道德要求，即赡养长辈和祖先。[75]正如我们所见，肉类与合理的营养膳食息息相关，三牲肉更是祭祖祭神的必备品。月影塘对肉类的十分重视，这不仅是对过去肉类匮乏的"后遗症"。实际上，肉类与美好生活的关联可以追溯到中国古代，"肉食者"的说法与统治阶级有关。另一方面，素食主义字面意思可以表达为"素食"。[76]如前所述，中国古代圣贤认为，用肉来孝敬老人就是孝道的关键。因此在中国，肉类与道德义务、孝顺，甚至善政的关系影响根深蒂固。

在梅县，连传说都能证实肉与孝的关系。例如，在与梅县相邻的客家大埔乡，流行一种小吃，名叫牛肉丸子汤。这道小吃源于一个故事：从前有一个孝顺的媳妇，她的婆婆因年老无法咀嚼肉食，儿媳在做饭时将牛肉剁碎，并在牛肉碎中加少许食盐，将其制成牛肉丸，再加水煮熟。据说在发明牛肉丸的过程中，这位孝顺的儿媳妇还制作出了一道老少皆宜的菜品。[77]

这个例子完美地体现了家庭的定义，即"养"的周期。做一道小吃便能履行尊老爱幼的义务。况且这个小吃还是一位孝顺的儿媳发明的，这就更能说明问题了。正如我们所见，儿媳在传统上的一个义务便是照顾小孩、赡养老人，而如果她"未能"达到传统期望，会成为当代农村家庭关系紧张的根源。

白灵的社会边缘型人格也可能是她吃素的原因。但同时她的例子也有助于解释"为什么月影塘的大多数村民都不吃素"。在月影塘，食物仍然在构建日常家庭关系和道德义务方面仍然扮演着十分重要的角色。在村民眼中，为家人，尤其是为了让长辈吃得好，就得给他们吃肉。当然，此处研究重点还是吃素与道德的关系。但从社交的角度来看，吃素在月影塘难以实现，因为在重要的宴会场合，人们还是会吃肉，这个问题我们将在下一章详细探讨。

## 食物与道德经济

在这一章中,我们研究了月影塘食物中的道德意义:食物在履行道德义务中的核心地位,以及食物在道德中的作用。最后,我们还讨论了某些食物是否比其他食物体现出更高的道德价值。

这些问题是如何与"道德经济"和"政治经济"的争论联系在一起的? E.P.汤普森曾撰文详述 18 世纪英国的粮食暴动,轰动学界。他在文中指出,几个世纪后,自由市场的政治经济逻辑才能打破他所说的"供给的道德经济"。[78] 汤普森笔下的道德经济是以一种公认的家长式和等级制关系中的义务和互惠为标志的。尽管如此,它还是与新兴的"政治经济"有明显差异,正如亚当·史密斯等思想家所阐述的那样,政治经济"剥除了侵入性的道德责任"[79]。政治经济学认为,供需法则不受道德义务的牵制。从理论上讲,这种自由市场的政治经济本质上是为了创造更大的利益。[80]

在讨论道德经济时,汤普森把重点放在粮食暴动上,十分犀利。毋庸置疑,粮食作为百姓的一种最基本需求,即使在其他物品已经进入商品经济的情况下,我们也可能在食物中,甚至是通过食物,看到与道德经济相对的政治经济的最大阻力。例如,直系亲属分配食物的原则几乎都基于道德经济的逻辑,即使在最资本主义的社会里也是如此。以道德义务为基础的供应逻辑不适用于家庭,更不适用于儿童,想找到这样的社会形式几乎是大海捞针!即使是在最为合理化和商品化的食品体系中,粮食的交换也绝不是仅基于市场原则;食物仍然具有某些特定时代和地点的意义,至少能够在生命周期或日历年等特殊时间节点体现对家人的义务。

就月影塘现在的情况来看,很多食物是自家产的,而非来自市场交易。我们还了解到,家庭内部的食物分享,以及在亲戚和社区范围内进行的食物交换,都在践行社会义务和道德义务。本章也清楚地表明，除了履行日常生活中的义务之外，食物是一种象征，在判断个人和政权的道德方面拥有很大的话语权。

然而，将食物问题作为当代中国农村道德经济的一部分来考虑，则涉及一个转折点。虽然道德经济和资本主义政治经济在这里可以被看作另一个领域，但我们应该明白，现行的制度（1978年后实行的责任制）本身就是回应公共食堂失败。但这的确算得上是道德经济的早期尝试。虽然这种制度在20世纪50年代末以失败告终，并在20世纪60年代末和70年代被重组为一种轻快可行的模式，但现行制度已经重新引入市场，国家从村民那里获取粮食的行为也就此减少（目前此种现象已不复存在）。

韩可思（Chris Hann）[81]认为，历经了计划经济和市场经济的中国，如今迎来了新型的道德经济。他还指出，实际上是集体化时期的政府阻碍了村民履行对亲属、血缘伴侣和祖先的基本道德义务，正是改革开放后的市场经济使许多地区的传统互惠礼仪得以恢复。[82]

韩的观察显然与中国农村的历史经验有关。正如戴瑞福所言，"大跃进"运动和严重"左"倾错误被农民视为"对家庭长久权益的威胁"。[83]王斯福（Stephen Feuchtwang）引用了一位北方村民的话，他表示："无论是在哪个朝代，老百姓永远都是受害者，除了自己的亲朋好友，无依无靠……我曾一度失去理智，全身心地投入到了集体中去，但经过三年的艰难岁月，现在已经没有这种情况了！"谈论到这一点时，王斯福表示，这位村民"已经抛弃自我牺牲的道德话语，而是选择互帮互助、人际互惠的古老道德话语"。[84]

就像上文谈到的村民一样，老一辈的月影塘居民不但经历了三年困难时期，还经历了与改革开放之后截然不同的变革，这种过渡充分诠释了维持传统互惠模式和道德经济的必要性。因为这种道德经济是国家集体主义和纯市场化政体的替代品。

此外，虽然村民们对今昔的政治和经济制度看法存在偏差，但食物仍然是他们评价国家、家庭成员、亲属和社区成员是否履行了基本义务的重要标尺。

综上所述,在月影塘,食物能有力地传达、履行道德义务。不仅如此,食物同时也是用来判断他人道德的基准。此外,不仅可以从经济层面解释村民们对食物的偏好,还可以从健康、安全、可靠性和口味等角度加以诠释。这种选择无疑也是对广泛食品体系的一种含蓄的道德批判。因此,在当代中国农村,食物的确是一种商品,但由于它的含义过于丰富,只关注其商品属性过于片面。正如本章所述,食物的道德意义可以在诸多层面上引起公众的共鸣。

### 注释

1. Douglas, "Food as a System," 82 - 104.

2. Douglas, "Deciphering a Meal," 249.

3. Watson, "From the Common Pot."

4. Arjun Appadurai, "Gastro-politics in Hindu South Asia," *American Ethnologist* 8, no.3 (1981): 494 - 511.

5. 关于印度种姓等级制度和食品交易规则的相关示例,见 Louis Dumont, *Homo Hierarchicus: The Caste System and Its Implications* (Chicago: University of Chicago Press, 1980); McKim Marriott, "Caste-Ranking and Food Transactions: A Matrix Analysis," in *Structure and Change in Indian Society*, ed. Milton Singer and Bernard S. Cohn (Chicago: Aldine, 1968), 133 - 171.

6. Raj Patel, *Stuffed and Starved: The Hidden Battle for the World Food System* (Brooklyn: Melville House, 2007), 82.

7. Jacob A. Klein, Yuson Jung, and Melissa L. Caldwell, introduction to *Ethical Eating in the Postsocialist and Socialist Worlds* ed. Yuson Jung, Jacob A. Klein, and Melissa Caldwell (Berkeley: University of California Press, 2014), 9.

8. Kathryn Jean Edgerton-Tarpley, "From 'Nourish the People' to 'Sacrifice for the Nation': Changing Responses to Disaster in Late Imperial and Modern China," *Journal of Asian Studies* 73, no.2 (2014):

450.

9. Steven Parish, *Moral Knowing in a Hindu Sacred City: An Exploration of Mind, Emotion, and Self* (New York: Columbia University Press, 1994), 285.

10. Ibid. 284.

11. Caroline Humphrey, "Exemplars and Rules: Aspects of the Discourse of Moralities," in *The Ethnography of Moralities*, ed. Signe Howell (London: Routledge, 1997), 26.

12. Oxfeld, *Drink Water*, 29.

13. 萨顿在论述希腊的文章中指出："虽然加工食品的流入可能会破坏当地食品制作和交换的某些地方性含义，但这些外来食品在当地不断流通的过程中，很有可能也进行了加工或者被赋予了全新的含义。"(*Remembrance of Repasts*, 64, 66)

14. Fei Xiaotung, *From the Soil: The Foundations of Chinese Society*, trans. Gary Hamilton and Wang Zheng (Berkeley: University of California Press 1992), 30.

15. Ibid.,74.

16. Lien-sheng Yang, "The Concept of *Pao* as a Basis for Social Relations in China," in *Chinese Thought and Institutions*, ed. John K. Fairbank (Chicago: University of Chicago Press, 1957), 291.

17. Jean Levi, "The Rite, the Norm, and the Dao: Philosophy of Sacrifice and Transcendence of Power in Ancient China," in vol.2 of *Early Chinese religion, Part One: Shang through Han (1250 BC – 220 AD)*, ed. John Lagerwey and Marc Kalinowski (Leiden, The Netherlands: Brill, 2009), 645 – 692.

18. Ibid., 659.

19. L. Yang, "Concept of *Pao*," 302.

20. Kathryn Edgerton-Tarpley, *Tears from Iron: Cultural Responses to Famine in Nineteenth-Century China* (Berkeley: University of California Press, 2008), 165.

21. 这要么是"道德因果关系"，要么是"三生三世的道德因果关系"。David K. Jordan and Daniel Overmyer, *The Flying Phoenix: Aspects of Chinese Sectarianism in Taiwan* [(Princeton, NJ: Princeton University Press), 1986, 112].

22. Lung-ku Sun, "Contemporary Chinese Culture: Structures and Emotionality,"

*Australian Journal of Chinese Affairs* 26（July 1991）：25.

23. Richard Madsen, *Morality and Power in a Chinese Village*（Berkeley：University of California Press，1984），15.

24. Ibid.，18.

25. 包办婚姻制度也就意味着一个女人的丈夫及其家人对她来说完全是陌生人。不仅如此，早在 20 世纪的头几十年，中国农村的许多地区就存在抱养童养媳的说法。童养媳在婴儿时期就被送到她未来丈夫的家里。当她成年后便顺理成章地和领养家庭里的"哥哥"结婚，也没有什么隆重的仪式。由于女孩和未来的丈夫从小像兄弟姐妹一般相处长大，所以她与丈夫的婚姻关系自然没有那么亲近。另一方面，由于她刚出生就被送到了准婆婆家里，所以和亲生父母几乎没有联系。婚姻感情基础不牢固，也没有娘家可以依靠，所以与成年后嫁进来的媳妇相比，童养媳在婆婆面前并没有话语权。Arthur Wolf, "Adopt a Daughter-in-Law, Marry a Sister：A Chinese Solution to the Problem of the Incest Taboo," *American Anthropologist* 70, no.5（1968）：864－74.然而，无论她是成年后明媒正娶的"大婚"，还是以童养媳身份进入"小婚"，随着时间的推移，儿媳在婚姻家庭中也会产生一些非正式的影响。

26. Margery Wolf, *Women and the Family in Rural Taiwan*（Stanford, CA：Stanford University Press，1972）.

27. Neil Diamant, "Re-examining the Impact of the 1950 Marriage Law：State Improvisation, Local Initiative, and Rural Family Change," *China Quarterly* 161（2000）：187.

28. Ibid.，187.

29. Ibid.，177.

30. Yunxiang Yan, *Private Life under Socialism*（Stanford, CA：Stanford University Press，2003），229.

31. Ibid.，89,103,109.

32. Everett Yuehang Zhang, "China's Sexual Revolution," in *Deep China：The Moral Life of the Person*, ed. Arthur Kleinman et al.（Berkeley：University of California，2011）.

33. 《纽约时报》也报道了这一现象。一位记者走访了云南的一个村庄，他发现几乎所有健康的成年人都进城务工，留下祖父母抚养孙子孙女。文章还提到四川省的一位寡妇成功起诉了自己的成年儿女，理由是他们拒绝提供生活或经济支持。Howard French, "Rush for Wealth in China's Cities Shatters the Ancient Assurance of Care in Old Age," *New York*

*Times*，November 3，2006.

34. Lihua Pang，Alan de Brauw，and Scott Rozelle，"Working until You Drop：The Elderly of Rural China," *China Journal* 52 (2004)：75.

35. Ibid.，77.

36. Pang，de Brauw，and Rozelle，"Working until You Drop," 90；Ellen Judd，*Gender and Power in Rural China* (Stanford，CA：Stanford University Press，1994)；Tamara Jacka，*Women's Work in Rural China* (Cambridge：Cambridge University Press，1997)，58.

37. Danyu Wang，"Ritualistic Coresidence and the Weakening of Filial Practice," in *Filial Piety：Practice and Discourse in Contemporary Asia* ed. Charlotte Ikels (Berkeley：University of California Press，2004)，16 - 33；Eric T. Miller，"Filial Daughters，Filial Sons：Comparisons from Rural North China," in Ikels，*Filial Piety*，34 - 52；Jun Jing，"Meal Rotation and Filial Piety," in Ikels，*Filial Piety*，53 - 62.

38. Oxfeld，*Drink Water*，89.

39. See chapter 4 of Oxfeld，*Drink Water*.

40. Mette Halskov Hansen and Cuiming Pang，"Idealizing Individual Choice：Work，Love，Family in the Eyes of Young，Rural Chinese," in *iChina：The Rise of the Individual in Modern Chinese Society*，ed. Mette Halskov Hansen and Rune Svarverud (Copenhagen：NAID Press，2010)，55.

41. Ibid. 55.

42. Oxfeld，*Drink Water*，59.中国法律规定子女对父母有赡养义务［Anni Kajanus，*Journey of the Phoenix：Overseas Study and Women's Changing Position in China*，Research Series in Anthropology (Helsinki：University of Helsinki，2014)，158］。然而，阎云翔指出，姻亲关系往往是解决"实际问题"的一部分，是非强制的。从这个意义上说，由于环境或者甚至是个体之间交往的程度不同，姻亲关系之间的互助也会随之变化。这与同族亲属之间的道德义务不同，后者是"从父母或祖先那里传承下来的"。(*Flow of Gifts*，116)

43. Roel Sterckx，"Food and Philosophy in Early China," in *Of Tripod and Palate：Food，Politics，and Religion in Traditional China*，ed. Roel Sterckx (New York：Palgrave Macmillan，2005)，56.

44. Ibid.，39.

45. Stafford，"Chinese Patriliny and the Cycles of Yang and Laiwang," in

*Cultures of Relatedness: New Approaches to the Study of Kinship*, ed. Janet Carsten (Cambridge: Cambridge University Press, 2000), 37 - 54.

46. Lillian Li, *Fighting Famine*, 272.

47. Edgerton-Tarpley, *Tears from Iron*, 165.

48. Ibid., 175.

49. Ibid., 182.

50. 艾志瑞指出:"帝制晚期,杀女婴、不鼓励女性再婚、精英男性渴望娶妻纳妾的现象意味着中国将长期缺乏适婚年龄女性。"(183)讽刺的是,正是由于被拐女性的形象,让许多中国精英写道:这是一种耻辱。也恰恰是因为这些女性,他们才接受了这样一种观念:改变女性的角色和地位是中华民族刻不容缓的任务;要想拯救中国,就必须先拯救女性(*Tears from Iron*, 183, 201, 197)。

51. James L. Watson, "Feeding the Revolution: Public Mess Halls and Coercive Commensality in Maoist China," in *Governance of Life in Chinese Moral Experience: The Quest for an Adequate Life*, ed. Everett Zhang, Arthur Kleinman, and Weiming Tu (New York: Routledge, 2011), 36.

52. Ibid.

53. Ibid.

54. Ibid., 37.

55. Ibid.

56. Thaxton, *Catastrophe and Contention*, 309.

57. Ibid., 261.

58. Ibid., 265.

59. Jing, "Meal Rotation,", 56.

60. Fei Wu, "Suicide, a Modern Problem in China," in *Deep China: The Moral Life of the Person. What Anthropology and Psychiatry Tell Us about China Today*, ed. Arthur Kleinman et al. (Berkeley: University of California, 2011), 222 - 224.

61. Ibid., 224.

62. 种田的人种粮食给坐办公室的人吃。

63. 作为与长寿和健康挂钩的特殊食材,真菌和蘑菇在中国有着悠久的历史。罗伯特·福特·坎帕尼(Robert Ford Campany)指出,蘑菇与真菌发现于"与农业中心地带相距甚远的陌生领域"。因此,不同于普通食物(谷物、蔬菜和肉类),它们被视为"长寿替代品。"["The Meanings of Cuisines of

Transcendence in Late Classical and Early Medieval China," *T'oung Pao*, 2nd ser., 91（2005）：45]塞利格曼（Seligman）和韦勒（Weller）解释说,冬虫夏草因生长于高寒地带而被视为一种权利的象征。它不完全属于植物（蔬菜）,也不完全属于动物。冬虫夏草菌侵入虫体导致幼虫死亡,然后在春天长出草芽,所以它既是活的,也是死的。见 Robert Seligman and Robert Weller, *Rethinking Pluralism: Ritual*, *Experience and Ambiguity*（Oxford：Oxford University Press，2012），89。

64. Oxfeld, *Drink Water*, 210.

65. Cui Jia, "Ganbei Culture Killing Officials," *China Daily*, July 20, 2009. www.chinadaily.com.cn/china/2009 - 07/20/content_8446843.htm. 当然,干部们一般坚持认为,外人眼中的放纵不过是正确的待客之道罢了（我们将在下一章讨论这个问题）。另可参见 Barbara Demick, "In China, What You Eat Tells Who You Are," *Los Angeles Times*, September 16, 2011。

66. Y. Yan, *Flow of Gifts*, 227 - 228.

67. Jia, "Ganbei Culture."

68. John Kieschnick, "Buddhist Vegetarianism in China," in *Of Tripod and Palate: Food*, *Politics*, *and Religion in Traditional China*, ed. Roel Sterckx（New York：Palgrave Macmillan, 2005），201.

69. Ibid., 186.

70. Oxfeld, *Drink Water*, 145 - 146.

71. Vincent Goossaert and David Palmer, *The Religious Question in Modern China*（Chicago：University of Chicago Press, 2011），94.

72. Ibid., 137.

73. Myron Cohen, "Souls and Salvation: Conflicting Themes in Chinese Popular Religion," in *Death Ritual in Late Imperial and Modern China*, ed. James L. Watson and Evelyn Rawski（Berkeley：University of California Press, 1988），199.

74. Goossaert and Palmer, *Religious Question*, 286.

75. Ibid., 226, 281.

76. Kieschnick, "Buddhist Vegetarianism," in Sterckx, *Of Tripod and Palate*, 193.

77. 肖绍彬：《美食与孝道》,《梅州广播电视报》2007 年 3 月 23 日。

78. E. P. Thompson, "The Moral Economy of the English Crowd in the Eighteenth Century," *Past and Present* 50, no.1（1971）：136.

79. Ibid., 90.

80. 丹・罗博瑟姆(Dan Robotham)在《道德情操论》(*Moral Sentiments*)一书中指出,亚当・史密斯主张自由市场将把人们从地方狭隘中解放出来[afterword to *Market and Society: The Great Transformation Today*, ed. Chris Hann and Keith Hart (Cambridge: Cambridge University Press, 2009), 280]。

81. Chris Hann, "Embedded Socialism? Land, Labor and Money in Eastern Xinjiang," in *Market and Society: The Great Transformation Today*, ed. Chris Hann and Keith Hart (Cambridge: Cambridge University Press, 2009), 256 – 271.

82. Ibid., 258, 265.

83. Thaxton, *Catastrophe and Contention*, 335.

84. Stephen Feuchtwang, "Political History, Past Suffering and Present Sources of Moral Judgement in the People's Republic of China," in *Ordinary Ethics in China*, ed. Charles Stafford (London: Bloomsbury, 2013), 234.

# 第六章

# 欢　宴

　　我曾在梅县参加过两场小规模的宴会,虽然饭菜并不丰盛,但我却被村民的淳朴与热情所打动。如前所述,如果宴会的气氛过于热烈(尤其是官员、干部的宴会),肯定会成为村民议论的话柄。但不得不承认,宴会在某些层面上可以增进人际的交往,可以说是连接人与人友情的纽带。本章将重点放在食品消费方面,这就要由两场让我记忆犹新的宴会开始讲起。

## 热　闹

　　第一次难忘的宴会是在 2007 年的春天。在农历新年过后的几周里,月影塘的子子孙孙们都会去祖先的墓前祭拜(第四章中提到过的挂纸)。在向祖先上贡、烧纸钱以及放鞭炮驱赶鬼魂之后,都会举行宴会。

　　这场特殊的宴会主要是为了纪念月影塘最大宗族创始人的第一代后人——金成功。该宗族的子嗣在农业合作化运动时期同属于一个生产大队。(生产队成员的确定取决于亲缘关系;作为同一个宗族的后代,他们旧时的乡村住宅也都聚集在一起。)

　　金成功的故居曾用作子嗣纪念祖先的祠堂,但在农业合作化运动时期已经年久失修、破败不堪。因为它位处山腰，加之月影塘的多数居民都在公路附近自建了新房。到了改革开放以后，由于无人打理，祠堂的状况进一步恶化。前不久，村里一位老人在院子里养起了鸡。

　　随着子孙后代人丁兴旺，他们开始考虑对这栋房子进行修缮。他们筹款整修了大厅以及通往山顶的石阶。随后在 2007 年，村民在此举办了一场宴会，一来是缅怀祖先金成功，二来是庆祝祠堂翻新竣工。虽然并非整体翻新，但工程量还是很大，好在如期竣工，现在的中央庭院已经能够举办小型宴会了。由于正值春节假期，许多在城市务工的年轻人都返乡过年，孩子们也都放寒假了，场面可谓是万人空巷。当时一对夫妇负责在院子里制备食物，其他宗族成员则坐在外面敲锣打鼓。那声音虽喧嚣，但却十分热闹（见图 19）。村里的孩子们、我的丈夫和我也加入其中，宴会气氛自由、随意。

159

160

**图 19　子代分支聚会前的热闹场景**

举行完驱鬼仪式后，我们坐下来吃了一顿比较简单的（按照梅县农村的标准）宴席。饭桌上没几道珍馐佳肴，大多都是客家家常菜：红焖肉、炒面、牛肉萝卜汤、狗肉、豆荚炒猪肝、鱼丸汤、炒生菜和姜油鸡。饮料一般是可乐或是当地的糯米白酒。

子嗣会提前为宴会筹款，并将捐款明细贴在墙上公示，但是与正式宴会的费用相比，月影塘的这种宴会每桌的价格已经很低了。事实上，一桌八人的费用也不过一百块钱。与几百元一桌的精致婚宴相比，这实在是太便宜了！正如上一章所述，村民们还提到了村里的干部们曾为了买一道名菜而花几百块的故事。

宗族的宴会讲究热闹。热闹，指的是景象繁盛活跃。正如周越所指出的：热闹可以直译为"热络的社交"[1]。他说道："'热'指的是喧闹、兴奋、情绪化或狂热的气氛。[2]'闹'指的是活跃气氛：欢乐、激动、急促、喧闹、有趣、忙碌、吵闹、冲突、热情、发泄、折磨、翻天覆地、调皮、制造气氛等。"[3]由此可见，热闹不但是所有仪式和活动中不可或缺的一部分，还是人们向往中国农村家庭生活的一个方面。即使是在像葬礼那样悲伤的场合，仪式的某些阶段也需要一定的热闹氛围。在月影塘，赌徒们会在葬礼举行的前一天晚上在主祠堂里通宵赌博，半夜的时候还会一起喝粥。这种热闹气氛抵消了死亡带来的孤寂。[4]谈到"热闹"，人类学石汉（Hans Steinmüller）将其定义为"社交热度"（social heat），他认为只要"保持在一定范围内"，这种"社交欢腾"（social effervescence）就是积极的。[5]

过度与适当之间的界限总是很模糊。当然，"热闹"也是村民调侃干部们铺张浪费的说辞（见第五章）。同理，"热闹"也是普通社会的重要组成部分。正如石汉所言："在宴会和家庭互动中所产生的'社会热度'是一种有社会意义的生活构成要素。"[6]老人之所以经常强调孕育后代的重要性，不仅是因为今生和来世需要人照顾，还可能是因为家族需要子孙们传宗接代。虽然这两点有些过

161

于苛刻,但家里也会因为有了孩子而变得热闹起来。因此,这场纪念金成功的宴会虽然并不奢华高调,但却"热闹"得让人难以忘怀。

## 难　　得

第二次难忘的宴会是在 2010 年的春天。除了热闹,宴会的另一个重要特质在于其自身的稀有性,也就是难得。"难得"的字面意思是"难以获得",它经常用来表达不容易得到或办不到的事。

2010 年春天,我回月影塘住了几个星期。同行的是我的香港朋友若兰,她和宋玲、包力是亲戚。若兰与丈夫还有她住在广州的哥哥一同回到了月影塘。因为他们难得回来一趟,所以我们就一起去镇上的一家餐馆聚餐。这家餐馆生意很好,备受当地人以及邻村人的青睐。加上宋玲和包力,还有他们的两个女儿和女婿,以及他们的儿子燕红还有孙子,我们一共有二十多个人,我们分别坐在两张圆桌旁。

若兰和丈夫和还有哥哥的到来使得气氛变得热闹了起来。大家笑容洋溢,并开始感叹这次机会是如此难得。[7]随后,我们被安排到了一个包间——这样的餐馆包间是标配。因为这个餐馆不但可以满足大型聚会的需求,还可以承办小型聚会。若兰、若兰的丈夫、若兰的哥哥和我,与燕红和燕红的父亲包力坐在一桌。燕红主动敬酒,不仅因为他年长,还因为他是当晚宴会的东道主。不过由于这是一场家庭聚餐,大人才会允许孩子们围着桌子跑来跑去。在这难得的特殊场合,人们不断地欢呼、举杯庆祝,但是都没有喝醉。

那一次的餐食也给我留下了深刻的印象。我们一共品尝了十四道菜,其中包括许多客家特色菜,比如萝卜猪肉饺子("萝卜圆")、油炸茶树菇丸、红烧肉、鸭肉、鱼头、虾、芹菜和米粉等。然而,特别的餐饮并非那次聚餐的焦点,大家都把心思放在社交的质

162

量上。也就是说，宴会是进行社交的必要媒介，让与会者体验到聚餐带来的非同寻常的乐趣。

这两次宴会——若兰和家人的聚会，以及各宗族的庆祝活动，无一不体现了社交的乐趣。正是因为人们难得聚齐，所以这种乐趣才值得细细品味。当然，宴会也涉及社会关系和责任、社会地位的体现、官员过度消费，甚至是腐败等现象。但是，如果只是把宴会社交的场合与这些事交错在一起，便会容易忽略食物在公共娱乐中的作用及其催化情感和关怀的作用。

即使在普通的社交中，月影塘的食物也是人们享受彼此陪伴的最常见方式。如果你去拜访某人，他想让你晚点走，最简单的就是说："别走了，留下来吃点吧！"人们在利用食物来拖延离开时间上确实会花大力气。有一个典型的例子，就是我在镇上办事的时候路过凤英的小店。

"你来啦，正好尝尝我做的茄子饼！"凤英兴奋地端着盘子走出来，"快吃点吧。"她催促道。虽然我还有事要办，但她已经把吃的端出来了，实在是盛情难却。尝过之后，我告诉她我还要去银行办点事。凤英说："好吧，那你先少吃点，等你事办完了再回来喝杯茶吧。"

我办完事之后，又去了凤英的店。泡好茶之后，我们促膝长谈了许久。一眨眼，就该回家了。

"哦，你要不要吃个红薯再走？"凤英问道。于是我又没走成。

主人经常会留客人们在家里吃饭，这么做出于礼貌尽地主之谊。但除非情况特殊，一般客人都会委婉谢绝，特别是主人第一次提出这种邀请的时候。事实上，避开午饭或晚饭时间拜访他人是一种不成文的礼仪。懂礼数的人们也不会在快到饭点的时候去别人家。否则，主人会觉得他们必须留客人在家吃饭。[8]这对双方来说可能都很尴尬，主人可能会觉得没有为客人准备精致饭菜而尴尬，客人们也不想让主人觉得他们是来蹭饭的。

如上所述，食物并非盛宴、聚会的专属，即使是最普通的公共场合，也可以用食物来延长社交。我们将在下文进一步探讨月影塘食物与社交形式之间的联系。但首先，我们需要倒退一步，更抽象地思考一下饮食与社交的关系。

## 聚　餐

在社会科学写作中，甚至在大众话语中，"社会"一词常指社会组织："一大群人所属的机制（institutions）和关系（relationships）。"[9]乔安娜·奥弗林（Joanna Overing）和艾伦·帕斯（Alan Passes）认为，从这个意义上说，"社会"这个词通常传达的是一种结构性的东西，它不仅塑造了可能性，还为人类行为附加了限制。或者，可以将之想象为是一幢坚不可摧的大厦[10]，就如同涂尔干口中的"社会事实（social fact）"[11]概念一样。然而，奥弗林和帕斯告诉我们，到了 18 世纪，"社会"又被赋予了其他含义。更确切地说，它曾经侧重"社交、交情、友谊或一种生活模式"[12]。而现在社会指的是社会结构，所以奥弗林和帕斯认为，可以用"社会性"（sociality）或"宴饮交际"（conviviality）这两个术语来代指"社会"（society）的内涵。[13]

从跨文化的角度来看，同桌共餐的习俗在促进社交方面一直发挥着至关重要的作用。沃伦·贝拉斯科（Warren Belasco）评论道："同桌共餐之所以十分神奇，是因为它能够将独立的个体变成一个协作的群体。"[14]这在一定程度上是因为共餐建立了"共鸣"。[15]

正如莫里斯·布洛克（Maurice Bloch）所言，家庭本身可以理解为"通过生物学并且团结在一起的共生团体"[16]。正如我们在月影塘所看到的，家人就是用同一口锅吃饭的人。他们可能逢年过节才能聚在一起。因此无论是宴会还是平常做客，跟客人一起吃饭时，主人以"家庭"相比也就说得通了。打个比方，主人为了让我有宾至如归的感觉，劝我不要拘束。不仅如此，主人还会对我说：

"跟自己家一样"。[17]

　　月影塘的食物消费中固有的社会性可以强调等级制度或平等的社会关系，但应该具体情况具体分析。例如，吃"大锅饭"发生在一群人在非正式场合分享食物。[18]2007 年春，我和丈夫花了一天时间参观了月影塘的老人会，并与他们前往离月影塘几小时路程的墓园和纪念馆祭拜。这个纪念馆离月影塘只有几个小时的路程，一起去的人加起来大约有 80 个。到了之后，我们看见几个妇女准备了一大盆米饭，然后，她们把炸猪肉、蘑菇、鱿鱼干和大葱加了进去，并将这些配料与米饭混合调味（见图 20）。当早上的祭祀活动结束后，她们给我们装了一大碗米饭、加了盐的汤、腌好的酱菜和猪骨。

**图 20　制作"大锅饭"**

这样的饭局强调的是所有参与者的平等。从这个意义分析，它类似于金成功后人的庆祝活动（那次宴会的饭菜肯定比这次简单的"大锅饭"更精致）。这种聚会不能用"平等礼物互换"[19]来形容，即双方都为了竞争地位而试图超越对方。相反，这样的同桌共餐更接近大卫·格雷伯（David Graeber）所说的"无限的承诺"，即更"开放式的共产主义互惠"。[20]事实上，这样的同桌共餐并没有真正的"主人"，因为大家都是自己组织自己吃。

然而，在其他宴会或特殊用餐场合，即使是在非正式的家庭聚会中（如若兰和亲戚团聚），主客之间一般会有明显的区别。主人要对所提供的食物负责，并且劝客人多吃点。其他一些习俗也能体现主客之分，以及不同客人的相对地位。许多关于中国宴会的文献都强调其在表达和重新确认社会等级方面的作用。正如胡司德所说："现如今精心安排的中国式宴会仍然存有早期帝制礼仪的影子。"[21]

在描述当代中国北方农村的宴会时，任柯安（Andrew Kipnis）详细阐述了宴会的座次排位规则。这些规则不仅体现了主客之间的身份差异，还暗示了客人与主人间的亲密关系。[22]

在梅县，尽管主客之间存在等级划分，言语礼节间也可以委婉地淡化这种等级。在月影塘（以及梅县），主人经常会客气地说"没有菜"。如前所述，"菜"指的是菜肴或者配菜，而"饭"指的是主食——米饭。然而，就算菜很多，主人也会说"没什么菜"，这是一种自谦的方式，怕客人嫌弃准备的食物单调、不好吃，石瑞将其称之为"谦虚的典型表现"[23]。

同时，主人可能会说自己准备的饭菜不好、数量不多，但同时也会想方设法表达自己，比如说用的都是无公害蔬菜或汤里加了珍稀药材等。有一次我去拜访一位同事，他就职于当地一所大学，由于学校放假教职工餐厅暂停营业，最后我们去了他家里，他妻子说没有什么好菜可以招待我。不过，她还是拿出了来自她家乡的

165

166

不少特殊物产，还用一种罕见的食材——一种雾状孢子的真菌（灵芝孢子粉）[24]做了一道汤。同事的妻子在说明没有好菜的同时，让我对这些稀罕东西念念不忘。这样一来，主人"一举两得"，既说明了自己的备菜不够，又表明了自己并没有待客不周，给客人提供了特别的餐食。

总之，无论是"大锅饭"还是精致的菜肴，无论象征意义强调的是平等关系还是等级制度，月影塘的宴席都让大家欢聚一堂，不仅增进了社会关系，还为理想中的"火热社交"创造了有利条件。

# 团　聚

本章开头提到的团圆饭旨在强调"难得"的概念。换句话说，是一个"难得"的机会让一群人聚在一起。事实上，在中国，团聚和吃饭是两个不可分割的元素。石瑞认为："在一块生活就是团圆"。[25]如果没有食物，家庭团聚的情感难以言表。安娜·卡朱娜斯（Anna Kajunus）曾就中国留学生回国的现状展开研究。她指出，"坐在一起吃一顿团圆饭就是表达家庭情感的最佳途径"。[26]

167  第三章从记忆和传统相关的角度描述了年夜饭的重要性。年夜饭菜品丰富，是维系感情与记忆的纽带。当然最重要的一顿饭当数出嫁的女儿在大年初二回娘家那天。[27]即使是经常与娘家来往的女儿（如宋玲的女儿凤英、梅英），也会尊重这一传统。当然也有人从更远的城市回来，在这种情况下，回娘家属实"难得"。

2007 年，我在宋宏伟家参加了一次庆祝活动。宋宏伟是月影塘的一位未婚男青年，他本人是在上海打工，春节回来过年。他的母亲在七个女儿中排行第三（他们都是在计划生育政策实施之前出生的）。由于家里没有儿子，所以他母亲婚后仍然留在娘家，丈夫是"嫁"进来的。在以父系为主的中国农村来说，他的地位并不高。尽管如此，没有儿子也要延续家族的血脉。宏伟母亲婚后仍留在娘家,主要负责在其他出嫁姐妹及其家人回家时,给他们做饭。此外,她自己的孩子们——宏伟和他的妹妹从外地打工的城市返回家中。

到了聚餐地点后,我和其他客人(返乡的姐妹和她们的家人)在饭前聊了起来。我们坐在客厅里喝着茶,吃着甜甜咸咸的年货小吃、瓜子和坚果。宏伟和他的父亲也和我们坐在一起喝茶。聊天期间,宏伟的母亲、奶奶、未婚的妹妹和姑姑端上来了十二道菜。大家落座后,男人们喝白酒,女人们则喝汽水或热糯米酒。

与前面描述的作福活动不同,这里的朋友、亲友和母系关系是关键。这种场合基本上体现的不是家人与外人的关系,而是家庭内部的紧密关系。因此,出嫁的女儿回娘家团聚并不会像作福宴会上那样还得带点礼品回来。虽然菜品比平日多了许多,但也并不是什么特别昂贵的饭菜。大多数食材都是宏伟的父母亲自种植、养殖或生产的。其中就包括糯米酒、蔬菜、鸭肉、鸡肉,甚至还有饭后吃的柚子和年货。

当已婚的女儿和她的家人回到娘家过新年时,吃火锅也可以强化家庭团聚。火锅就是在桌子中间放一口锅,锅中加入沸腾的开水,大家选择各种新鲜的食材摆在周围,然后把这些食材放入锅中烫煮后食用。在许多文化中,这种一锅煮的吃法与家庭的亲密关系有关。例如,克劳德·列维·施特劳斯(Claude Levi Strauss)把煮熟的食物称为"内菜"(endo-cuision),即自己家吃的食物;相反,他把烤熟的食物称为"外菜(exo-cuision)",即用来招待客人的饭菜。[28]他以法国为例:"自己家人一起吃饭一般做的都是煮鸡肉,而宴会上人们一般会给客人们准备烤肉。"除此之外他还指出:"白水煮肉完美地锁住了肉的汁水,而烘烤则会造成肉质的水分大量流失。"白水烹制意味着"节俭",而烘烤则意味着"浪费"。[29]

例如,在上文讨论的春节里,宋玲的女儿凤英和梅英回家后,

168

他们一家人坐在一起吃了一顿火锅。因为一家人吃的食物都是一个锅里煮出来的，在某种程度上，火锅又被称为是完美的"内菜"。然而，列维·施特劳斯所讨论的"内菜"概念不仅意味着亲密，还意味着节俭。相比之下，在中国，火锅一般与各种节日紧密相连，而且食材总是比一顿普通的饭菜更加丰盛。（比如那天晚上，我们吃了虾、鱿鱼、海鲜卷、粉丝、豆腐、鱼片、牛肉、猪肉丸、蘑菇、青菜等，一顿平常的饭菜可用不了这么多食材。）火锅一般可以吃很长时间，因为主人会不断地把新的食材端上来放进锅里煮，直到客人都吃饱了为止。

事实上，无论是火锅还是其他饭菜，团圆饭都是根据食物的数量、质量和吃饭时间的长短来区分的。吃完团圆饭后，一家人可能会坐下来打麻将，然后切点水果或者吃点其他零食。如前所述，中秋节现在和春节一样，都是家庭团聚的重要时刻。我与李老师和她丈夫一起去她娘家过年的时候，一起吃了一顿火锅。加上李老师的三个兄弟姐妹和他们的爱人、李老师的儿子和李老师大哥的两个儿子，我们一共有十个人。像往常一样，在这样的聚会上，我们先是喝了点茶、吃了些点心，随后几个小时，我们吃完火锅又打了麻将。一边打麻将还一边聊起了天。麻将打完了之后，李老师的一个姐姐又拿出一个大榴梿给我们吃。这时已经过了午夜，我们终于能收拾收拾睡觉了。

## 食 物 与 游 戏

游戏，尤其是麻将，在延长吃饭、社交时间方面都扮演着重要的角色。在中国农村，当有人赌博时，人们对这种行为的认知就会上升到反社会的浪费行为。然而，在中国，打麻将不但是一种重要的社交方式，还是正式活动和家庭聚会上的常见活动。正如石汉在谈到湖北农村的赌博现象时所说的：

　　　　常用两个词来形容"赌博"：那就是玩和赌。前者注重的
　　是娱乐和玩耍，而后者则涉及金钱与赌注。赌博中关于"玩"
　　的这一面也关乎亲情、友情以及交情的庆祝。"玩"是赌博的
　　一部分，但其也可以用来描述其他的社交活动，比如玩各种游
　　戏、吃饭、出游、聊天、开玩笑等。这些社交活动一般都会发生
　　在热闹喧嚣的场合。[30]

　　赌博（以及喝酒）就像"社交热度"一样，只要保持在合理范围
内，就可以扩展人们的社交圈，跟坐在一起吃饭起到的效果是一
样的。

　　事实上，正如石汉所说，要想成为一位称职的东道主，就必须
为客人安排好餐食和麻将。[31]如前所述，在月影塘，主人在当地餐
馆为客人准备的包间里，不仅有喝茶的茶具和供人们在吃饭前后
食用的茶点，还有供人娱乐的麻将桌和麻将牌。麻将不仅是在用
餐结束后持续很长时间的娱乐，也是婚礼、乔迁、生日和其他庆祝
活动所必备的一部分。

　　不过，婚宴和节日庆宴中的"玩"并不局限于赌博。"玩新
娘"（即开新娘的玩笑）是客家婚宴中的一个传统。在婚宴上，新郎
和新娘会挨个向每桌的客人们敬酒。宴席前后，新郎和新娘还会
为客人们敬茶。按照客家习俗，结婚当天就是自己最小的一天。
即便是和新郎、新娘平辈的人，他们也必须以至少比自己大一辈的
身份来称呼客人。例如，比自己大的朋友要称呼"伯伯"或"姑姑"，
比自己小的则称呼为"小姨"或"叔叔"。

170

　　新婚当天早上，新郎把新娘从娘家接回自己家。当客人到新
郎家以后，新郎和新娘必须向客人们敬。敬过茶后，新郎和新娘
可能会收到各家人送来的首饰或红包。这就是所谓的"四手茶"。
敬茶的顺序也颇有讲究，第一个喝茶的人一般是家里的长辈。过
了中午，四手茶变得有趣了起来。两位新人的同辈客人此时就可

以开新人的玩笑了。由于婚礼在新郎家举行，所以新娘这一方只有几位亲朋好友到场（婚礼前几天会在新娘家举行宴会）。因此，开玩笑的客人大多是新郎的铁哥们儿。

在凤英姐夫的婚礼上，我将四手茶的场面记录了下来[32]：

新郎：我应该怎么称呼您呢？

朋友1：我也不知道。

新郎：叫"叔叔"怎么样？

朋友1：你看着办。

新娘：叔叔请喝茶。

朋友2：这不行，得新郎和新娘一起说。你俩再说一遍。

新郎和新娘：一！二！三！叔叔，请喝茶！

朋友1：（一边笑一边接过了茶，然后一饮而尽。）

新郎：（开始转向第三位朋友。）老大，请喝茶。

朋友3：（一开始并没有接过新郎和新娘敬的茶。）你们俩站得更近点。（朋友3看向新郎）然后抱住新娘。（让他们把脚并在一块）抱新娘抱得再紧点！（朋友3看向新娘）新娘来，你也抱住新郎，你们俩今天浪漫一点；今儿可是你们大喜的日子！（朋友3对新郎和新娘说）你们俩站一块摆个好看的姿势，要不然我不喝这杯茶！（最后）你们俩的脚没摆对位置，我只看见三只手，不是四只手敬茶的。

新郎和新娘：再一次。叔叔，请喝茶！

朋友3：还是不行，再来一遍。

171

新郎：我该说什么您才能喝茶呢？我知道我做得不是特别好，您多包容！

（另一个朋友来了，朋友4）

朋友4：把手背在腰后。

新郎：（照朋友4的话做了。）现在可以了吗？现在您该喝四手茶了吧！饶了我吧，您请喝茶吧！

　　朋友3：这跟饶不饶没关系，可别这么说。

　　新郎和新娘：（把茶放在朋友3面前。朋友3端起茶一饮而尽。）

　　在实际的婚宴中，当新郎新娘挨桌向客人敬酒时，也可以进行类似的调侃和游戏。每走到一桌，新郎都可以向他的亲戚朋友和同事们介绍新娘。但是开的玩笑程度会因客人的身份不同而有一定差异。如果桌上的客人是自己的长辈或亲戚，那么祝酒词可能十分简洁。新郎和新娘向客人敬酒，客人祝福他们婚姻幸福美满，或者祝他们"早生贵子"。但如果桌上的客人是新郎和新娘的同龄人，则开的玩笑会相对多一些。由于新郎和新娘要向许多桌客人敬酒，所以他们喝的可能不是真的酒。因此同辈人一般会笑着问他们喝的是不是真酒。朋友们还会为新人准备一些创意环节，比如两人同时吃一颗豌豆或一小块挂在绳子上的肉等。

　　在中国，玩这些游戏的场合都离不开茶和酒。接下来，我们将更详细地了解各种食物和饮料在促进社交方面的作用。

## 物 质 与 社 交

　　正如莫里斯·布洛克所言："某些特定人群认为，相比之下，某些食物更能起到引导社交的作用。以法国为例，一起喝汤比吃爆米花更能彰显团结"。[33] 布洛克把这种食物称为"社交导体"（social conductors）[34]，认为不同的食物维持着不同的关系。正如他在法国对汤和爆米花的调查那样："一起喝汤……是家庭有机团结（organic solidarity）的标志，而分享爆米花在某种程度上是另一种平等主义机械团结（mechanical solidarity）的标志。由此可见，社交导体不同，传达出的来的信息也各异。"[35]

正如我们在月影塘和中国东南部大部分农村地区看到的那样，大米是家庭中关键的社交传导性食物，"一家人吃一锅大米饭"是家庭团结的体现。尽管方式不同，在涉及家庭之外的关系中，肉、茶和酒也是重要的社交媒介。

茶

在上文提到的茶和酒这两种饮料中，茶更为常见。作为社交媒介，茶比白酒和葡萄酒适用于更多的社交场合。喝茶与社交是两个不可分割的概念，无论场合正式与否、喜庆与否，茶都在各类社交场合扮演着重要的角色。我不仅能在朋友商店做客时喝到茶，还能在拜访当地大学的同事办公室里喝到茶，甚至还能在宋玲和包力家有邻居来访时喝到茶。人们一般在饭前饭后或者有特殊客人来访时喝茶，届时还会有茶点奉上。如第一章所述，人们一般在客厅喝茶，客厅通常会摆一张矮桌，旁边还会再配上一套椅子和一张沙发。主人在矮桌上泡茶，然后再将茶水倒入小杯中供客人们饮用。

因此，在月影塘喝茶不像在书房喝茶那样是独处行为。喝茶是指有专人负责为他人泡茶、端茶。即使是在上文提到的婚宴上，四手茶也是将这个泡茶形式重现了一遍而已。新郎和新娘都要向客人敬茶。但是在这种场合，新郎和新娘并不知道客人有多少，他们也不可能按照传统那样泡茶，但他们还是会向客人们挨个敬茶。

当然和许多食物一样，茶也关乎身份。客人的身份贵贱在一定程度上决定了主人决定提供的茶叶种类。不仅如此，主人也会通过提供上等茶叶来变相彰显自己的地位。除了地位的较量之外，茶也是促进社交的重要物质。茶可以打破拜访初期的尴尬，主人泡茶和为客人斟茶的过程也可以适当延长客人做客的时间。在一顿便饭或宴会之后，茶还可以为客人提供稍作休息的机会。但同样，饮茶也是一项集体性活动。简言之，茶是各种社交中的关键的社交媒介。

酒

作为一种社交媒介,茶的使用范围非常广泛,而酒的使用则更讲究。酒与茶一样,也是社交媒介的一种。不同的是,人们一般在吃饭的时候饮酒,在饭前饭后喝茶。[36]事实上,在客家文化中,宴会上不能没有酒。如前所述,酒是宴会有别于便饭的标志。此外,在宴会上喝酒前,必须先向他人敬酒,被敬酒的人则应该接受敬酒然后将自己杯中的酒一饮而尽(如今这一惯例已开始改变,下文将作说明)。

敬酒也有固定的顺序。通常宴会的主人会先向来宾敬酒。如果涉及多桌客人,主人则会挨个向每桌(一桌客人为一个整体)的客人敬酒。如果没有向客人敬酒,则是不尊重客人的体现。[37]如上所述,如果是婚礼,新娘和新郎也必须用类似的方式挨个桌向客人敬酒。敬酒时,说"好话"很重要。好话一般是"祝你健康"或"新年快乐"这类的寒暄,或像前面提到的婚礼祝酒词一样更为具体。然而,随着宴会的进行,这种既定的敬酒顺序开始发生改变,桌上的客人都开始互相敬酒。由于自己一个人喝闷酒不符合礼节,所以那些想喝酒的人就会不断地向其他人敬酒。

他们需要找一个敬酒的伙伴,以传统方式敬酒,但这并不代表宴会上喝酒毫无规矩,也不意味着喝酒只能拘谨正式。作为全世界的社交媒介之一,酒在打破社会界限的能力上无人能敌。在中国的宴会中,酒也扮演着这样的角色,它能让人将自己的感情表达得更淋漓尽致。正如任柯安在中国北方农村所见,宴会上喝酒"可以打破过分拘谨的姿态……敬酒体现了尊重、而喝酒则解构了主客之间的界限,从而使得'感情'得以流露。当地有句话叫'敬酒交情',充分解释了这一点"。[38]因此,人们会因在一起喝酒而变得熟络起来,这也会影响人们未来的关系。[39]

　　酒席上也会有很大的性别差异。女性在酒席上也会适当地喝酒、敬酒，但她们不会像男性那样一个劲儿地豪饮。如前所述，女性还可以用其他饮品来代替酒，如碳酸饮料、甜糯米酒、豆浆或其他甜饮料等。

　　凯瑟琳·梅森(Katherine Mason)认为酒水消费是中国宴会的一部分。她不但就此重点介绍了饮酒和敬酒在打破社会障碍方面所发挥的作用，还详述了职业女性在酒局上所遇到的困境。正如梅森所说："我的一位男性朋友经常嘲笑另一个酒量不好的同事，经常对他大喊'你不是男人吗？'这其实是强迫他多喝酒的一种有效手段。"[40]由于职业女性并不想喝醉，所以跟男人一起喝酒显然是她们在职场上所面临的一大难题。因此，她们可能会用茶、苏打水，甚至干脆不喝酒来颠覆这一局面。此外，梅森还指出，一些女人甚至想跟男人喝得一样多。[41]然而，随着现今中国的城市女性开始担任更多的政府职位，一些人又试图将这种饮酒过度的行为重新定义为不道德的行为，原因在于酗酒影响了家庭生活，有损人的身体健康。[42]

　　然而，在像月影塘这样的农村环境中，喝酒不单纯是为了认识新朋友或是应酬。它巩固的不是同事之间的关系，而是亲朋好友间已经建立的感情。虽然喝酒仍然存在严重的性别差异，但女性就算是在不想喝酒时拒绝别人，也不会产生冲突或者尴尬的情况。当地的性别规范框定了月影塘的大部分酒桌文化。敬酒行为，尤其是热情洋溢又带有竞争性的敬酒行为，仍是男性活动，女人们则普遍会用其他饮料来替代酒。

　　就像赌博一样，把酒言欢和反社会行为之间有一个界限，但这条界限并不明确，往往取决于事件发生的背景。然而，就像打麻将的"玩"越过了赌博的"赌"一样，把酒言欢也可能会越界。至于发生何时、如何发生这种情况，完全取决于饮酒者的醉酒状态。

　　1996年，我父母来月影塘看望我。由于除我之外，鲜有外国

人到访过这个村子,所以场面非常特别。我们设宴招待了大约 60
个人,以此感谢在我实地考察期间帮助过我的村民们。当时,村民
们接触外国酒水的机会并不多,所以我父母就在香港买了一些高
品质的苏格兰威士忌和黑麦啤酒,带到村里来。为了让大家觉得
这天不同于往日,我们还请来了待在中国且正好要来梅县考察参
观的美国人类学家孔迈隆(Myron Cohen)和他的夫人。

那天的宴会热闹非凡,大家来回敬酒,为身体健康,也为中美
友谊,甚至为我爸爸而举杯。宴会结束时,年纪较大的男人们基本
上都已酩酊大醉。他们说自己特别"高兴",因为他们喝到了当时
十分罕见的苏格兰威士忌和黑麦啤酒。这种觥筹交错的"高兴"情
景,人们在事后几天仍记忆犹新。

然而,有时热闹和耍酒疯之间的界限就比较模糊了。2012
年,作福宴席结束后,邻居卫国(音译)顺道拜访宋玲和包力的家。
他开始埋怨弟弟,并且翻起了旧账。(弟弟曾抱怨外包公司未经他
的允许擅自在他的车库里支起了的炉灶和炊事设备。)等到卫国过
来的时候,他已经喝得酩酊大醉,不停地向弟弟发着牢骚。虽然其
他人听到后也没有跟他计较,但包力还是想让他先安静下来,送他
回家。事后,人们说他是因为喝多了才说了那么多话。

在宴会中,客人们接受敬酒和给他人敬酒的次数也是有限制
的。一位中年男子曾跟我说:"如果有辈分高的人给你敬酒,你就
得喝。"但现在他说:"你可以选择不喝,人们也不会觉得你不喝就
是不尊重人。"有趣的是,他这话就是在说卫国,因为他在宴会上总
是很兴奋,会不停地给别人敬酒。卫国这样很容易让年轻人觉得
尴尬,他们既不想喝酒,又不想显得不恭敬。

虽然人们可能会觉得卫国在宴会上跟个酒鬼似的,但私下里,
他喝酒这事并不会让别人觉得他有酒瘾或者觉得他这人不靠谱。
人们通常认为,不能跟酒鬼和赌徒或两者兼而有之的人结婚。酗
酒者被称为"醉鬼"。但在井然有序的公共宴席上喝醉不会被称为

176

"醉鬼"，所以卫国也算不上"醉鬼"。相反，人们认为有时在宴会上豪饮是社交的必要有段，特别是对男性来说。公职人员在宴会上喝多了会被人们指指点点，但这种谴责并不是针对他们喝醉这件事，更多的是针对其公共资源所造成的浪费。

有趣的是，在饮酒社交与酗酒之间难以找到合适的平衡点。这可以追溯到中国古代，即使在《论语》中也对男人们提出了相当苛刻（并不是不可能完成）的任务，即学习如何"无度"喝酒，但又不至于到"失仪"的地步。[43]

肉菜

前面几章指出，肉类消费的上涨标志着月影塘村民生活水平不断提高。第四章介绍了宴会的主要组成部分，特别是稀有的菜品以及菜品的成本。这其实也是彰显、保持，甚至是提高自身地位的重要手段。为客人提供肉类既能展现主人的慷慨大方，还能促进社交关系的发展。

要想成为一个好主人，饭桌上就得有点珍馐美味。尽管人们的
177　生活水平日新月异，但肉类仍然可以体现价值。在某种程度上，家常便饭由饭跟菜组成，平常饭菜里的肉也只是为了补充主食罢了。人们在宴会上都不怎么吃米饭，因为大家都一边吃菜一边喝酒。正如作家王增能所观察的客家宴请文化："要想让客人满意，就必须有酒有肉。"[44]他的这番话得到了当地人的认同。如第四章所述，在旧社会，大多数人一年到头只有祭神祭祖的时候才能吃上肉——这三次分别是春节、作福宴和清明节。包力说，在许多村民心中，"地主"的与众不同之处，并不是他们拥有多少亩地，而是他们吃肉吃得更多。地主一个月大约能吃三次肉，而百姓只能一年吃三次肉！

在如今的宴会中，肉不再只是一种身份的象征。肉作为主人一种慷慨的物质表达，是重要的社交媒介，是体现宴会"热闹"和"难得"的关键。

## "神奇"的食物

每个参加过宴会的人,或是和中国人一块吃过饭的人,都对一件事刻骨铭心:一些人胃口小吃不了多少,但由于盛情难却,只好吃到胃胀。在各种场合,热情的主人都不断招呼我让我多吃点,随后一个劲儿地往我的碗里夹食物,一边夹一边说菜有多新鲜、多稀有,还告诉我千万不要错过品尝的机会。

2012年9月,在香港的一个晚上,在准备去梅县之前,我跟若兰一起吃了一顿咖喱羊肉。她特别愿意跟我一起吃,因为我在梅县根本吃不到这种东西。"梅县没有这个!"若兰一边说,一边往我的盘子里又夹了一块羊排,然后还给我夹了咖喱鱼蛋面。餐后甜点是用甜红豆做的,最后我们吃的是抹茶冰激凌。虽然很好吃,但我已经吃饱了,觉得再也吃不下了。若兰说我在梅县吃不到这些菜,执意让我再吃一点(主人越说某种食物难吃到,客人就越难拒绝)。当我再次说我真的吃饱了的时候,若兰觉得我的确是吃了不少。但是她又说:"看你吃东西我觉得特别幸福!"[45]

石瑞在华北实地考察期间遇到过类似的事,当时他正在农村走访一户人家。"谈笑期间,一直有人让我多吃点多喝点,但我一直说吃饱了。祖母说:'你吃俺们就乐!'"[46]王增能在谈到客家饮食文化时曾特别指出:"客人吃得越多,主人就越高兴。如果客人一点反应都没有,主人心里就会很低落。"

但客人的快乐从何而来呢?如果像这样被别人逼着吃饭,他(她)能开心得起来吗?在很长一段时间里,我一直在思考这个问题。因为在大多时候,我的身份是客人而不是主人,经常是被主人反复催着多吃多喝的对象。难道我只是让主人满足的工具吗?从这样的角度来思考这些事,可以肯定地得出这样的一个结论:客人就是让主人高兴的。然而,如果把食物当作社交的媒介和导

178

体，我们就会发现，坐在一起吃饭打破了主客之间的界限，问题的关键不在于客人由于吃得太饱而痛苦或者主人因此幸灾乐祸的情形，而在于客人能和主人一样高兴。

为什么呢？首先要知道，主人经常告诉客人"来这做客就跟自己家一样"，不要感觉到不自在。当然，客人们害羞或是不想在主人面前显得贪婪时，则不会想吃多少就吃多少。要想打破束缚、共同享受吃饭的乐趣，有时候"催"也挺重要的。除此之外，我们还应该明白，最珍贵的聚会，应该是那些难得或难以实现的聚会。在聚会中，敬酒也有助于打破客人之间的尴尬和约束。不仅如此，不同食物会对社交产生不同影响，比如米饭让一家人团结，而茶、酒、肉则将家族以外的人联系在一起。

吃喝在月影塘不仅是联系人与人之间的纽带，还是人类分享情感的文化载体，也就是梅丽莎·考德威尔（Melissa Caldwell）在米兰·昆德拉框架基础上提出的"感同身受"[47]。一起吃饭不但建立感情，还能联系感情。正是因为刺激了人的感官，这种联系才得以建立。也就是说，通过共享饮食，人们不仅可以讨论现在的情况，还通过类比表达他们对更理想状态的憧憬。

179　　人类学家斯坦利·坦比亚（Stanley Tamiah）的研究有助于我们理解这个问题。坦比亚提出了两种"现实秩序"：其中一种基于"参与性"（participation），另一种则基于"因果关系"（causality）。正如他所解释的那样："参与性的话语涉及及时性的共情、行事的言语行为以及仪式性的行为。如果说参与强调感官、情感交流、情绪语言，那么因果关系则侧重技术行为的合理性以及认知语言"[48]。

从之前的章节可知，食物在月影塘是组织和划分劳动分工的中心。除此之外，它具备药用和保健的功能。它与各种交换系统交织，传递出诸多脉脉相通的含义，因为它承载着历史记忆、道德意义。但在这一章中，我们将重点放在食物的情感层面，主要会涉及食物在社交、友谊以及在打破人际界限和创造共情方面的作用。当然,这些内容与坦比亚说的"参与性现实秩序"有关。

当然,任何一项饮食行为都同时具备参与性和因果性。以宴会为例,举办宴会的原因多种多样,从过生日、结婚等这样生命中重要的时刻,到逢年过节,再到丧宴。这些宴会能够为人们提供一个衡量人社会地位的模板,并为与会者创造一套新的道德义务。当然,我们不能脱离因果目标来理解这样的动机,部分原因在于其情感层面——如果人们感同身受、他们的关系会变得更加亲密,友谊也会更加坚固。正如坦比亚所解释的那样,在实际的社会生活中,活动者"不断……在(此类)不同的现实顺序中转换"[49]。因此,根据坦比亚的理论框架,食物既具备"技术性的因果特征,同时还具备表达性的述行特征"[50]。

然而,作为一种用来重塑和建立社会关系的物质,食物尤其令人回味无穷。将宴会看作是仪式的一种,有助于我们进一步理解这种现象。月影塘的宴席向我们展现了仪式的诸多元素。它不仅有顺序,还使用多种媒介:例如,在宴会开始前燃放烟花、特定的上菜顺序、菜品中某些元素的象征意义,以及菜肴的美感等。[51] 敬酒这种行为其实也是高度结构化的,是言语和肢体动作结合的表达行为。

宴会中的食物不仅是表达情绪的模板,同时也是一种直接进行情感交流的表达媒介。进一步来说,人们会把自身情感投入到食物中,再透过食物流露出来。坦比亚对仪式的分析非常贴切,他指出,人们可以把仪式理解为"'正确态度'(right attitudes)的有序排练,而非'情感的自由表达'(free expression of emotions)"[52]。就仪式而言,宴会上所表达的情绪并不总是那么真诚热烈,多是走个形式罢了。我们可能会想到敬酒的场景,或者主人自谦说"没有菜",甚至主人坚持让客人多吃的场面。这些行为可能带有感情色彩,也可能只是出于礼貌。

180

罗伊·拉帕波特（Roy Rappaport）对仪式中标志符号意义的分析非常恰当。首先，正如他所指出的，与普通的言语不同，仪式并不只是指过去的一种状况，它还展现了正在发生的事物："我们经常在日常生活中的某个不经意瞬间使用符号、标志等表现形式，以此来表达、描述、表示、指定、反馈或以其他方式来表示某种指称，这种指称通常是独立的、在我们提及之前便存在的。就我们所关注的仪式行为和话语而言，符号促使事态的形成——本文指的是精巧的仪式——一旦催生了事态的发生，符号便能象征事态。[53]因此，可以将在宴会上分享食物（或者在不那么奢侈的场合）视为一种社会关系的标志，也是一种使社会关系变得更亲密的方式。

拉帕波特还指出，仪式话语既是言外行为（illocutionary），又属于言后行为（perlocutionary）。之所以是言外行为，原因在于它们通常只是通过言语来履行某事（"我宣布你们结为夫妻"）。但仪式用语的说服力以及它们打动人们的方式（"言后之力"，即perlocutionary force）也会对仪式造成影响。[54]但是，这些用语往往也会影响仪式，因为其能够说服并调动人们的积极性。同样，坐在一块吃饭本来就可以重塑和加强已有的社会关系，创造新的社会关系。当然，饭菜的食材用料，菜品的数量和质量也可能对最终产生的结果产生影响。从这个角度来说，这些元素都可被视为这顿饭的"言后之力"。关键不在于情感是否发自内心，或者只是出于礼貌甚至是以公式化的方式表达出来。无论哪种情况，通过共餐，食物都能成为表达和创造情感共鸣的媒介。这种共鸣情真意切，令人向往，为之着迷。

为了进一步理解这一点，不妨借鉴坦比亚分析仪式的另一个元素，对仪式中的"魔法"（magic）行为的考察，以及他对参与和因果关系模式的解读。首先要明确的是，"魔法"这个词含义广泛，有时还带有贬义。西方宗教史认为魔法是对超自然力量的操控，危险至极。在西方思想史上，魔法经常被视为无效的科学。[55]但是坦比亚指出,要想理解仪式中的魔法行为,就需要理解两种思维顺序之间的区别——说服性/参与性(persuasive/participatory)和因果性(causative)。

　　仪式中的魔法行为通常是基于"类比思维和行为"[56]。正如坦比亚所言:"在言语和物体操纵的仪式中,类比行为符合'说服性'而非'科学'模式。"在这种模式中,人试图通过说服或召唤,将"所需属性及其垂直关系属性转换为非所需属性,或是将潜在的、尚未实现的状态转化为实际的状态"。[57]家长式领导将自己与员工的关系比作父子关系,这便是类比性语言行为的典型案例。当然,正如坦比亚所指出的,这其实是一种宣传手段。因为雇主基本不可能像关心自己孩子一样去关心员工。而雇主也不能仅通过使用这个比喻就让他的员工把他当作自己的父亲。相反,他所能做的就是唤起人们的共鸣,并希望他的员工也能融入其中。

　　把这个框架套用在梅县农村村民们的共餐和食物分享上,我们就能发现,主人会使用类比和唤起的手段让客人觉得自在,他们通常会把客人当作自己家的一员。但在这种情况下,唤起不仅囿于口头表达,坐在一起吃饭也能有所体现。"我们就像一家人,因为我们就像家人一样在分享食物。"但实际上,主客能否真正有"一家人"的感觉;用餐时,酒桌礼仪和客套话到底是不是发自肺腑,也都无关紧要了。共享食物的过程丰富了人们对共同感受的回味,一餐令人难忘"盛宴"尤是如此。

　　同样,通过宴会、筵席或更常见的家常饭来共享食物的情感属性,也为我们提供另一个视角思考食物和礼物交换。正如第四章中提到的,食物可以留住客人。"留下来尝尝我做的茄子饼吧!"但必须要离开时,食礼也可以让共情之感弥留得更长。这里指的不仅是"礼物之灵"(spirit of the gift),即收到礼物后回礼的义务,也就是互惠的概念。[58]这样一来,又回归到食物传递出的情感内容,也就是说,无论是真情实感还是出于礼貌,食物都变成了一种表达

182

正确态度和情感的工具。

举个例子，不论客人是常驻还是短暂停留，在离开时梅县人都不会用拥抱或其他肢体语言告别。相反，他们在言语和身体上的情绪表达都是无声的，一般都是挽留客人多留些时间喝茶吃点心，或者劝宾客们多吃点东西。虽然不会在客人离开时表露太多的情感，但主人在客人离开前特意去采购食品，希望客人走时能多带些柚子、茶叶或其他特产回家。

我曾多次离开宋玲和包力的家，每次离开的那一刻都相当淡定。但从另一视角来看，收拾东西准备离开的时候并不淡定。如第四章所述，在我离开的前几天，宋玲的家人和邻居以及其他朋友都会带来茶叶、客家特产，或者一些我能够随身携带的物品。我说我带不走这么多东西，我都能想到他们会立马反驳我："你行李箱里不是还有地方吗？"如前所述，这些食物有些是村民托我带给别人的，我是其中关键的一环。但是我并不只是个工具人，我还是他们情感联系的纽带。

无论从中国的特定环境，还是从人类学角度分析各种文化语境中的情感，将食物理解为一种联系情感的物质都具有非凡的意义。这类分析不仅把情感视为个人内心状态的表现，还将情感当作社会的一种产物。例如，在任柯安对华北农村情感的研究中，他把感情的作用描述为"共同的情感"（shared emotion）。他指出："情感有助于界定不断变化的群体边界，其中'人情的磁力场'孕育了个人的心智。"[59] 他还指出，在中国的语境里，感情"并非个人的问题……必须从社会层面而非心理层面来理解这种感觉（即这种感觉不仅存在于个人的头脑中，也存在于人与人之间）。"[60]

当食物在人与人之间流动或分享时，它体现了人际的情感纽带，并建立了任柯安所说的"情感磁场"[61]。这种食物的流动及其在构成情感方面的作用也可以理解为萨拉·艾哈迈德（Sara Ahmed）所说的"情感经济"（affective economy）的一部分。[62] 正如艾哈迈德所言,情感并不居于主体或客体本身,而是通过主体或客体之间的流通而产生,即"情感在主体和符号之间循环"。[63]艾哈迈德的意思是,随着情绪在符号间转移,随着时间倒流到有意识的、压抑的记忆,情绪往往会增长。只不过艾哈迈德研究的对象就带有政治性,他探究了情感是如何从美国国旗等符号循环传到伊斯兰国家的移民身上,在"9・11"事件后的世界里,美国人并不信任寻求庇护的移民,甚至对他们疾首蹙额。

然而在梅县,食物既是情感的媒介,又是情感的象征。这种循环的情感概念,在梅县也能说得通。随着食物、礼品的流通,人的情感之网又被重新激活。2012 年 12 月,我和丈夫在短驻后要离开梅县时,我明显地感受到了这一点。我们带着宋玲刚宰的一只鸡和一些她自制的糯米酒坐上了去往香港的车,准备把这些东西带给若兰。因为这是我第二次拿这些东西,所以我这次没忘带它们。我第一次拿这些东西是在同年早期我独自参观梅县的时候。那次燕红开车送我到县城的汽车站,在我即将上车的时候,他才想起我们把装鸡肉和米酒的袋子落在家里了,那时候回去拿已经来不及了。

还好,几个月后还有第二次把食物带给若兰的机会。当我们到达香港汽车站时,若兰和她的家人都在那里迎接我们。我们兴高采烈地去了最近的一家点心铺,我们从村子里带去的宋玲送给若兰的食礼给了我们彼此重逢的机会。

虽然重见一面十分难得,但宋玲给若兰送去的食礼至少可以唤起她对以往共处时光的回忆。因此,他们可以通过送礼联络感情,在过去的时光里建立一座友谊之桥,并以此桥期待未来的重聚。礼物也产生了额外的情感网络,因为我们给若兰带去礼物的同时,也与若兰和她的家人一起共同享用了点心。

结语部分进一步探讨了食物如何将世界的不同碎片联系在一起,并进一步思考它对当代中国所产生的影响。

184

## 注释

1. Adam Yuet Chau, *Miraculous Response: Doing Popular Religion in Contemporary China* (Stanford, CA: Stanford University Press, 2006), 147.

2. Ibid., 149.

3. Ibid., 150.

4. Oxfeld, *Drink Water*, 136.

5. Hans Steinmüller, "The Moving Boundaries of Social heat: Gambling in Rural China," *Journal of the Royal Anthropological Institute* 17 (2011): 263.

6. Ibid., 269.

7. 正如石瑞所言,宴会上的确存在这种罕见的情况,而且并不只囿于口头上的寒暄,在送行时尤为如此(*Separation and Reunion*, 103)。

8. 在肯尼亚北部的桑布鲁,乔恩·霍尔茨曼(jon Holtzman)观察到一个人不能在没有邀请其他人吃饭的情况下说他要吃饭了,因此有时必须对什么时候吃饭这个事保密。(*Uncertain Tastes*, 133)与此同时,霍尔茨曼认为,一个人的分享意愿与其自身的道德人格和声望有关(139),拒绝分享食物可能会遭受不幸和诅咒(137)。

9. Raymond Williams, *Keywords*, Routledge Revivals (1976; repr., New York: Routledge, 2011), 243.

10. Overing and Passes, introduction, 14.

11. Emile Durkheim, "What Is a Social Fact? (1895)" in *Anthropological Theory: An Introductory History*, ed. R. Jon McGee and Richard L. Warms (New York: McGraw Hill, 2012), 78–85.

12. Overing and Passes, introduction, 14. 他们从雷蒙·威廉斯(Raymond Williams)的《关键词》(*Keywords*)一书中得到了启示。

13. Overing and Passes, introduction, 14.

14. Warren Belasco, *Food: The Key Concepts* (New York: Berg, 2008), 19.

15. Maurice Bloch, "Commensality and Poisoning," Social Research 66, no.1 (1999): 133.

16. Ibid., 138.

17. 石瑞还指出,这种礼貌用语在宴会或是聚餐场合尤为常见,他说:"不论来宾是好友还是陌生人,宴请方在饭桌上都会说客套话,他们常说'跟自己家一样'或者我们是'一家人'。"(*Separation and Reunion*, 103)

18. 有关广东乡村文化中的大锅饭的讨论，见 James Watson，"From the Common Pot," 389 – 401。

19. Graeber, *Theory of Value*, 225.

20. Ibid.

21. Roel Sterckx, introduction, in *Of Tripod and Palate: Food, Politics, and Religion in Traditional China*, ed. Roel Sterckx (New York: Palgrave Macmillan, 2005), 3.

22. Andrew Kipnis, *Producing Guanxi: Sentiment, Self, and Subculture in a North China Village* (Durham, NC: Duke University Press, 1997), 39 – 49.

23. Stafford, *Separation and Reunion*, 103.

24. 除了孢子，也可以把真菌切片放入汤中，是延年益寿的佳品。李山和她的丈夫(见第二章)目前就在养殖真菌。当然，野生真菌更受欢迎，它们来自不受污染的山涧，那里的水干净清澈，鹿喝的就是那里的水！

25. Stafford, *Separation and Reunion*, 99.

26. Anni Kajanus, *Journey of the Phoenix: Overseas Study and Women's Changing Position in China*. Research Series in Anthropology (Helsinki: University of Helsinki, 2014). 卡亚努斯补充说，即使是海外留学的女儿回家，家人之间可能也没有太多交流，但餐桌上一定备着丰盛的食物。一般来说，这些食物都是"母亲按照习俗教给孩子的"(150)。她讲述了一位母亲为了给女儿做爱吃的菜而请了一周假的故事(150)。

27. 有时因为现实原因回娘家的时间会发生变化。

28. Claude Lévi-Strauss, "The Culinary Triangle," in *Food and Culture: A Reader*, ed. Carole Counihan and Penny Van Esterik, 2nd. ed. (New York: Routledge, 2008), 38.

29. Ibid., 39.

30. Steinmüller, "Moving Boundaries," 268.

31. Ibid.

32. 虽然我在梅县参加过很多婚礼，也多次观察到敬四手茶时的调侃场面，但这种特殊的交流方式我还没见过。文中这段语录出自 1995 年春天录制的婚礼视频(新郎是宋玲女婿的哥哥)。

33. Bloch, "Commensality and Poisoning,", 135.

34. Ibid.

35. Ibid.

36. 当然，粤菜中流行的饮茶或点心与客家不同，讲究无茶不成礼。客家人虽然了解饮茶，但其实也是源于粤菜，并不是客家菜。

37. 王增能：《客家饮食文化》，第 154 页。

38. Kipnis, *Producing Guanxi*, 53.

39. Ibid., 54.

40. Katherine Mason，"To Your Health! Toasting, Intoxication and Gendered Critique among Banqueting Women," 118.

41. Katherine Mason，"To Your Health! Toasting, Intoxication and Gendered Critique among Banqueting Women," *China Journal* 69 (2013): 108 - 133.

42. Ibid.

43. Astrid Møller-Olsen，"Dissolved in Liquor and Life: Drinkers and Drinking Cultures in Mo Yan's Novel *Liquorland*," in *Commensality: From Everyday Food to Feast*, ed. Suzanne Kerner, Cynthia Chou, and Morten Warmind (London: Bloomsbury, 2015), 180.

44. 王增能：《客家饮食文化》，第 153 页。

45. Charles Stafford，"Some Good and Bad People in the Countryside," in *Ordinary Ethics in China*, ed. Charles Stafford, (London: Bloomsbury, 2013), 107.

46. 王增能：《客家饮食文化》，第 153 页。

47. Melissa Caldwell，"The Compassion of Strangers: Intimate Encounters with Assistance in Moscow," in *Ethnographies of Social Support*, ed. Markus Schlecker and Friederike Fleischer (New York: Palgrave Macmillan, 2013), 106.

48. Stanley J. Tambiah, *Magic, Science, Religion, and the Scope of Rationality* (Cambridge: Cambridge University Press, 1990), 108.

49. Ibid.

50. Ibid.

51. 根据不同场合，梅县宴席上的菜品也要相应调整，比如生日宴上要有长寿面，婚宴的第一道菜要是红枣花生莲子汤（汤里的配料是红枣、花生米、莲子）。之所以选择这些食物，是因为这些食物的名称与"早生贵子"谐音。

52. Stanley Tambiah, *Culture, Thought, and Social Action* (Cambridge: Harvard University Press, 1985), 134.

53. Roy Rappaport, *Ritual and Religion in the Making of Humanity* (Cambridge: Cambridge University Press, 1999), 108.

54. Ibid., 117.

55. Tambiah，*Magic*，*Science*，*and Religion*.

56. Ibid，203.

57. Ibid.，72.

58. Marcel Mauss，*The Gift: The Form and Reason for Exchange in Archaic Societies*，trans. W. D. Halls（New York，W. W. Norton，1990）.

59. Kipnis，*Producing Guanxi*，10.

60. Ibid.，108.

61. 任柯安所说的"人情的磁力场"一词引用了孙隆基于 1991 年发表的文章 *Contemporary Chinese Culture*。

62. Sara Ahmed，"Affective Economies，"*Social Text* 22，no. 2（2004），117–139.

63. Ibid.，117.

# 相连的世界

185  傍晚五点来钟,我和宋玲从村子另一头看望朋友回来。在回来的路上,我们看到宋玲的嫂子和她朋友拉着一辆装满鸡粪的小车。他们从一个养鸡的村民那里以每袋十元的价格买来了这些鸡粪,准备把它们当作肥料。除此之外,我们在回家的路上还遇到了几位当地妇女,她们带着水和肥料准备去菜园干活。这些妇女经常在午后去料理菜园。从某种角度来说,这是过去耕作方式的延续,但人们对于未来的畅想并不可能止步于此。

本书中所讨论的饮食方式,除了具有明确的地方性质外,还兼备民族文化和历史传统上的意义。月影塘的居民经常把他们的习俗称为"客家"特色。当然,这些饮食方式受到了当地生态和经济的影响。然而,与此同时,许多特别的客家饮食习惯反映了广泛共享的中国饮食传统。其中包括食物与健康、身体的关系,以及食物在社会关系、家庭成员、祖先和宇宙之间的作用。此外,国家层面的转型和动荡也都影响了这些饮食行为,从计划经济体制,到中国向市场经济开放,再到改革开放后的城市化和大规模移民。

总的来说,可以把这些环境因素视为塑造月影塘饮食习惯的条件。这一点与皮埃尔·布迪厄提出的"惯习"概念不谋而合,即

186  一系列内化的性格和习惯的做法。虽然惯习的概念往往需要假定

社会条件是稳定的[1]，但不论是梅县农村，还是中国大部分农村地区，都很难保持一种稳定的状态。尽管中国经历了一个多世纪的快速转型，富裕给饮食习惯也带来了一些改变，但月影塘却仍然存有习惯性的饮食文化。可以把月影塘的饮食方式视为一套共同的实践和信仰来讨论。这些饮食习惯正是联系现在和过去的纽带。

但是，面对持续的人口迁移、参与农活青壮年的减少以及中国食品系统的快速工业化（日益严重的水土污染和食品掺假问题就更不用说了），饮食文化会发生什么变化？当在土地上耕种的中年一代成为老一辈的时候，还会有人继承本书中所描述的特殊的饮食习俗和传统吗？当然，未来谁也无法预料，但至少现在，我们可以说书中所描述的饮食习俗对改善这些错位的影响方面发挥了关键作用。即使人类所处的环境在持续快速地变化，但共同的传统观念能将人们联系在一起。事实上，以食物为镜头，不但可以帮助我们深入了解人类应对快速变化的反应，同时还能以不同的方式看待这些变化。

中国无疑正在经历一场农村向城市的重大转型。与此同时，当那些留在农村的居民发现村里的土地质量受到工业开发和污染的威胁时，他们会以抗议的形式来保护自己的土地。毕竟在经济不景气的时候，为了食物来源能有保障，进城务工的人们还是会回到他们的农村老家。守好土地虽然不能发家致富，但起码能满足温饱。即便是在经济尚佳的时候，城市移民也会回到自己的老家和家人团聚。对更广泛的商业化食品体系的质疑也会促使人们继续从农村家庭购买兼具口味和品质的食品。

某些学者质疑食品工业化体系，认为只有向可持续发展的农业形式转型，才能对缓解全球变暖产生巨大的效益。食品及农业组织、联合国开发计划署，甚至世界银行在内的几个国际组织进行了一项研究，该研究得出的结论是：小规模农业依赖于生物多样性，并且经常使用比工业化农业更生态的方法耕种。小规模农业不仅能够生产足够的粮食来满足日益增长的世界人口的需求[2]，还能"在面对日益恶化的气候、能源和水危机时"发挥重要作用。[3]因此，当中国面临气候变化的巨大挑战时，小规模农业的消失会带来什么影响呢？如果是这样的话，是否应该采取一些措施，使农村地区的小规模农业成为一种更可行的谋生方式呢？虽然在快速城市化的中国发展现状面前，这听起来像天方夜谭。显而易见，中国的经济不会一直稳定增长，城市地区也无法吸纳所有的剩余劳动力。

月影塘居民的农业形势和食品选择也提醒人们，农村居民在面对不可阻挡的经济和社会力量时并不被动，他们反而在积极对抗这些力量。举例来说，月影塘的饮食方式就是传统习俗注入新元素的体现。正如我们所看到的，月影塘的许多中老年居民仍坚持自己种菜种水稻，这样性价比更高，吃着也更放心。因此，在当前的背景下决定尽可能多地自给自足，一定程度上是因为人们开始质疑整个食品系统的安全问题。在过去，人们根本不会有这些顾虑，因为在当时，这是人们谋生的"饭碗"。由此可见，这种源远流长的耕种传统被赋予了前所未有的新含义。

同样，月影塘的食物与深入人心的多层次意义系统的联系方式，可以为最近关于历史遗留问题和当代全球化对人们道德、宇宙观和心理取向的影响的讨论增添新的维度。

以20世纪和21世纪以来的中国历史举例，人们一味拥护"现代化"（modernity），鲜有"宗教原教旨主义反应形成"（religious fundamentalist reaction-formation）的现象产生。[4]杨美惠（Mayfair Yang）指出，中国与中东和南亚等国不同，后者曾被直接殖民统治，使那里的人们十分怀念过去的黄金时代。而在中国，则是中国人自己推翻了旧的统治体系（先是1911年清朝统治覆灭，然后是1949年成立中华人民共和国）。所以，至少从义和团运动以来，中国就再也没有企图沿袭旧制以恢复其在国际上的地位。杨美惠认为，在20世纪，"中国不但经历了世界上最激进、最系统的现世化进程,还经历了传统宗教和礼仪文化的消亡。"[5]

　　然而,如果我们以食物为镜头,并考虑月影塘食物与历法仪式、与过去的联系、与祖先和同时代人的关系、道德经济以及关于健康和疾病的观念等方面的牵连,那么就会发现,这种传统文化衰败的概率并不大,也很难出现盲目接受西方文化的场景。

　　与杨美惠所持的宗教和文化领域世俗化观点类似,最近许多关于中国人类学的研究也会注重心理领域的平行转型。例如,凯博文(Arthur Kleinman)与其他学者一同执笔的《深邃中国》(Deep China),探究了中国改革开放后的道德现状,并且呼吁人们注意新兴个人主义崛起的趋势。他的研究揭示了农民工的愿望:他们虽然被家的顶梁柱这个身份所束缚,但他们也想要"自己掌控生活"[6]。除此之外,书中还提到"由于社会主义道德和儒家传统的个人价值观和集体价值观的冲突,公众普遍认为道德危机在所难免"[7]。阎云翔对这一主题进行了阐述,主要涉及"有利于个人的新型伦理学话语的兴起",并指出"当代个体更关心他/她的个人幸福和狭义的个人家庭的幸福"。[8]

　　从"欲望主体"[9](desiring subject)到"开拓自我"[10](enterprising self),中国涌现了许多关于个人主义的术语。当然,没有人能否认城市移民、妇女角色的改变以及新兴的消费经济对人们的心理和道德取向产生了影响。但是,当食物被用来建构我们的分析框架时,从传统的、不那么个人主义的取向,到当代对自我的关注,很难创造出直线型的叙事。

　　正如我们所看到的,在像19世纪末的饥荒和"大跃进"运动期间的粮食危机中,个人生命如果受到巨大威胁,那么他们的孝道和对家庭的普遍责任感往往会被迫中止。与此相反,在相对较繁荣的时期,人们可能会用实际行动承担对家庭成员的道德责任。事实上,食物仍然是履行对老人、子女和祖先的义务,以及巩固和恢复与亲朋好友社交和情感联系的有效手段。此外,月影塘的居民

189

以及他们移居到城市的子女们并没有生活在个人主义的泡沫之中，而是通过不断地交换食物来确认和表达他们彼此之间的联系。食品作为礼物也发挥了其关键作用，不仅将家人相连，还为分隔两地的朋友架起了一座沟通的桥梁。

同时，食物既能填补空间的鸿沟，又能连接过去和现在。通过这些方式，食物可以帮助身处"快文化"的人减少一些混乱感。作为供品和祭品，食物也将祖先的过去与人们相连。正如在第二章和第三章中所说明的那样，食物也可以通过重演唤起过去的习俗。但是，饮食习惯同样有力地促使人们反思发生的变化（"我们过去吃的都是番薯"）。最后，从事农业和烹饪的人可以通过日常的、季节性的或长期的劳动周期预测未来。因此，食物是一座贯穿时间和空间的连续桥梁。

普鸣曾撰文描述历史上的中国和当代中国的寺庙网络。他在文中指出，在中国民间的宗教实践中，寺庙的供品说明了不连续的、碎片化的世界是如何聚集在一起的。他举了神仙"妈祖"的例子。据说妈祖是一个女孩的鬼魂，她早在 10 世纪溺水而亡，后来人们相传妈祖会把人拖到海中淹死。* 因此，渔民们开始为她展开祭祀活动。随着时间的推移，信仰妈祖的人与日俱增，妈祖庙网络也不断壮大，遍布整个中国东南部地区。就这样，鬼魂通过人们的供奉而成神灵，妈祖庙的网络也开始将人们连接在一个不断扩大的网络中。[11]

正如普鸣所言，传统的中国宇宙观认为"世界是支离破碎的，充满了反复无常的幽灵。在这样的体系中，我们的目标，就是尽全力创造连续性——建立联系，形成网络，驯化世界，使这些网络成长、繁荣和扩大"[12]。

---

* 编者注：此处对妈祖将人拖到海中淹死的说法与中国普遍流传的说法不同，可能有误，请读者谨慎对待。

虽然普鸣的案例起源于寺庙网络。但它也可以作为一种范式，说明至少在中国农村，食物是一种建立和加强社交关系的重要媒介，世界也因此被"驯服"。食物在送礼、宴请中充当他人的劳动产品，当然，食物作为供奉神灵、鬼魂和祖先的祭品，还是人神相连的关键媒介。从这个角度，我们看到一个以食物媒介不断重申与他人的义务和联系的世界。

与其说当代中国农村人生活在一个以个人主义为特征的社会，还不如说他们生活在一个通过制造、筹备和交换食物的劳动以及通过分享食物来不断建立人际关系的世界里。在这个世界里，人们因食品丑闻和污染问题对某些食物的安全性产生了担忧，也尝到了自产蔬菜和本地肉食的"甜头"。虽然月影塘的年轻人已各奔东西，但他们对过去团圆饭以及当地新鲜食物的记忆，激发了他们春节和中秋节回家与家人团聚的热切欲望。

面临如此挑战，食物是否能够继续作为连接人际关系的纽带这一点犹未可知。但是，食物的核心作用表明，其自身所具有的社会、象征意义以及其存在的重要性将会是应对污染危险、压倒性利润驱动，以及在迅速城市化的社会中社会团结与分裂和潜在损失的巨大动力。

当然，应对这些挑战属实不易，唯有时间才能告诉我们答案。月影塘的居民们对此持不同看法。例如，以养猪养鱼为生的阿辉告诉我，他认为这个村子不会消失。他断言，随着城市生活变得越来越复杂，一些人会选择搬回月影塘生活。他预计农民数量会减少，由于城市消费者对附近村庄的自产食品需求增长，他们将能够把农业变成真正的生意。作为一个美国佛蒙特州人，我见证了当地食品运动的稳步发展，自然觉得这个预测十分乐观。它不仅吸引了我，还让我感到十分欣慰。尽管我并不知道面对十几亿人的食品需求，这个预测能否成为现实。

我在撰写本书时，发现世界上还没有一个地方在全国范围内

真正实施可持续的粮食系统。同时我发现，这种系统必须从小规
191　模起步，这样当它们具备深厚的文化底蕴时，才可能会更成功。目
前，月影塘的居民仍将自产食品视为"珍宝"。时至今日，当地的食
物仍是一门建立、打破以及审视人际关系的语言，至少目前是
这样。

## 注释

1. Jon Holtzman, *Uncertain Tastes*, 44.
2. Eric Holt-Giménez and Raj Patel, *Food Rebellions: Crisis and the Hunger for Justice* (Oakland, CA: Food First Books, 2009), 111.
3. 这项研究由国际农业知识、科学和技术促进发展评估（以下简称为"IAASTD"）组织发起。其研究结论之一是"世界粮食的种植方式将彻底发生变化"。当然，要做到这一点，该研究认为必须要有一个"有利的贸易、政策和体制环境"。这就是 IAASTD 建议改善可持续农业条件的原因。Ibid., 127,128.
4. Mayfair Yang, "Postcoloniality and Religiosity in Modern China: The Dis-enchantments of Sovereignty," *Theory, Culture, and Society* 28, no.2 (2011): 20.
5. Ibid., 3.
6. Kleinman et al., 4.
7. Ibid., 10.
8. Y. Yan, "Changing Moral Landscape," in Kleinman et al., *Deep China*, 45.
9. Lisa Rofel, *Desiring China: Experiments in Neo liberalism, Sexuality, and Public Culture* (Durham, NC: Duke University Press, 2007), 5.
10. Y. Yan, "Changing Moral Landscape," in Kleinman et al., *Deep China*, 70.
11. Michael Puett, "Economies of Ghosts, Gods, and Goods: The History and Anthropology of Chinese Temple Networks" in *Radical Egalitarianism: Local Realities, Global Relations*, ed. Felicity Aulino, Miriam Goheen, and Stanley Tam-biah (New York: Fordham University Press, 2013), 98.
12. Ibid.

附录 A

# 1949 年至改革开放时期
# 梅县的农业生产变化

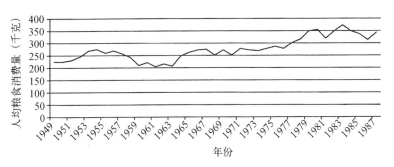

**图 A1. 梅县人均粮食消费量（数据出自《梅县志》，第 247—248 页）**

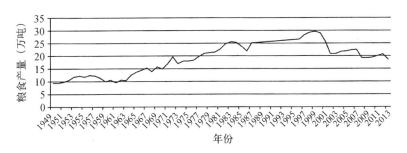

**图 A2. 梅县粮食产量（数据出自《梅县志》，第 233—234、258—259 页；密歇根大学中国数据中心，"中国数据在线"）**

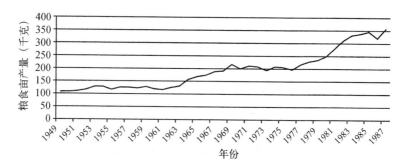

图 A3. 梅县粮食亩产量[数据出自《梅县志》，第 247—248 页；梅州市人民政府：《2008 年梅县区统计年鉴》；梅州梅县区统计局：《梅州市梅县区统计局关于 2013 年国民经济和社会发展的统计公报》(以下简称《统计公报》)；罗双辉、陈苑霞、张振平：《市观光农业与休闲旅游农业发展现状及优势》(以下简称《现状及优势》)]

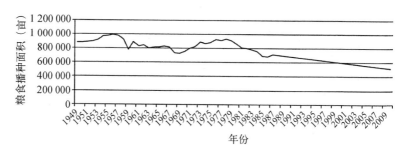

图 A4. 梅县粮食播种面积 (数据出自《梅县志》，第 258—259 页；梅州市人民政府：《2008 年梅县区统计年鉴》；梅州梅县区统计局：《统计公报》；罗双辉、陈苑霞、张振平：《现状与优势》)

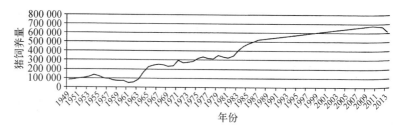

图 A5. 梅县猪肉产量 (数据出自《梅县志》，第 234 页；梅州市人民政府：《2008 年梅县区统计年鉴》；梅州梅县区统计局：《统计公报》；罗双辉、陈苑霞、张振平：《现状与优势》)

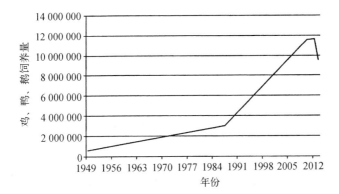

图 A6. 梅县家禽产量(数据出自《梅县志》,第 266、267 页;梅州市人民政府:《2008 年梅县区统计年鉴》;梅州梅县区统计局:《统计公报》;罗双辉、陈苑霞、张振平:《现状与优势》)

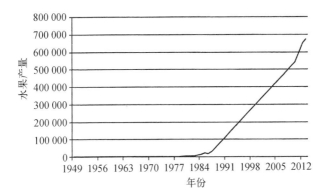

图 A7. 梅县水果产量(数据出自《梅县志》,第 272—274 页;梅州市人民政府:《2008 年梅县区统计年鉴》;梅州梅县区统计局:《统计公报》;罗双辉、陈苑霞、张振平:《现状与优势》)

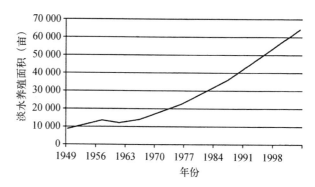

**图 A8. 梅县淡水养殖面积**（数据出自《梅县志》，第 287 页；梅州梅县区
统计局：《统计公报》；罗双辉、陈苑霞、张振平：《现状与优势》）

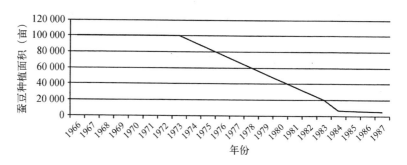

**图 A9. 梅县蚕豆种植面积**（数据出自《梅县志》，第 268 页；梅州梅县区
统计局：《统计公报》；罗双辉、陈苑霞、张振平：《现状与优势》）

# 制备节日大餐

## 中秋节于宋玲、包力之家

### 时间 1　下午 6 点 15 分

- 宋玲和包力的儿子燕红切了些姜,然后生火,油热放入姜片,随后放入带骨鸭肉,倒入黄酒,加盐、白胡椒粉和酱油,焖一小时。
- 燕红将锅拿到后门,用热水和刷子清洗干净。
- 燕红将胡萝卜切丝,韭菜花切段,随后又片了些鱿鱼干。
- 宋玲将草菇从沸水中捞出。
- 与此同时,将猪肚放入其他锅中煮沸。
- 燕红又把排骨洗了一遍,放上鸡蛋、玉米淀粉和盐。
- 燕红将菜板和刀清洗干净,重新烧锅。
- 宋玲在厨房后面的院子削菠萝。
- 燕红起锅加油,油炸现成的冷冻虾饼。
- 燕红将菠萝切块,随后又把剩下的胡萝卜切成丁,放入菠萝中。
- 包力和宋玲拿出一张大圆桌板叠放在院子里的小桌子上。这样最多可以坐 12 个人。
- 虾饼做好后,又开始油炸猪排骨。把蛤蜊投入汤中,煮沸捞出,然后再放入鸡和人参。

- 燕红又拿出一只鸡放在盘中，放在蒸锅里蒸。
- 燕红把炸好的排骨捞出，把用过的油倒入过滤器里过滤。
- 燕红又去后院用沸水洗锅，洗好后把脏水泼在院子里。
- 燕红的姐妹带着丈夫和女儿回来了。两姐妹的女儿一个读初中，一个上高中，燕红的儿子正在读初中，也来了。
- 燕红把猪肉切成片，然后把蒜切碎。
- 宋玲坐在厨房后院的小塑料凳上，在厚厚的砧板上切菜。
- 姐姐梅英也来到厨房开始帮忙切菜、切蒜。
- 妹妹凤英拿着南瓜饼走进来，让我尝一块。
- 燕红在沸水中撒入些许盐，随后放入甘蓝菜。
- 宋玲走到后院切了韭菜花。
- 燕红把甘蓝菜从沸水中捞出放在沥水篮里。梅英小心翼翼地把滤净水的甘蓝摆在盘中。
- 燕红又切了些姜末、蒜末、青红辣椒碎，然后把这些材料搅拌在一块。
- 梅英拿了些粉丝来厨房，然后把蒸好的鸡从灶上端下来，紧接着把汤放回灶上。
- 四个炉灶轮流用：院子里有一个电炉，厨房有两台煤气灶、一个电炉。
- 燕红在锅中放入蒜、辣椒和姜，随后加入蛤蜊、罗勒叶、酒酿、红枣。然后又加入少许鱼露、蚝油和酱油。凤英帮忙往里面加了些水。
- 凤英加水的工夫，燕红把蒸好的鸡切块，排在盘中。

## 时间 2　晚上 7 点 15 分

- 快做好饭了，燕红招呼大家落座用餐。他紧接着又做了点浇头：油炸猪肉末，放入草菇和少许鸡汤，搅拌均匀，浇在甘蓝菜上。

- 我们开始用餐。这是一场家庭聚餐，所以并没有怎么互相敬酒。燕红又端来几道菜，有糖醋排骨、韭菜花胡萝卜炒鱿鱼、香菇猪肉炒粉丝、炒青菜还有人参鸡汤。

- 晚上 7 点 45 分，燕红才加入我们一块吃饭。8 点 20 分吃完饭，我们回到楼上的客厅。

- 宋玲在楼上玄关的桌子上摆放了些祭品。我们点燃香烛祭拜，随后回到客厅一块喝茶、吃月饼、吃零食，就这样一直聊到深夜。

# 参 考 文 献

Ahmed, Sara. "Affective Economies." *Social Text* 22, no. 2 (2004): 117 – 139.

Anderson, Eugene. *The Food of China*. New Haven, CT: Yale University Press, 1988.

Appadurai, Arjun. "Gastro-politics in Hindu South Asia." *American Ethnologist* 8, no. 3 (1981): 494 – 511.

Baudrillard, Jean. "The Ideological Genesis of Needs." In *The Consumer Society Reader*, edited by Douglas B. Holt and Juliet B. Schor, 57 – 80. New York: New Press, 2000.

Becker, Jasper. *Hungry Ghosts: Mao's Secret Famine*. New York: Free Press, 1996.

Belasco, Warren. *Food: The Key Concepts*. New York: Berg, 2008.

Benewick, Robert, and Stephanie Hemelryk Donald. *The State of China Atlas*. Berkeley: University of California Press, 2005.

Bloch, Maurice. "Commensality and Poisoning." *Social Research* 66, no. 1 (1999): 133 – 149.

Bourdieu, Pierre. *Distinction: A Social Critique of the Judgement of Taste*. Translated by Richard Nice. London: Routledge and Kegan Paul, 1984.

Buck, John Lossing. *Land Utilization in China*. Chicago: University of Chicago Press, 1937.

Caldwell, Melissa. "The Compassion of Strangers: Intimate Encounters with Assistance in Moscow." In *Ethnographies of Social Support*, edited by

Marcus Schlecker and Friederike Fleischer, 103 – 120. New York: Palgrave Macmillan, 2013.

Campany, Robert Ford. "The Meanings of Cuisines of Transcendence in Late Classical and Early Medieval China." *T'oung Pao*, 2nd ser., 91 (2005): 1 – 57.

Carstens, Janet. "Cooking Money: Gender and the Symbolic Transformation of Means of Exchange in a Malay Fishing Community." In *Money and the Morality of Exchange*, edited by Jonathan Parry and Maurice Bloch, 117 – 141. Cambridge: Cambridge University Press, 1989.

Chang, K. C. Introduction to *Food in Chinese Culture: Anthropological and Historical Perspectives*, edited by K. C. Chang, 1 – 22. New Haven, CT: Yale University Press, 1977.

Chard, Robert L. "Rituals and Scriptures of the Stove Cult." *Ritual and Scripture in Chinese Popular Religion*, edited by David Johnson, 3 – 54. Institute of East Asian Studies. Berkeley: University of California, 1995.

Chau, Adam Yuet. *Miraculous Response: Doing Popular Religion in Contemporary China*. Stanford, CA: Stanford University Press, 2006.

Chengbei Xiang [Chengbei township]. *Ge Guanliqu Zhuyao Jiben Qingkuang* 城北乡各管理区主要基本情况 [Basic information on each administrative district]. Unpublished Information Sheet. Chengbei Township, 1997, 2007, 2012.

Chen, Yunpiao. "The Altar and the Table: Field Studies on the Dietary Culture of Chaoshan Inhabitants." In *Changing Chinese Foodways in Asia*, edited by David Y. H. Wu and Tan Cheebeng, 19 – 34. Hong Kong: Chinese University Press, 2001.

*China Statistical Yearbook 2015*. Beijing: China Statistics Press, 2015.

Cohen, Myron. "Souls and Salvation: Conflicting Themes in Chinese Popular Religion." In *Death Ritual in Late Imperial and Moden China*, edited by James L. Watson and Evelyn Rawski, 180 – 222. Berkeley: University of California Press, 1988.

Counihan, Carole M. *Around the Tuscan Table: Food, Family, and Gender in Twentieth Century Florence*. New York: Routledge, 2004.

Cui, Jia. "Ganbei Culture Killing Officials." *China Daily*, July 20, 2009. www.chinadaily.com.cn/china/2009 – 07/20/content_8446843.htm.

Demick, Barbara. "In China, What You Eat Tells Who You Are." *Los*

*Angeles Times*, September 16, 2011.

Diamant, Neil. "Re-examining the Impact of the 1950 Marriage Law: State Improvisation, Local Initiative, and Rural Family Change." *China Quarterly* 161 (2000): 171 - 198.

Dikötter, Frank. *Mao's Great Famine: The History of China's Most Devastating Catastrophe*. New York: Bloomsbury, 2010.

Dong, Xiaoping. "The Dual Character of Chinese Folk Ideas about Resources: On Three Western Fujian Volumes in the Traditional Hakka Society Series." In *Ethnography in China Today: A Critical Assessement of Methods and Results*, edited by Daniel Overmyer, 343 - 367. Taipei: Yuan-Liou, 2002.

Douglas, Mary. "Deciphering a Meal." In *Implicit Meanings: Essays in Anthropology*, 249 - 275. London: Routledge and Kegan Paul, 1975.

——. "Food as a System of Communication." In *In the Active Voice*, 82 - 104. London: Routledge and Kegan Paul, 1982.

Dumont, Louis. *Homo Hierarchicus: The Caste System and Its Implications*. Chicago: University of Chicago Press, 1980.

Durkheim, Emile. "What Is a Social Fact? (1895)." In *Anthropological Theory: An Introductory History*, edited by R. Jon McGee and Richard L. Warms, 78 - 85. New York: McGraw-Hill, 2012.

Edgerton-Tarpley, Kathryn Jean. "From 'Nourish the People' to 'Sacrifice for the Nation': Changing Responses to Disaster in Late Imperial and Modern China." *Journal of Asian Studies* 73, no.2 (2014): 447 - 469.

——. *Tears from Iron: Cultural Responses to Famine in Nineteenth-Century China*. Berkeley: University of California Press, 2008.

Eiss, Paul, and David Pedersen. "Introduction: Values of Value." *Cultural Anthropology* 17, no.3 (2002): 283 - 290.

房学嘉：《客家民俗》，华南理工大学出版社，2005 年。

房学嘉：《客家源流探奥》，广东高等教育出版社，1994 年。

房学嘉主编《梅州河源地区的村落文化》，国际客家学会、法国远东学院、海外华人资料研究中心，香港中文大学出版社，1997 年。

房学嘉、宋德剑、肖文评、周建新：《客家文化导论》，花城出版社，2002 年。

房学嘉、肖文评、钟晋兰：《客家梅州》，华南理工大学出版社，2009 年。

Fantasia, Rick. "Fast Food in France" *Theory and Society* 24, no.2 (1995): 201 -243.

Fei, Hsiao-tung, and Chih-I Chang. *Earthbound China: A Study of Rural*

*Economy in Yunnan.* Chicago: University of Chicago Press, 1945.

Fei, Xiaotung. *From the Soil: The Foundations of Chinese Society.* Translated by Gary Hamilton and Wang Zheng. Berkeley: University of California Press, 1992.

Feuchtwang, Stephen. "Political History, Past Suffering and Present Sources of Moral Judgement in the People's Republic of China." In *Ordinary Ethics in China*, edited by Charles Stafford, 222 – 241. London: Bloomsbury, 2013.

Fitting, Elizabeth. *The Struggle for Maize: Campesinos, Workers, and Transgenic Corn in the Mexican Countryside.* Durham, NC: Duke University Press, 2011.

French, Howard. "Rush for Wealth in China's Cities Shatters the Ancient Assurance of Care in Old Age." *New York Times*, November 3, 2006.

Giddens, Anthony. *The Consequences of Modernity.* Stanford, CA: Stanford University Press, 1990.

Goossaert, Vincent, and David Palmer. *The Religious Question in Modern China.* Chicago: University of Chicago Press, 2011.

Graeber, David. *Toward an Anthropological Theory of Value: The False Coin of Our Own Dreams.* New York: Palgrave, 2001.

Gudeman, Stephen. "Necessity or Contingency: Mutuality and Market." In Hann and Hart, *Market and Society*, 17 – 37.

Hann, Chris. "Embedded Socialism? Land, Labor and Money in Eastern Xinjiang." In Hann and Hart, *Market and Society* 256 – 271.

Hann, Chris, and Keith Hart, eds. *Market and Society: The Great Transformation Today.* Cambridge: Cambridge University Press, 2009.

Hansen, Mette Halskov, and Cuiming Pang. "Idealizing Individual Choice: Work, Love, Family in the Eyes of Young, Rural Chinese." In *iChina: The Rise of the Individual in Modern Chinese Society*, edited by Mette Halskov Hansen and Rune Svarverud, 39 – 64. Copenhagen: NIAD Press, 2010.

Hemelryk, Stephanie, and Donald Robvert Benewick. *The State of China Atlas.* Berkeley: University of California Press, 2005.

Holt-Giménez, Eric, and Raj Patel. *Food Rebellions: Crisis and the Hunger for Justice.* Oakland, CA: Food First Books, 2009.

Holtzman, Jon D. "Food and Memory." *Annual Review of Anthropology* 35 (2006): 361 – 378.

——. *Uncertain Tastes: Memory, Ambivalence, and the Politics of Eating in Samburu, Northern Kenya*. Berkeley: University of California, 2009.

Humphrey, Caroline. "Exemplars and Rules: Aspects of the Discourse of Moralities." In *The Ethnography of Moralities*, edited by Signe Howell, 25, 47. London: Routledge, 1997.

Ikels, Charlotte, ed. *Filial Piety: Practice and Discourse in Contemporary Asia*. Berkeley: University of California Press, 2004.

Jacka, Tamara. *Women's Work in Rural China*. Cambridge: Cambridge University Press, 1997.

Jing, Jun, ed. *Feeding China's Little Emperors: Food, Children and Social Change*. Stanford, CA: Stanford University Press, 2000.

——. "Meal Rotation and Filial Piety." In *Filial Piety: Practice and Discourse in Contemporary Asia*, edited by Charlotte Ikels, 53 – 62. Berkeley: University of California Press, 2004.

Jordan, David K. *Gods, Ghosts and Ancestors: The Folk Religion of a Taiwanese Village*. Berkeley: University of California Press, 1977.

Jordan, David K., and Daniel Overmyer. *The Flying Phoenix: Aspects of Chinese Sectarianism in Taiwan*. Princeton, NJ: Princeton University Press, 1986.

Judd, Ellen. *Gender and Power in Rural China*. Stanford, CA: Stanford University Press, 1994.

Kajanus, Anni. *Journey of the Phoenix: Overseas Study and Women's Changing Position in China*. Research Series in Anthropology. Helsinki: University of Helsinki, 2014.

Kieschnick, John. "Buddhist Vegetarianism in China." In Sterckx, *Of Tripod and Palate*, 186 – 212.

Kipnis, Andrew. *Producing Guanxi: Sentiment, Self, and Subculture in a North China Village*. Durham, NC: Duke University Press, 1997.

Klein, Jakob. "Creating Ethical Food Consumers? Promoting Organic Foods in Urban Southwest China." *Social Anthropology* 17, no.1 (2009): 74 – 89.

Klein, Jacob A., Yuson Jong, and Melissa L. Caldwell. Introduction to *Ethical Eating in the Postsocialist and Socialist World*, edited by Yuson Jung, Jacob A. Klein, and Melissa L. Caldwell, 1 – 24. Berkeley: University of California Press, 2014.

Kleinman, Arthur, Yunxiang Yan, Jing Jun, Sing Lee, Everett Zhang, Pan

Tianshu, Wu Fei, and Jinhua Guo. *Deep China: The Moral Life of the Person. What Anthropology and Psychiatry Tell Us about China Today.* Berkeley: University of California, 2011.

——. Introduction. In Kleinman et al., *Deep China*, 1 – 35.

Ku, Hok Bun. *Moral Politics in a Chinese Village.* Lanham, MD: Rowman and Littlefield, 2003.

Lambek, Michael. Introduction to *Ordinary Ethics: Anthropology, Language, and Action*, edited by Michael Lambek, 1 – 36. New York: Fordham University Press, 2010.

Levi, Jean. "The Rite, the Norm, and the Dao: Philosophy of Sacrifice and Transcendence of Power in Ancient China." In Vol. 2 of *Early Chinese Religion, Part One: Shang through Han (1250 BC—220 AD)*, edited by John Lagerwey and Marc Kalinowski, 645 – 692. Leiden, The Netherlands: Brill, 2009.

Lévi-Strauss, Claude. "The Culinary Triangle." In *Food and Culture: A Reader*, edited by Carole Counihan and Penny Van Esterik, 36 – 43. 2nd ed. New York: Routledge, 2008.

Li, Lillian M. *Fighting Famine in North China: State, Market and Environmental Decline, 1690s – 1990s.* Stanford, CA: Stanford University Press, 2007.

林清水:《蕉岭县新铺镇徐溪镇民俗》,《梅州河源地区的村落文化》,房学嘉主编《梅州河源地区的村落文化》,第 219—266 页。

Liu, Xin. *In One's Own Shadow: An Ethnographic Account of the Condition of Postreform China.* Berkeley: University of California Press, 2000.

Lo, Vivienne. "Pleasure, Prohibition, and Pain: Food and Medicine in Traditional China." In Sterckx, *Of Tripod and Palate*, 163 – 185.

Lora-Wainwright, Anna. "Of Farming Chemicals and Cancer Deaths: The Politics of Health in Contemporary Rural China." *Social Anthropology* 17.1 (2009): 56 – 73.

罗双辉、陈苑霞、张振平:《梅州市观光农业与休闲旅游农业发展现状及优势》,《现代农业科技》2013 年 11 期。

Lu, Yonglung, Yonglong Lu, Shuai Song, Ruoshi Wang, Zhaoyang Liu, Jing Meng, Andrew J. Sweetman, Alan Jenkins, Robert C. Ferrier, Hon Li, Wei Luo, and Tieyu Wang. "Impacts of Soil and Water Pollution on Food Safety and Health Risks in China." *Environment International* 77 (2015):

5 - 15.

Madsen, Richard. *Morality and Power in a Chinese Village*. Berkeley: University of California Press, 1984.

Marriott, McKim. "Caste-Ranking and Food Transactions: A Matrix Analysis." In *Structure and Change in Indian Society*, edited by Milton Singer and Bernard S. Cohn, 133 - 171. Chicago: Aldine, 1968.

Mason, Katherine A. "To Your Health! Toasting, Intoxication and Gendered Critique among Banqueting Women." *China Journal* 69 (2013): 108 - 133.

Mauss, Marcel. *The Gift: The Form and Reason for Exchange in Archaic Societies*. Translated by W. D. Halls. With a foreword by Mary Douglas. New York, W. W. Norton, 1990.

Mayers, Ramon. "The Commercialization of Agriculture in Modern China." In *Economic Organization in Chinese Society*, edited by W. E. Willmott, 173 -192. Stanford, CA: Stanford University Press, 1972.

Meizhou City People's Government. "Meixian Qu, 2008." Accessed July 14, 2015. www.meizhou.gov.cn/mzgk/xyjjjs/2008 - 04 - 14/1208159025d17809.html.

《中元节：客家人的七月半》,《梅州日报》2012 年 8 月 8 日。

Miller, Eric T. "Filial Daughters, Filial Sons: Comparisons from Rural North China." In Ikels, *Filial Piety*, 34 - 52.

Millstone, Erik, and Tim Lang. *The Atlas of Food: Who Eats What, Where, and Why*. Berkeley: University of California Press, 2008.

Mintz, Sidney. *Sweetness and Power*. New York: Viking, 1985.

———. *Tasting Food, Tasting Freedom*. Boston: Beacon Press, 1997.

Møller-Olsen, Astrid. "Dissolved in Liquor and Life: Drinkers and Drinking Cultures in Mo Yan's Novel *Liquorland*." In *Commensality: From Everyday Food to Feast*, edited by Suzanne Kerner, Cynthia Chou, and Morten Warmind, 177 - 194. London: Bloomsbury, 2015.

梅县地方志编纂委员会：《梅县志》,广东人民出版社,1994 年。

Myers, Ramon. "The Commercialization of Agriculture in Moden China." In *Economic Organization in Chinese Society*, edited by W. E. Willmott, 173 -192. Stanford, CA: Stanford University Press, 1972.

Ngai, Pun. *Made in China: Women Factory Workers in a Global Workplace*. Durham, NC: Duke University Press, 2005.

Overing, Joanna, and Alan Passes. Introduction to *The Anthropology of Love and Anger: The Aesthetics of Conviviality in Native Amazonia*, edited by

Joanna Overing and Alan Passes, 1‒30. New York: Routledge, 2000.

Overmyer, Daniel. "Comments on the Foundations of Chinese Culture in Late Traditional Times." In *Ethnography in China Today: A Critical Assessment of Methods and Results*, edited by Daniel L. Overymyer, 313‒342. Taipei: Yuan-Liou, 2002.

Oxfeld, Ellen. *Drink Water, but Remember the Source: Moral Discourse in a Chinese Village*. Berkeley: University of California Press, 2010.

Pang, Lihua, Alan deBrauw, and Scott Rozelle. "Working until You Drop: The Elderly of Rural China." *China Journal* 52 (2004): 73‒96.

Parish, Steven. *Moral Knowing in a Hindu Sacred City: An Exploration of Mind, Emotion, and Self*. New York: Columbia University Press, 1994.

Parry, Jonathan, and Maurice Bloch. Introduction to *Money and the Morality of Exchange*, edited by Jonathan Parry and Maurice Bloch, 1‒32. Cambridge: Cambridge University Press, 1989.

Patel, Raj. *Stuffed and Starved: The Hidden Battle for the World Food System*. Brooklyn: Melville House, 2007.

Puett, Michael. "Economies of Ghosts, Gods, and Goods: The History and Anthropology of Chinese Temple Networks." In *Radical Egalitarianism: Local Realities, Global Realities*, edited by Felicity Aulino, Miriam Goheen, and Stanley Tambiah, 91‒100. New York: Fordham University Press, 2013.

——. "The Offering of Food and the Creation of Order: The Practice of Sacrifice in Early China." In Sterckx, *Of Tripod and Palate*, 75‒95.

Rappaport, Roy. *Ritual and Religion in the Making of Humanity*. Cambridge: Cambridge University Press, 1999.

Redfield, Robert. *The Little Community, and Peasant Society and Culture*. Chicago: University of Chicago Press, 1960.

Reed-Danahay, Deborah. "Champagne and Chocolate: 'Taste' and Inversion in a French Wedding Ritual." *American Anthropologist* 98, no.4 (1996): 750‒761.

Robotham, Dan. Afterword. In Hann and Hart, *Market and Society: The Great Transformation Today*, 272‒283.

Rofel, Lisa. *Desiring China: Experiments in Neoliberalism, Sexuality, and Public Culture*. Durham, NC: Duke University Press, 2007.

Rohsenow, John S, ed. *ABC Dictionary of Chinese Proverbs*. Honolulu:

University of Hawaii Press，2002.

Roy，Krishnendu. *The Migrants Table: Meals and Memoires in Bengali-American Households.* Philadelphia：Temple University Press，2005.

Seligman，Robert，and Robert Weller. *Rethinking Pluralism: Ritual, Experience and Ambiguity.* Oxford：Oxford University Press，2012.

Shanin，Teodor. *Defining Peasants: Essays Concerning Rural Societies, Expolary Economies, and Learning from Them in the Contemporary World.* Oxford：Blackwell，1990.

———. *Peasants and Peasant Societies.* Oxford：Blackwell，1987.

Simmonds，Frederick J. *Food in China: A Cultural and Historical Inquiry.* Boca Raton，FL：CRC Press，1991.

Smil，Vaclav. *China's Past, China's Future: Energy, Food, Environment.* New York：Routledge Curzon，2005.

Spence，Jonathan. "Ch'ing." In *Food in Chinese Culture: Anthropological and Historical Perspectives*，edited by K. C. Chang，259 – 294. New Haven，CT：Yale University Press，1977.

Stafford，Charles. "Chinese Patriliny and the Cycles of Yang and Laiwang." In *Cultures of Relatedness: New Approaches to the Study of Kinship*，edited by Janet Carsten，37 – 54. Cambridge：Cambridge University Press，2000.

———. *Separation and Reunion in Modern China.* Cambridge：Cambridge University Press，2000.

———. "Some Good and Bad People in the Countryside." In *Ordinary Ethics in China*，edited by Charles Stafford，101 – 114. London：Bloombsbury，2013.

《梅州市梅县区统计局关于 2013 年国民经济和社会发展的统计公报》，www.mxtjj.gov.cn/tjfx/2014 – 01 – 27/271.html.，2015 年 8 月 22 日检索。

Steinmüller，Hans. "The Moving Boundaries of Social Heat：Gambling in Rural China." *Journal of the Royal Anthropological Institute* 17（2011）：263 – 280.

Sterckx，Roel. "Food and Philosophy in Early China." In Sterckx，*Of Tripod and Palate*，34 – 61.

———. Introduction. In Sterckx，*Of Tripod and Palate*，1 – 18.

Sun，Lung-ku. "Contemporary Chinese Culture：Structures and Emotionality." *Australian Journal of Chinese Affairs* 26（1991）：1 – 41.

Sutton，David. "Comment on 'Consumption' by David Graeber." *Current Anthropology* 52，no.4（2011）：507.

——. *Remembrance of Repasts: An Anthropology of Food and Memory*. New York: Berg, 2001.

Tambiah, Stanley. *Culture, Thought, and Social Action*. Cambridge: Harvard University Press, 1985.

——. *Magic, Science, Religion and the Scope of Rationality*. Cambridge: Cambridge Univesity Press, 1990.

Tam, Wai Lun. "Communal Worship and Festivals in Chinese Villages." In *Chinese Religious Life*, edited by David A. Palmer, Glenn Shive, and Philip L. Wikeri, 30–49. New York: Oxford University Press, 2011.

Tan, Chee Beng, and Ding Yuling. "The Promotion of Tea in South China: Reinventing Tradition in an Old Industry." *Food and Foodways* 18 (2010): 121–144.

唐林珍：《药膳引领新潮流》,《梅州日报》2007 年 4 月 2 日。

Thaxton, Ralph A. *Catastrophe and Contention in Rural China: Mao's Great Leap Forward Famine and the Origins of Righteous Resistance in Da Fo Village*. Cambridge: Cambridege University Press, 2008.

Thompson, E. P. "The Moral Economy of the English Crowd in the Eighteenth Century." *Past and Present* 50, no.1 (1971): 76–136.

Thompson, Stuart. "Death, Food, and Fertility." In *Death Ritual in Late Imperial and Modern China*, edited by James L. Watson and Evelyn S. Rawski, 71–108. Berkeley: University of California Press, 1988.

Unger, Jonathan. *The Transformation of Rural China*. Armonk, NY: M. E. Sharpe, 2002.

University of Michigan China Data Center. "China Data Online, County Data."n.d. Accessed August 11, 2015. http://chinadataonline. org/member/county/countytshow.asp.

Wang, Danyu. "Ritualistic Coresidence and the Weakening of Filial Practice." In Ikels, *Filial Piety*, 16–33.

王增能：《客家饮食文化》,福建教育出版社,1995 年。

Watson, James L. "Feeding the Revolution: Public Mess Halls and Coercive Commensality in Maoist China." In *Governance of Life in Chinese Moral Experience: The Quest for an Adequate Life*, edited by Everett Zhang, Arthur Kleinman, and Weiming Tu, 33–46. New York: Routledge, 2011.

——. "From the Common Pot: Feasting with Equals in Chinese Society." *Anthropos* 82 (1987): 389–401.

Wen, Yanyuan. "Customs of Jianqiao Village, Fengshun"丰顺县建桥围的宗族与民俗.In *Village Religion and Culture in Northeastern Guangdong* 梅州河源地区的村落文化, edited by Xuejia Fang, 198 – 219. Hong Kong: International Hakka Studies Association and the École-Française D'Extrême-Orient, 1997.

Wilk, Richard. "Morals and Metaphors: The Meaning of Consumption." In *Elusive Consumption*, edited by Karin Ekström and Helen Brembeck, 11 – 26. New York: Berg, 2004.

Williams, Raymond. *Keywords*. Routledge Revivals. 1976. Reprint, New York: Routledge, 2011.

Wolf, Arthur. "Adopt a Daughter-in-Law, Marry a Sister: A Chinese Solution to the Problem of the Incest Taboo." *American Anthropologist* 70, no.5 (1968): 864 – 874.

———. "Gods, Ghosts, and Ancestors." In *Studies in Chinese Society*, edited by Arthur Wolf, 131 – 182. Stanford, CA: Stanford University Press, 1978.

Wolf, Eric. *Peasants*. Englewood Cliffs, NJ: Prentice-Hall, 1966.

Wolf, Margery. *Women and the Family in Rural Taiwan*. Stanford, CA: Stanford University Press, 1972.

Wu, Fei. "Suicide, a Modern Problem in China." In Kleinman et al., *Deep China*, 213 – 236.

肖绍彬:《美食与孝道》,梅州广播电视 2007 年 3 月 23 日。

Yan, Hairong. "Spectralization of the Rural: Reinterpretng the Labor Mobility of Rural Young Women in Post-Mao China." *American Ethnologist* 30, no.4 (2003): 578 – 596.

Yan, Yunxiang. "The Changing Moral Landscape." In Kleinman et al., *Deep China*, 36 – 77.

———. *The Flow of Gifts: Reciprocity and Social Networks in a Chinese Village*. Stanford, CA: Stanford University Press, 1996.

———. "Food Safety and Social Risk in Contemporary China." *Journal of Asian Studies* 71, no.3 (2012): 705 – 729.

———. *Private Life under Socialism*. Stanford, CA: Stanford University Press, 2003.

Yang, Lien-Sheng. "The Concept of Pao as a Basis for Social Relations in China." In *Chinese Thought and Institutions*, edited by John K. Fairbank, 291 – 309. Chicago: University of Chicago Press, 1957.

Yang, Martin. *A Chinese Village*, *Taitou*, *Shantung Province*. New York:
Columbia University Press, 1945.

Yang, Mayfair. *Gifts*, *Favors*, *and Banquets: The Art of Social Relationships
in China*. Ithaca, NY: Cornell University Press, 1994.

——. "Postcoloniality and Religiosity in Modern China: The Disenchantments
of Sovereignty." *Theory*, *Culture*, *and Society* 28, no.2 (2011): 3–45.

Zhang, Everett Yuehang. "China's Sexual Revolution." In Kleinman et al.,
*Deep China*, 106–151.

Zhang, Qian Forrest, and John A. Donaldson. "The Rise of Agrarian
Capitalism with Chinese Characteristics: Agricultural Modernization,
Agribusiness and Collective Land Rights." *China Journal* 60 (2008):
25–47.

Zhou, Xun, ed. *The Great Famine in China*, *1958–1962: A Documentary
History*. New Haven, CT: Yale University Press, 2012.

Zigon, Jarrett. *Morality: An Anthropological Perspective*. Oxford: Berg,
2008.

# 译　后　记

　　我是一个"地道"的山东人，虽然小时候也在南方的浙江宁波久居多年，但骨子里还是啃煎饼、嚼大葱的齐鲁性格。因而对于我而言，广东梅县、客家聚落乃至南方稻作区村落的风土人情，都是超乎生活常识的陌生领域。然而当我与朋友们合作翻译完欧爱玲教授的这本《甘苦同食：中国客家乡村的食物、意义与现代性》（以下简称为《甘苦同食》），我猛然感到离我故园几千公里的岭南村落，竟与我那飘着麦香的老家那么相近。这种油然而生的亲切感，令我恍然大悟——原来本书所叩问的"中国乡村社会的食物、意义与现代性"，真的可以通过"月影塘"这块"方寸之间"的小地方显露出来。有滋有味的广东乡村，有滋有味的客家民居，有滋有味的七彩中国，渐次在这本书里记录了下来，也将因欧爱玲教授的讲述，更长久、更广泛地流传下去。

　　我很荣幸能与广东中山大学周珏女士以及宁波大学王珺彤女士合作翻译本书。在中译本立项之际，"食可语"丛书的联合策划人邹赜韬博士告知我，欧爱玲教授力荐客家研究、社会文化人类学专家周云水与我们联合翻译本书。"莫愁前路无知己"，当时我正对如何到位表述书中各处隐含的客家文化寓意感到担忧,没想到原著者竟然主动把专业、敬业的周云水老师介绍给了我们。在翻译过程中,周老师不仅安排人承担了部分章节翻译的工作,还义务帮助其他译者查阅文献、敲定措辞,使得中译本更加贴近欧爱玲教授的亲历记,更加鲜活地展现了客家乡村食物记忆里的"苦与甜"。在此,我要特别向周云水老师致以由衷的敬意与感谢。宁波大学的王珺彤女士和我一样,也是翻译专业出身,她除却做好"自留地"翻译,还积极参与全书统稿、核校事务,对此我深表感谢。当然,在本书顺利出版之际,我更要向上海社会科学院出版社编辑,同时也是"食可语"丛书联合策划人章斯睿博士表达真切的感激之情。章老师全流程、全方位地指导了本书的选题、翻译、出版,没有她的辛勤探索与极力争取,本书恐难以有幸为更多中国读者所知、所读、所爱。

在此我要向我所供职的宁波财经学院人文学院表达感谢,尤其要感激院长夏柯博士对我们翻译工作的鼓励、指导。夏院长毕业于南开大学历史学院,钟情于传统饮食等古代生活文化的复原、文创再造,是一位兼具"古风"与"现代感"的人文美食家。自从开始翻译本书,夏院长多次主动关心翻译进度,并就民俗饮食翻译传达的相关问题,赐下了许多真知灼见。我也要向恩师上海大学外国语学院王霞教授,以及宁波大学科学技术学院项霞教授真诚道谢,是她们放弃个人时间,反反复复且耐心指导我们推进本书翻译。好几次,王霞老师是在深夜里不厌其烦地为百思不得其解的我灌下醍醐。老师们的教诲之恩,我将铭记终生。

限于译者浅薄学力与客观"工期",本书的翻译一定还有不到位的地方，在此我谨代表全体译者祈请各位方家不吝赐教。我是在农村长大的孩子，我对农村有着说不完、道不尽的感怀，我愿将甘苦同食里流露出的那种跨越种族、语言、空间的真情，称之为"全人类共同的家园感"。我也很希望本书能让更多中国读者通过"一个外国人眼中的客家农村"，亲切触摸、认真观察、深刻思考我们脚下日新月异，却"万变不离其宗"的乡土中国。

2022 年 5 月 28 日

于宁波财经学院